Schriftenreihe

Außergerichtliche Konfliktbeilegung

Band 3

ISSN 1614-1202

Verlag Dr. Kovač

Marc Hilber

Die Sicherung der Vertraulichkeit des Mediationsverfahrens

Verlag Dr. Kovač

Hamburg
2006

VERLAG DR. KOVAČ

Leverkusenstr. 13 · 22761 Hamburg · Tel. 040 - 39 88 80-0 · Fax 040 - 39 88 80-55

E-Mail info@verlagdrkovac.de · Internet www.verlagdrkovac.de

Bibliografische Information der Deutschen Nationalbibliothek
Die Deutsche Nationalbibliothek verzeichnet diese Publikation
in der Deutschen Nationalbibliografie;
detaillierte bibliografische Daten sind im Internet
über http://dnb.d-nb.de abrufbar.

ISSN: 1614-1202
ISBN-13: 978-3-8300-2689-1
ISBN-10: 3-8300-2689-7

Zugl.: Dissertation, Universität Köln, 2006

© VERLAG DR. KOVAČ in Hamburg 2006

V

VORWORT

Die vorliegende Arbeit wurde von der Rechtswissentschaftlichen Fakultät der Universität zu Köln im Sommersemester 2006 als Dissertation angenommen. Herrn Professor Dr. Hanns Prütting danke ich herzlich für die hervorragende Betreuung des Promotionsvorhabens. Vor allem seine fachliche Expertise aber auch seine freundliche und stets hilfsbereite Art habe ich als große Unterstützung empfunden. Herrn Professor Dr. Martin Henssler bin ich für die zügige Erstellung des Zweitgutachtens dankbar.

Herrn Dr. Reiner Ponschab und Herrn Professor Dr. Fritjof Haft danke ich für die Anregung zu diesem interessanten Thema. Dank gebührt ferner Frau Professor Ellen E. Deason, die mir während meines Aufenthaltes am College of Law der University of Illinois mit Rat zur Seite stand und mein Verständnis für die US-amerikanische Rechtslage sehr gefördert hat.

Ausserdem danke ich Dr. Roman Frik, Jochen Strauß, Heike Hoffer, Dr. Carsten Intveen, Dr. Michael Horn und Dr. Benno Hilgers für die vielen aufschlußreichen Diskussionen sowie Dorothee Köhler für die hervorragende Lektoratsarbeit.

Der größte Dank gilt meiner Familie und Nhu-ly.

Köln, August 2006

Marc Hilber

INHALTSÜBERSICHT

VIII

INHALTSVERZEICHNIS

ABKÜRZUNGSVERZEICHNIS

Die deutschsprachigen Abkürzungen folgen den Vorschlägen von *Kirchner/Butz*, Abkürzungsverzeichnis der Rechtssprache, 5. Aufl., Berlin 2003.

Die Abkürzungen der amerikanischen Rechtsprechung und Literatur entsprechen denen des Uniform System of Citation (The Bluebook), herausgegeben von Harvard Law Review in Zusammenarbeit mit Columbia Law Review, University of Pennsylvania Law Review und Yale Law Journal, 17. Aufl., Cambridge, Mass. 2000.

1. Kapitel   EINLEITUNG

§ 1   Mediation

I.   Begriff

Nach einer geläufigen Definition von *Breidenbach* ist Mediation eine Methode zur Beilegung von Konflikten, bei der ein „neutraler Dritter ohne Entscheidungsgewalt oder Zwangsmittel versucht, den Parteien auf dem Weg zu einer Entscheidung zu helfen".[1] Eine präzisere Definition ist angesichts unterschiedlicher Auffassungen über die sachgerechte Gestaltung des Mediationsverfahrens nicht möglich.[2]

Die Aufgabe des Mediators, „den Parteien auf dem Weg zu einer Entscheidung *zu helfen*"[3], lässt dem Mediator einen weiten Spielraum für unterschiedliche Gestaltungen des Mediationsverfahrens. Extremfälle sind der sich kaum einbringende, hauptsächlich durch seine Präsenz wirkende Mediator einerseits und der aktive Mediator, der den Parteien seinen Lösungsvorschlag förmlich aufdrängt, andererseits.[4] Zwischen diesen Extremfällen ist eine Vielzahl von Verhaltensweisen denkbar, wobei vor allem umstritten ist, ob der Mediator sich auf die bloße Gestaltung des Verfahrens beschränken („facilitative approach") oder ob er sich auch auf der inhaltlichen Ebene einbringen („evaluative approach") sollte.[5] Obwohl diese Streitfrage hier nicht beantwortet werden kann, ist anzumerken, dass das Unterbreiten von Lösungsvorschlägen durch den Mediator im Hinblick auf die Eigenverantwortlichkeit der Mediationsparteien für die Einigung und die Neutralität des Mediators problematisch ist.[6]

---

[1] *Breidenbach*, Mediation, S. 137 unter Berufung auf *Goldberg/Sander/Rogers*, Dispute Resolution, S. 91.
[2] Vgl. dazu umfassend *Breidenbach*, Mediation, S. 137 ff.
[3] Hervorhebung durch den Verfasser.
[4] *Breidenbach*, Mediation, S. 150, 156 f.
[5] *Walz*, in: Haft/Schlieffen, Handbuch Mediation, § 24 Rn. 45; vgl. ferner *Kracht*, in: Haft/Schlieffen, Handbuch Mediation, § 15 Rn. 102 ff.
[6] *Eidenmüller*, in: Henssler/Koch, Mediation in der Anwaltspraxis, § 2 Rn. 82; *Günther/Hilber*, in: Henssler/Koch, Mediation in der Anwaltspraxis, § 15 Rn. 92; *Kracht*, in: Haft/Schlieffen, Handbuch Mediation, § 15 Rn. 107; *Stubbe*, BB 2001, 685, 689 f. Nach der Eingriffsintensität differenzierend *Breidenbach*, Mediation, S. 157.

II. Entwicklung

Die Mediation hat sich zunächst in den USA zu einem erfolgreichen Konflikt-beilegungsmittel entwickelt, das nun aber auch in Deutschland zunehmend in das öffentliche Bewusstsein vordringt. Der Erfolg der Mediation in den USA geht auf verschiedene Ursachen zurück.

Zunächst ist auf die Nachteile des US-amerikanischen Zivilprozesses zu verweisen, der lang andauernd und kostenintensiv ist.[7] Zudem ist der Ausgang eines Prozesses kaum vorherzusehen. Daneben hat aber auch die Tätigkeit der US-amerikanischen Gesetzgeber zur weiten Verbreitung alternativer Konfliktbeilegungsmethoden beigetragen. Staatliche Mediationsprogramme wurden gegründet[8] und die Gerichte verpflichtet, alternative Konfliktbeilegungsmethoden einzusetzen.[9] Mitursächlich für den Erfolg alternativer Konfliktbeilegungsmittel war und ist schließlich die Schaffung gesetzlicher Rahmenbedingungen für Mediationsverfahren. Von besonderer Bedeutung ist dabei die Sicherung der Vertraulichkeit, die Gegenstand des 2001 verabschiedeten Uniform Mediation Act (UMA) ist. Der UMA selbst ist - wie der weitverbreitete Uniform Commercial Code (UCC) – nicht bindendes Recht, sondern ein Modellgesetz, das durch die Bundesstaaten in einzelstaatliches Recht umgesetzt werden kann.[10]

In Deutschland hat sich die Auseinandersetzung mit der Mediation auf der Gesetzgebungsebene in § 278 Abs. 5 S. 2 ZPO und § 15a EGZPO niedergeschlagen. Während das Gericht nach § 278 Abs. 5 S. 2 ZPO in geeigneten Fällen eine außergerichtliche Streitschlichtung vorschlagen kann, ermächtigt § 15a EGZPO die Länder, die Durchführung eines Mediationsverfahrens zur Zulässigkeitsvoraussetzung gewisser Klagen zu machen. Auf Grundlage von § 15a EGZPO haben inzwischen einige Bundesländer Schlichtungsgesetze erlassen bzw. modifi-

---

[7] *Macturk,* 19 American Journal of Trial Advocacy, 411 (1995). Vgl. auch *Breidenbach,* Mediation, S. 30 ff., m. w. N.

[8] Vgl. *Goldberg/Sander/Rogers*, Dispute Resolution, S. 171 f.

[9] Der US-amerikanische Bundesgesetzgeber hat zudem durch den „Alternative Dispute Resolution Act of 1998" (28 U.S.C.A. §§ 651–658 (West Supp. 2001) die erstinstanzlichen Bundesgerichte der USA dazu verpflichtet, Verfahren zur alternativen Konfliktbeilegung anzubieten. Vgl. dazu *Hilber*, BB Beilage zu Heft 16/2001, 22, 24.

[10] Näher zum UMA unten in § 14. Der UMA ist im Anhang abgedruckt. Er ist zudem abrufbar unter http://www.law.upenn.edu/bll/ulc/mediat/2003finaldraft.htm (Stand 03.04.2005). Der UMA ist mit einer einleitenden Prefatory Note und bzgl. der einzelnen Vorschriften mit Reporters' Notes (Comments) versehen.

ziert.[11] Die Rechtsanwaltschaft hat auf der Basis der Satzungsermächtigung in § 59b Abs. 2 Nr. 5a BRAO durch § 18 BORA zum Ausdruck gebracht, dass die Mediation eine anwaltliche Tätigkeit ist. Auch die Rechtsprechung hat sich bereits mit Aspekten der Mediation beschäftigt, z. B. mit der Aufnahme der Bezeichnung „Mediator" in den Briefkopf eines Rechtsanwaltes[12], der Zulässigkeit eines Antrages auf Prozesskostenhilfe ohne vorherige Mediation[13], der Mediation als unerlaubte Rechtsberatung[14], dem vertraglichen Ausschluss der Klagbarkeit[15] und den bei der Mediation anfallenden anwaltlichen Gebühren[16]. Soweit ersichtlich, haben sich die Gerichte noch nicht mit der Sicherung der Vertraulichkeit der Mediation befasst. In der Literatur hat dagegen eine Auseinandersetzung mit der Vertraulichkeit der Mediation begonnen.[17]

Auf europäischer Ebene hat die EU-Kommission im Jahr 2002 ein „Grünbuch über alternative Verfahren zu Streitbeilegung im Zivil- und Handelsrecht" vorgelegt,[18] das unter Ziffer 3.2.2.1 auch die Thematik der Vertraulichkeit alternativer Konfliktbeilegungsmethoden behandelt. Im Oktober 2004 hat die Kommission einen Vorschlag für eine Richtlinie über verschiedene Aspekte der Mediation unterbreitet, der sich in Art. 6 auch mit der Vertraulichkeit befasst.[19] Dieser Richtlinienvorschlag sieht in Art. 9 vor, dass die Umsetzung in einzelstaatliches Recht bis spätestens September 2007 erfolgt. Im Dezember 2004 hat der Bun-

---

[11] Diese Schlichtungsgesetze sind abgedruckt bei *Schönfelder*, Deutsche Gesetze, Ergänzungsband, Nr. 104a bis 104g.

[12] BGH, NJW 2002, 2948.

[13] LG Aurich, NJW 1986, 792, 792; LG Dortmund, JZ 1988, 255, 255; AG Bochum, FamRZ 2003, 772, 772. Vgl. dazu Münchener Kommentar-*Prütting*, ZPO-Reform, § 279 Rn. 45.

[14] OLG Rostock, BB 2001, 1869, 1870 f.; LG Rostock, NJW-RR 2001, 1290, 1290 ff.; LG Hamburg, NJW-RR 2000, 1514 f. Siehe dazu unten § 5 I. 3.

[15] BGH, NJW 1984, 669, 669 f., dazu *Prütting*, ZZP 99, 93 ff.; BGH, NJW 1999, 647, 648.

[16] OLG Hamm, MDR 1999, 836, 836.

[17] Siehe etwa die Literaturzusammenstellung bei Henssler/Koch, Mediation in der Anwaltspraxis, Literaturübersicht, S. 13 ff.

[18] Grünbuch über alternative Verfahren zur Streitbeilegung im Zivil- und Handelsrecht, 19.04.2002, KOM(2002), 196, nachfolgend zitiert als „Grünbuch" (abrufbar unter http://europa.eu.int/eur-lex/de/com/gpr/2002/com2002_0196de01.pdf (Stand 03.04.2005)). Darauf hat die Council of the Bars and Law Societies of the European Union (CCBE) am 10.10.2002 geantwortet (Dokument abrufbar unter http://www.ccbe.org/doc/En/ccbe_response_adr_101002_en.pdf (Stand 03.04.2005)). Vgl. dazu *Duve*, BB Beilage zu Heft 25/2003, 6.

[19] Abrufbar unter http://europa.eu.int/eur-lex/de/com/pdf/2004/com2004_0718de01.pdf (Stand 03.04.2005).

desrat eine den Richtlinienvorschlag ablehnende Stellungnahme beschlossen. Der Bundesrat führt insbesondere aus, dass für die vorgeschlagene Richtlinie keine Zuständigkeit der EU besteht.[20]

III. Mediation und Recht

Obwohl bei der Mediation die Interessen der Parteien und nicht die rechtlichen Positionen im Vordergrund stehen, ist das Recht auch für die Mediation von Bedeutung. Zu unterscheiden ist zwischen der Bedeutung des „Rechts *in* der Mediation" und dem „Recht *der* Mediation".[21] Unter der Bedeutung des „Rechts *in* der Mediation" werden die Auswirkungen des Rechts auf den Inhalt der Einigung verstanden. Das Recht wirkt sich zum einen auf die Verhandlungspositionen der Parteien aus: Ein Einigungsvorschlag wird nur Zustimmung finden, wenn er vorteilhafter erscheint als die alternative gerichtliche Durchsetzung rechtlicher Ansprüche.[22] Zum anderen können die Parteien in einer Einigung an gesetzliche Bestimmungen anknüpfen oder sich an Gerechtigkeitsmaßstäben des Rechts orientieren.[23] Schließlich haben die Parteien bei der Erarbeitung einer Konfliktlösung die Grenzen der Privatautonomie zu berücksichtigen.[24]

Rechtliche Aspekte spielen auch im Hinblick auf das Verfahren der Mediation eine Rolle („Recht *der* Mediation"). Obwohl der Mediation grundsätzlich kein bestimmtes Verfahren zugrunde liegt, da sie durch den Mediator und die Parteien individuell gestaltet wird,[25] ist das Mediationsverfahren gewissen Regeln unterworfen. Insofern kann vom (Verfahrens-) Recht der Mediation gesprochen werden. Das Verfahrensrecht der Mediation sollte zwar einerseits vermeiden, die Mediation starren Verfahrensregeln zu unterwerfen, um einen flexiblen Verlauf der Mediation zu ermöglichen, der den Willen der Parteien und die Um-

---

[20] BR-Drs. 870/04 vom 17.12.2004.
[21] *Eidenmüller*, Vertragsrecht der Wirtschaftsmediation, S. 1 ff; *Hacke*, ADR-Vertrag, Ziffer 1.3, S. 18 ff.
[22] Der Wert der möglichen Einigung ist gegen die sog. Nichteinigungsalternative abzuwägen. Dazu *Eidenmüller*, Vertragsrecht der Wirtschaftsmediation, S. 1 f.; *Risse*, BB Beilage zu Heft 27/1999, 1, 3. Zur rationalen Beurteilung der Nichteinigungsalternative (unter Berücksichtigung des Prozessrisikos) *Eidenmüller*, ZZP 113 (2000), 5 ff.
[23] *Risse*, BB Beilage zu Heft 27/1999, 1, 4 f.; *Eidenmüller*, Vertragsrecht der Wirtschaftsmediation, S. 2.
[24] *Eidenmüller*, Vertragsrecht der Wirtschaftsmediation, S. 2.
[25] Zur Informalität alternativer Konfliktbeilegungsmethoden *Hilber*, BB Beilage zu Heft 16/2001, 22, 24.

stände des Einzelfalls berücksichtigt. Andererseits bedarf die Mediation aber auch gewisser Regeln, um ihr Funktionieren zu gewährleisten. In diesem Zusammenhang ist etwa an die Auswirkung eines Mediationsverfahrens auf Gerichtsverfahren[26] oder die Verjährung von Ansprüchen[27] zu denken.[28] Ein weiterer regelungsbedürftiger Bereich ist der hier im Vordergrund stehende Aspekt der Vertraulichkeit.

§ 2 Die Vertraulichkeitsproblematik

I. Problemstellung

In der Mediation versuchen die Parteien, ihren Konflikt einer einvernehmlichen Lösung zuzuführen. Die dazu erforderliche Zusammenarbeit bei der Erarbeitung der Konfliktlösung wird erleichtert, wenn die Parteien nicht in gegenseitigem, durch den Konflikt geschürten Misstrauen verharren, sondern vertrauensvoll und offen kooperieren. Dies wird aber erschwert, wenn die Parteien im Fall des Scheiterns der Mediation damit rechnen müssen, dass die andere Partei die offen gelegten Informationen – insbesondere in einem sich anschließenden kontradiktorischen Verfahren – zu ihrem Vorteil ausnutzt.[29] Da zudem die vollständige Beilegung eines Konfliktes voraussetzt, dass die relevanten Tatsachen umfassend aufgeklärt sind, besteht weitgehende Einigkeit, dass die Mediation einer gewissen Vertraulichkeit bedarf. Es können jedoch auch berechtigte Interessen an der Nutzung der anlässlich der Mediation offen gelegten Informationen bestehen. Beispielsweise können derartige Informationen zur gerichtlichen Durchsetzung eines in der Mediation erzielten Vergleichs oder zur Geltendmachung von Einwänden gegen einen solchen Vergleich erforderlich sein.

Die Vertraulichkeit der Mediation kann gefährdet werden durch die freiwillige Preisgabe von Informationen einerseits oder im Zusammenhang mit Aussage-

---

[26] Vgl. § 15a EGZPO und die darauf basierenden Ländergesetze sowie § 278 Abs. 5 S. 3 ZPO.
[27] Vgl. § 203 BGB. Dazu *Günther/Hilber*, in: Henssler/Koch, Mediation in der Anwaltspraxis, § 15 Rn. 74 f.; *Wagner*, NJW 2001, 182 ff.
[28] *Risse*, BB Beilage zu Heft 27/1999, 1, 4.
[29] Insofern verwundert die Aussage von *Mähler/Mähler*, ZKM 2001, 4, 6, die die Vertraulichkeitsregel umkehren wollen. Die Mediationsparteien hätten damit zu rechnen, dass alles in der Mediation Offenbarte gegen sie verwandt werden kann.

oder sonstigen Pflichten zur Offenlegung von Informationen andererseits. Derartige Pflichten bestehen im Zusammenhang mit der zivilprozessualen Stoffsammlung. Informationserhebungsrechte der Gerichte anderer Verfahrenszweige, der Staatsanwaltschaft im strafrechtlichen Ermittlungsverfahren oder der Verwaltungsbehörden bleiben im Rahmen dieser zivil- und zivilprozessrechtlichen Arbeit außer Betracht.

Vor diesem Hintergrund sind vorliegend zum einen materiell-rechtliche Verschwiegenheitspflichten sowie zum anderen die Sicherung der Vertraulichkeit im Zivilprozess zu erörtern.

II. Terminologie

Im Rahmen dieser Arbeit bezeichnet der Begriff „Mediationspartei" die Konfliktparteien, die anstreben, den zwischen ihnen bestehenden Konflikt mittels Mediation beizulegen. „Mediationsbeteiligter" meint jede an der Mediation beteiligte Person. Dies umfasst die Mediationsparteien, deren Vertreter und den Mediator sowie dessen Mitarbeiter und sonstige Dritte, sofern diese an der Mediation teilnehmen.

Informationen, die anlässlich der Mediation durch eine Mediationspartei oder deren Vertreter offenbart oder sonst bekannt werden, werden im Folgenden als „Mediationsinformationen" bezeichnet.

Die zwischen den Mediationsparteien geschlossene Vereinbarung wird „Mediationsvereinbarung" und die Vereinbarung mit dem Mediator „Mediatorvertrag" genannt. Kommen die Parteien in der Mediation zu einer Einigung, die den Konflikt beilegt, wird diese Einigung als „Mediationsvergleich" bezeichnet. Soweit von „Vertraulichkeitsvereinbarungen" gesprochen wird, sind damit sämtliche Abreden zur Vertraulichkeit gemeint, sei es im Mediatorvertrag, in der Mediationsvereinbarung oder in separaten Verträgen.

III. Gang der Untersuchung

Nach dieser Einleitung wird im 2. Kapitel der der Vertraulichkeitsproblematik zugrunde liegende Konflikt zwischen den Interessen an der Vertraulichkeit und den gegenläufigen Interessen an der Verwertung der Mediationsinformationen herausgearbeitet.

Das 3. Kapitel und 4. Kapitel befassen sich mit der deutschen Rechtslage. In § 5 bis § 8 werden die gesetzlichen und vertraglichen Verschwiegenheitspflichten der Mediationsbeteiligten untersucht. Gegenstand von § 9 ist der durch die ZPO gewährte Vertraulichkeitsschutz. In § 10 wird erörtert, welche Auswirkungen eine Vertraulichkeitsvereinbarung auf den Zivilprozess haben kann. Eine Zusammenfassung findet sich in § 11.

Das 5. Kapitel behandelt die Sicherung der Vertraulichkeit im US-amerikanischen Zivilprozess. Nach der Vorbemerkung in § 12 werden in § 13 die *de lege lata* bestehenden rechtlichen Mechanismen zur Sicherung der Vertraulichkeit im Zivilprozess und in § 14 der UMA erörtert. § 15 enthält eine Zusammenfassung.

Im 6. Kapitel werden die in dieser Arbeit gefundenen Ergebnisse zusammengefasst und die Schlussfolgerungen gezogen. § 16 beschäftigt sich mit den materiell-rechtlichen Verschwiegenheitspflichten, § 17 behandelt die Sicherung der Vertraulichkeit im Zivilprozess, worauf in § 18 die allgemeinen Grenzen des Vertraulichkeitsschutzes erörtert werden. Die vorliegende Arbeit schließt in § 19 mit einer Bewertung der gesammelten Erkenntnisse ab.

2. Kapitel   DIE INTERESSENLAGE

Bei der Untersuchung der Interessenlage ist zwischen den Interessen an der Sicherung der Vertraulichkeit (dazu unter § 3) und den entgegenstehenden Interessen an der Nutzung der Mediationsinformationen (dazu unter § 4) zu unterscheiden.

§ 3   Interessen an der Sicherung der Vertraulichkeit

I.   Förderung des zur Mediation erforderlichen Kommunikationsflusses

Das sich auf das grundlegende Wesen der Mediation beziehende und daher wichtigste Argument für die Sicherung der Vertraulichkeit der Mediation ist, dass Vertrauen und Vertraulichkeit zur Erzeugung des für die Mediation notwendigen Kommunikationsflusses erforderlich sind.[30]

Wenn die Mediationsparteien befürchten müssen, dass im Verlauf der Mediation preisgegebene Informationen später gegen sie verwandt werden, erhöht sich die Wahrscheinlichkeit, dass die für den erfolgreichen Mediationsprozess entscheidende Kommunikation zwischen den Parteien nicht oder nur eingeschränkt stattfindet. Die Parteien werden in Ermangelung einer Absicherung dazu tendieren, die Weitergabe von Informationen auf deren mögliche Folgen hin zu überprüfen, anstatt die relevanten Fakten vertrauensvoll offen zu legen. In diesem Zusammenhang hat der „United States Court of Appeals for the Second Circuit" bereits 1979 Folgendes ausgeführt:

„Wenn sich die Beteiligten nicht auf die vertrauliche Behandlung von allem, was während dieser Sitzungen aufkommt, verlassen können, werden die erforderlichen Berater sich gezwungen sehen, sich in einer vorsichtigen, schmalzüngigen, unverbindlichen Weise zu verhalten, die eher zu

---

[30] Vgl. *Eidenmüller*, Wirtschaftsmediation, S. 24; *Groth/v. Bubnoff*, NJW 2001, 338 f.; *Hartmann*, in: Haft/Schlieffen, Handbuch Mediation, § 27 Rn. 2; Grünbuch, Ziffer 3.2.2.1 (Rn. 79); aus der US-amerikanischen Rechtsprechung und Literatur *U. S. v. Gullo*, 672 FSupp 99, 101; *Lake Utopia Paper Limited v. Conelly Containers, Inc.*, 608 F2d 928, 930; *Brown*, 1991 J. Disp. Resol. 307, 310 (1991); *Freedman/Prigoff*, 2 Ohio St. J. on Disp. Resol. 37, 38 (1986); *Kentra*, 1997 Brigham Young University Law Review 715, 722 f.; *Kirtely*, 1995 J. Disp. Resol 1, 9 f. (1995); *Kuester*, 16 Hamline J. of Law and Public Policy 573, 575 (1995); *Macturk*, 19 Am. J. Trial Advoc. 411, 415 (1995).

Pokerspielern in einem Spiel hoher Einsätze passt, als zu Gegenübern, die versuchen, eine gerechte Lösung eines zivilrechtlichen Rechtsstreites zu finden."[31]

Vor diesem Hintergrund wird als Folge einer mangelhaften Sicherung der Vertraulichkeit zu Recht angeführt, dass die Einigungschancen im Rahmen der Mediation sinken.[32]

Andererseits liegt es nahe, dass eine Partei insbesondere für sie ungünstige Informationen verschweigt, die eine Einigung erschweren. Dies würde dazu führen, dass aus diesen Informationen folgende Streitpunkte nicht Gegenstand der Verhandlungen werden und eine Einigung schneller herbeigeführt werden kann. Falls auf diese Weise eine Einigung zustande kommt, beruht diese jedoch aufgrund der zurückgehaltenen Informationen auf einer unvollständigen Grundlage,[33] was die Wahrscheinlichkeit von Folgekonflikten durch das Bekannt werden neuer Informationen erhöht.

Ferner ist der Einwand erhoben worden, dass das Erfordernis der Vertraulichkeit bisher nicht durch empirische Daten bestätigt werden konnte.[34] Es bestehen Statistiken, die nahe legen, dass Mediationsverfahren ohne Sicherung der Vertraulichkeit mit in etwa gleicher Wahrscheinlichkeit zur Beilegung von Streitigkeiten führen, wie Mediationsverfahren mit Vertraulichkeitsschutz.[35] Es ist aber zweifelhaft, ob diese Statistiken eine ausreichende Grundlage für eine Ablehnung des Vertraulichkeitserfordernisses darstellen. Zunächst ist der langfristige Erfolg der Mediation von der Durchführung einzelner Mediationsverfahren zu unterscheiden. Einzelne Mediationsverfahren können auch ohne Vertraulichkeitsschutz erfolgreich abgeschlossen werden, unter Umständen sogar schneller und mit einer größeren Erfolgswahrscheinlichkeit. Trotzdem ist davon auszuge-

---

[31] *Lake Utopia Paper Limited v. Conelly Containers, Inc.*, 608 F2d 928, 930 (1979) (Übersetzung durch den Verfasser).
[32] *Kuester*, 16 Hamline J. of Law and Public Policy 573, 575 (1995); *Rogers/McEwan*, Mediation, S. 9–04.
[33] Ähnlich *Macturk*, 19 Am. J. Trial Advoc. 411, 415 (1995), der ausführt, dass die Parteien durch die Vertraulichkeit in die Lage versetzt werden sollen, ihren Streit „vollumfänglich" zu verhandeln.
[34] *Hughes*, 5 Disp. Resol. Mag. 14, 14 f. (1998). Kritisch auch *Green*, 2 Ohio St. J. on Disp. Resol 1 ff. (1987); *Freedman/Prigoff*, 2 Ohio St. J. on Disp. Resol. 37, 42 (1986).
[35] *Gibson*, 1992 J. Disp. Resol. 25, 40 f. (1992).

hen, dass der langfristige Erfolg der Mediation einen angemessenen Vertraulichkeitsschutz erfordert. Wird eine Partei von der zunächst erfolgreichen Mediation im Nachhinein enttäuscht, etwa weil die Einigung sich als nicht tragfähig
erwiesen hat oder sich die Annahme der gesicherten Vertraulichkeit als unzu-
treffend herausstellt, wird sie wahrscheinlich keinen erneuten Versuch unternehmen, einen Konflikt durch Mediation beizulegen. Sollten sich derartige Erfahrungen häufen, wird sich das mit großer Wahrscheinlichkeit entsprechend auf
den Erfolg der Mediation auswirken.

Des Weiteren ist es nicht unbedenklich, die Frage des Erfolges eines Mediati-
onsprogrammes einzig anhand der Quote beigelegter Fälle zu messen. Wie oben
dargelegt, können erzielte Einigungen auf einer unvollständigen faktischen
Grundlage basieren. Dies kann zu ungerechten Ergebnissen und Folgekonflikten
führen, die wieder die ordentlichen Gerichte beschäftigen. Andererseits kann eine Mediation auch ohne vollständige Beilegung des Konflikts „erfolgreich" sein.
Ein Erfolg kann etwa in einer besseren Strukturierung des Konflikts, die zur
Beilegung von Teilkonflikten führen kann, einer Versachlichung des Konflikts
oder in einer Verbesserung der Beziehungen der Mediationsparteien zum Ausdruck kommen.

Vor diesem Hintergrund wird deutlich, dass die Statistiken einen fragwürdigen
Aussagewert haben und nicht zu Zweifeln daran führen, dass die Mediation
grundsätzlich einer gewissen Vertraulichkeit bedarf.

II. Wahrung der Neutralität des Mediators

Die Neutralität des Mediators ist eine notwendige Bedingung des Mediationsverfahrens. Da dem Mediator keine (Entscheidungs-) Befugnisse zukommen,
beruht seine Autorität gegenüber den Parteien vor allem auf seiner Neutralität.[36]
Nimmt eine Partei den Mediator als nicht neutral wahr, ist es dem Mediator unmöglich, seiner vermittelnden Funktion nachzukommen.

Nur wenn der Mediator durch entsprechende Mittel zur Sicherung der Vertraulichkeit gegen den Zwang geschützt ist, als Zeuge vor Gericht auszusagen, ist
sichergestellt, dass die Wahrnehmung des Mediators als neutraler Vermittler

---

[36] *Breidenbach*, Mediation, S. 145.

- auch in Nachhinein - nicht gestört wird.[37] Denn selbst wenn der Mediator versucht, neutral zu bleiben und in seiner Aussage lediglich die während der Mediation tatsächlich stattgefundene Kommunikation wiedergibt, wird seinen Worten fast zwangsläufig eine Bedeutung beigemessen, die einer Partei zum Vorteil gereichen kann. Der „United States Court of Appeals for the Ninth Circuit" hat zu dieser Problematik wie folgt Stellung genommen:

„Falls Schlichter über ihre Tätigkeit aussagen dürften oder müssten oder könnte die Vorlage ihrer Notizen oder Berichte verlangt werden, könnte nicht einmal die strikteste Begrenzung auf rein faktische Angelegenheiten verhindern, dass dieses Beweismaterial die eine oder die andere Partei tatsächlich oder scheinbar bevorzugt. Das unvermeidliche Resultat wäre, dass die Nützlichkeit der Bundesstelle für Mediation und Schlichtung für die Beilegung zukünftiger Streitigkeiten erheblich beeinträchtigt, wenn nicht sogar zerstört werden würde."[38]

Diese Folge der Zeugenaussage eines Mediators mag für die konkrete Mediation, deren Scheitern zur Notwendigkeit eines Rechtsstreites geführt hat, ohne Belang sein. Allerdings steht zu befürchten, dass die beteiligten oder andere Konfliktparteien bei zukünftigen Konflikten der Neutralität des Mediators keinen Glauben mehr schenken. Zudem ist zu erwarten, dass eine allgemeine Zeugnispflicht des Mediators die öffentliche Wahrnehmung des Mediators als neutralen Streitschlichter gefährdet.

III. Förderung der Mediation als letzten Versuch einvernehmlicher Konfliktbeilegung

Die Mediation ist häufig der letzte Versuch, einen Konflikt einvernehmlich beizulegen, nachdem Verhandlungen ohne die Vermittlung eines Mediators gescheitert sind. Daher ist Mediation als eine die Gerichte entlastende Konfliktbeilegungsmethode förderungswürdig. Die Vertraulichkeit ist ein Anreiz für die Parteien, Mediation als Konfliktbeilegungsmittel zu wählen. Zum Beispiel ist die Vertraulichkeit von Schiedsverfahren häufig der ausschlaggebende Grund für Konfliktparteien, ihren Streit durch ein Schiedsverfahren beizulegen, anstatt einen Rechtsstreit vor den ordentlichen Gerichten zu führen, der aufgrund des

---

[37] Vgl. *Kuester*, 16 Hamline J. of Law and Public Policy 573, 576 (1995).
[38] *N.L.R.B. v. Joseph Macaluso, Inc.*, 618 F2d 51 (1980) (Übersetzung durch den Verfasser).

Öffentlichkeitsgrundsatzes grundsätzlich nicht vertraulich ist . Dementsprechend hat beispielsweise der Gesetzgeber im US-amerikanischen Bundesstaat Oregon in Anbetracht des Erlasses einer vertraulichkeitssichernden Bestimmung wie folgt Stellung genommen:

> *„Falls zwei oder mehr Personen einen Konflikt nicht selbst beilegen können, liegt es im öffentlichen Interesse, dass sie dazu ermutigt und dabei unterstützt werden, den Konflikt mit Unterstützung durch einen kompetenten Mediator ihres Vertrauens falls möglich beizulegen, anstatt den Konflikt ungelöst zu lassen oder ein Klageverfahren anzustrengen."*[39]

Die Vertraulichkeit ist also – abgesehen von ihrer Bedeutung für die Mediation selbst – an sich schon ein Argument, einen möglicherweise besonders sensiblen Streit im Rahmen eines Mediationsverfahrens beizulegen. Damit trägt der Vertraulichkeitsschutz dazu bei, die Gerichte zu entlasten.[40]

IV. Schutz der Mediatoren vor Störungen durch Zeugenladungen

Die Verpflichtung des Mediators, in Gerichtsverfahren als Zeuge auszusagen, kann zu einer erheblichen Belastung des Mediators führen, die ihn bei seiner Berufsausübung behindert. Die US-amerikanische Rechtsprechung hat sogar die Befürchtung geäußert, dass viele Mediatoren ihr Engagement aufgeben würden, falls sie regelmäßig gezwungen werden würden, vor Gericht auszusagen.[41] Mediationsorganisationen, deren Mediatoren häufig vor Gericht aussagen müssen, wären genötigt, ihre zur Durchführung von Mediationsverfahren bereitgestellten Ressourcen zweckfremd einzusetzen, da die Zeugentätigkeit des Mediators beruflich veranlasst und damit der Zeit- und Kostenaufwand in der Regel von der Mediationsorganisation zu tragen ist.[42]

---

[39] Or Rev Stat § 36.100 (1999) (Übersetzung durch den Verfasser).
[40] *Freedman/Prigoff*, 2 Ohio St. J. on Disp. Resol. 37, 38 (1986); *Kentra*, 1997 Brigham Young University Law Review 715, 723 (1997). Auch das Schiedsgerichtsverfahren stellt eine Möglichkeit dar, Konflikte vertraulich beizulegen, was für die Parteien häufig der entscheidende Grund ist, sich für ein Schiedsgerichtsverfahren zu entscheiden. *Glossner/Bredow/Bühler*, Das Schiedsgericht in der Praxis, Rn. 252; *Peltzer*, Die Dissenting Opinion, S. 33; *Wieczorek/Schütze-Schütze*, ZPO, § 1025 Rn. 7.
[41] *Macaluso*, 618 F2d 51 (1980).
[42] *Freedman/Prigoff*, 2 Ohio St. J. on Disp. Resol. 37, 38 (1986). Dies ist nach deutschem Recht nur insoweit der Fall, als die Entschädigung nach ZSEG unter den tatsächlichen Kosten liegt.

14

Die aus Pflichten zur Mitwirkung am Zivilprozess resultierende Belastung kann erheblich sein, da der Mediator aufgrund seiner Neutralität und seiner im Zuge der Mediation erworbenen Kenntnis des Konflikts ein idealer Zeuge ist. Die Wahrscheinlichkeit ist daher groß, dass der Mediator im Falle einer gescheiterten Mediation in einem sich anschließenden Gerichtsverfahren als Zeuge geladen wird.

Die vorstehenden Ausführungen zeigen die offensichtliche Notwendigkeit einer Sicherung der Vertraulichkeit im Mediationsverfahren im Hinblick auf den Mediator. Zum einen kann der Mediator ohne gesicherte Vertraulichkeit seiner Funktion als neutraler Schlichter nicht nachkommen; zum anderen würden sich bei einer Offenbarungspflicht des Mediators nicht absehbare Nachteile für Mediatoren bzw. Mediationsorganisationen ergeben.

§ 4 Interessen an der Nutzung von Mediationsinformationen

Allerdings muss das prinzipiell berechtigte Interesse an der Vertraulichkeit auch gewisse Einschränkungen erfahren, beispielsweise zur Schadensabwendung, bei rechtswidrigem Handeln eines Mediationsbeteiligten oder um die gerichtliche Durchsetzung einer erzielten Einigung oder berechtigter Einwände gegen eine Einigung zu ermöglichen.

I.   Durchsetzbarkeit des Mediationsvergleichs

Das vorrangige Ziel der Mediation ist zumeist die Beilegung des Konflikts durch eine tragfähige Einigung.[43] Dies gilt jedenfalls in Fällen, in denen die Durchführung eines Mediationsverfahrens Zulässigkeitsvoraussetzung eines Rechtsstreits ist.[44] Um dieses Ziel zu erreichen, muss der Mediationsvergleich gerichtlich durchsetzbar sein. Andernfalls könnte sich jede Partei weigern, den Vergleich zu vollziehen, wodurch dieser Gegenstandslos wäre. Eine Partei könnte sich z. B. zum Schein auf einen Mediationsvergleich einlassen, um Zeit zu gewinnen. Zur gerichtlichen Durchsetzbarkeit ist der Vortrag und Nachweis von Mediationsinformationen – insbesondere des Inhalts der Einigung – erfor-

---

[43] *Breidenbach*, Mediation, S. 119 ff., 136.
[44] So z. B. in den Fällen des Art. 15a EGZPO. In diesen Fällen soll das Mediationsverfahren zur Entlastung der Gerichte beitragen. Dieser Zweck ist nur erfüllt, wenn Konflikte, die ansonsten die Gerichte beschäftigt hätten, durch die Mediation beigelegt werden.

derlich. Wäre die Durchsetzung des Mediationsvergleichs wegen der Vertraulichkeit ausgeschlossen, ist die Mediation als effektives Konfliktbeilegungsmittel untauglich.

Während bei einer mündlichen Einigung weite Teile der Mediation zur Klärung der Frage, ob und welche Einigung erzielt wurde, in Betracht kommen, kann durch den schriftlichen Abschluss eines Mediationsvergleichs sichergestellt werden, dass außer der schriftlich niedergelegten Einigung keine Einzelheiten aus der Mediation vor Gericht offenbart werden müssen.

II. Durchsetzbarkeit von Einwänden

Die Vertraulichkeit kann nicht nur der Durchsetzung einer wirksamen Einigung entgegenstehen, sondern auch eine Partei daran hindern, Einwände gegen eine vermeintliche Einigung zu erheben.

Im Verlauf einer Mediation können viele Gesichtspunkte und potentielle Lösungsmöglichkeiten erörtert werden. Daher ist es nicht fernliegend, dass eine Partei nach Abschluss der Mediation vorbringt, ihr Einverständnis habe nicht vorgelegen oder es sei eine Einigung anderen Inhalts erzielt worden. Einwände können beispielsweise auf Irrtümern, Täuschungen oder Drohungen basieren. Da die Mediation in ihrem Wesenskern ein konsensualer Prozess ist, bedarf es der Möglichkeit, derartige Einwände gerichtlich zu überprüfen, um sicherzustellen, dass tatsächlich ein Konsens vorliegt.[45]

III. Sanktionierung rechtswidrigen Verhaltens

Bei absoluter Vertraulichkeit wäre die Mediation ein rechtsfreier Raum, in dem sich sowohl die Parteien als auch der Mediator beliebig verhalten können, ohne eine gerichtliche Überprüfung ihres Handelns befürchten zu müssen.[46]

Von besonderem Interesse ist in diesem Zusammenhang das Verhalten des Mediators, mit dem der Erfolg der Mediation steht und fällt. Der Mediator hat sich an seiner Stellung als neutraler Vermittler und an den Regeln des einschlägigen Berufsrechts zu orientieren. Angesichts des Erfolgsdrucks, unter dem Mediato-

---

[45] *Deason*, 35 U.C. Davis L. Rev 1, 5.
[46] In diesem Zusammenhang besteht eine Überschneidung mit dem soeben unter Ziffer II. geschilderten Interesse: Rechtswidriges Verhalten kann auch zu vertragsrechtlichen Einwänden führen.

ren stehen können, ist es denkbar, dass der Mediator zu unangebrachten Mitteln greift. Dementsprechend ist die Haftung des Mediators für sein Fehlverhalten bereits Gegenstand der juristischen Auseinandersetzung.[47] Gerade für den langfristigen Erfolg der Mediation ist die gerichtliche Überprüfbarkeit des Verhaltens des Mediators – und damit eine Ausnahme vom Vertraulichkeitsschutz – erforderlich.

Wenngleich das Handeln der Parteien in wesentlich geringerem Ausmaß von mediationsspezifischen Vorschriften geprägt ist, muss ihr Handeln auch gerichtlich überprüfbar sein, um gegebenenfalls rechtswidriges Verhalten ahnden zu können.

IV. Verhinderung drohender Schäden

Soweit während der Mediation kommunizierte Informationen den Eintritt zukünftiger Schadensfälle befürchten lassen, besteht unter Umständen das Erfordernis, Mediationsinformationen zur Erhebung einer Unterlassungsklage zu nutzen oder an Dritte, etwa die Polizeibehörden, weiterzugeben, um den Schaden zu verhindern. Insbesondere für den Fall, dass die Möglichkeit eines Personenschadens oder einer Straftat während der Mediation offenbar wird, etwa durch eine entsprechende Drohung eines Mediationsbeteiligten, besteht ein starkes Interesse an der Verhinderung eines solchen Personenschadens, das die Verletzung der Vertraulichkeit rechtfertigen könnte.

V. Ausgleich bereits entstandener Schäden

Mediationsinformationen können schließlich erforderlich sein, um die Verfolgung von Straftaten oder die zivilrechtliche Durchsetzung von Ansprüchen zu ermöglichen, die auf außerhalb der Mediation stattgefundenen Pflichtverletzungen beruhen. Die Wichtigkeit von Informationen zur gerichtlichen Überprüfung von Schadensfällen schlägt sich im deutschen Zivilprozessrecht in der allgemeinen Zeugnispflicht - und neuerdings auch in § 142 ZPO - nieder und findet im amerikanischen Recht - erheblich weitreichender als im deutschen Recht - darin Ausdruck, dass die Gerichte grundsätzlich ermächtigt sind, sich Zugang zu „eve-

---

[47] Siehe etwa *Brieske*, in: Henssler/Koch, Mediation in der Anwaltspraxis, § 12 Rn. 1 ff.; *Leibner*, NJW 2002, 3521 f.; *Prütting*, in: Haft/Schlieffen, Handbuch Mediation, § 31 Rn. 1 ff.

ry man's evidence" zu verschaffen[48]. Allerdings ist zu beachten, dass die Vertraulichkeit der Mediation gerade der Herstellung des Rechtsfriedens durch eine interessengerechte Konfliktbeilegung dient.

VI. Fazit

Das grundsätzlich anzuerkennende Interesse an der Vertraulichkeit der Mediation muss sich also an den berechtigten Interessen an der Zugänglichkeit von Mediationsinformationen messen lassen. Die Betrachtung der Interessenlage führt damit zu der Schlussfolgerung, dass die Vertraulichkeit der Mediation grundsätzlich gewährleistet sein sollte. Hiervon sind Ausnahmen nur insofern anzuerkennen, als ausnahmsweise ein überwiegendes entgegenstehendes Interesse besteht.

---

[48] 8 *Wigmore* on Evidence § 2192.

3. Kapitel   VERSCHWIEGENHEITSPFLICHTEN

Verschwiegenheitspflichten sichern die Vertraulichkeit insofern, als sie an die öffentliche Kundgabe und die Mitteilung bestimmter Informationen an Dritte Sanktionen knüpfen und damit einen Anreiz schaffen, die geschützten Informationen geheim zu halten. Verschwiegenheitspflichten können sowohl den Mediator (dazu unter § 5) als auch die Parteien (dazu unter § 6) und sonstige Mediationsbeteiligte (dazu unter § 7) treffen.

§ 5   Verschwiegenheitspflichten des Mediators

Hier kommen gesetzliche (sogleich unter Ziffer I.) und vertragliche (nachfolgend unter Ziffer II.) Verschwiegenheitspflichten in Betracht.

I.   Gesetzliche Verschwiegenheitspflichten

Es existiert weder eine allgemein auf Mediatoren anwendbare gesetzliche Verschwiegenheitspflicht noch ein eigens auf den Mediator zugeschnittenes Berufsrecht. Daher hängt die Frage, ob eine gesetzliche Verschwiegenheitspflicht besteht, von der beruflichen Qualifikation bzw. der Art der Tätigkeit des Mediators ab. Im Folgenden wird auf die Berufsgruppen eingegangen, deren Mitglieder aufgrund ihrer Ausbildung typischerweise als Mediatoren in Betracht kommen.

1. Der als Mediator tätige Rechtsanwalt

a)   Bestehen der Verschwiegenheitspflicht

Rechtsanwälte sind nach § 43a Abs. 2 Bundesrechtsanwaltsordnung (BRAO) und § 2 Berufsordnung der Rechtsanwälte (BORA) zur Verschwiegenheit über alles verpflichtet, was ihnen in Ausübung ihrer Tätigkeit zur Kenntnis gelangt. Auch § 203 Abs. 1 Nr. 3 StGB verpflichtet den Rechtsanwalt zur Verschwiegenheit. Die Anwendung dieser Vorschriften setzt aber voraus, dass die Tätigkeit des anwaltlichen Mediators als rechtsanwaltliche Tätigkeit zu qualifizieren ist. Dies ist aus den folgenden Gründen in der Regel zu bejahen:

Nach § 3 Abs. 1 BRAO ist der Rechtsanwalt „der berufene unabhängige Berater und Vertreter in allen Rechtsangelegenheiten." Bei Rechtsangelegenheiten geht es entweder um Rechtsverwirklichung oder um Rechtsgestaltung, einschließlich der Schaffung neuer oder der Veränderung bestehender Rechtsverhältnisse.[49] Die Aufgabe des anwaltlichen Mediators ist es typischerweise, die Parteien beratend dabei zu unterstützen, ihre in Streit stehenden Rechte und Pflichten durch eine Einigung neu zu gestalten.[50] Selbst wenn der Weg zu einem Verhandlungsergebnis durch psychologische oder sozial-pädagogische Mittel geprägt ist, besteht doch in der Regel das Ziel, durch die Einigung die Rechte und Pflichten der Parteien neu zu regeln. Dabei kann der Mediator auch rechtliche Erwägungen, etwa bei der Fairnesskontrolle oder Abfassung eines Mediationsvergleichs, nicht außer Acht lassen.[51] Der anwaltliche Mediator berät also die Parteien typischerweise in Rechtsangelegenheiten im Sinne des § 3 Abs. 1 BRAO.[52]

Es ist zudem anerkannt, dass der Rechtsanwalt nicht nur als einseitiger Interessenvertreter, sondern auch im Interesse mehrerer Parteien tätig werden kann, zum Beispiel als Testamentsvollstrecker, Insolvenzverwalter oder Schiedsrichter.[53] Der Anwendung anwaltlichen Berufsrechts steht somit nicht entgegen, dass der Mediator im Interesse beider Konfliktparteien tätig wird.[54]

Die Vorschriften der § 356 StGB (Parteiverrat) und § 43a Abs. 4 BRAO (Verbot der Vertretung widerstreitender Interessen) widersprechen der Einordnung der Mediation als anwaltliche Tätigkeit nicht, da die Beratung durch den anwaltlichen Mediator im übergeordneten Interesse beider Parteien erfolgt und damit die

[49] BGH, NJW 1963, 441, 442; 1967, 1558, 1559; 1989, 2125, 2125; 1995, 3122, 3122; 2000, 2108, 2108; BRAK-Mitt. 1999, 47, 47. Ebenso *Chemnitz/Johnigk*, RBerG, Art. 1 § 1 Rn. 61; Henssler/Prütting-*Weth*, RBerG Art. 1 § 1 Rn. 3; *Rennen/Caliebe*, RBerG, Art. 1 § 1 Rn. 18.
[50] Dementsprechend findet Mediation „in the shadow of the law" statt. *Mnookin/Kornhauser*, 88 Yale Law Journal 950 (1979).
[51] *Henssler*, NJW 2003, 241, 243; Hartung/Holl-*Holl*, BORA, § 18 Rn. 26. Vgl. auch *Breidenbach*, Mediation, S. 104 ff.
[52] *Henssler*, in: Henssler/Koch, Mediation in der Anwaltspraxis, § 3 Rn. 1 ff.; Henssler/Prütting-*Koch*, BORA, § 18 Rn. 16; *Koch*, in: Henssler/Koch, Mediation in der Anwaltspraxis, § 1 Rn. 22 f. Im Kontext des RBerG ebenso OLG Hamm MDR 1999, 836, 836; die in Fn. 14 genannten Entscheidungen; *Henssler*, NJW 2003, 241, 243 f.
[53] Dementsprechend geht auch § 1 BRAGO davon aus, dass Rechtsanwälte als „Vormund, [...] Insolvenzverwalter, [...] Schiedsrichter [...]" tätig werden können. Vgl. *Schlosser*, NJW 2002, 1376, 1378.
[54] *Feuerich/Weyland*, BRAO, § 43a Rn. 65 und BORA, § 18 Rn. 3. Vgl. hierzu auch *Marcard*, Berufsrecht, S. 114 ff.

genannten Tatbestände nicht einschlägig sind.[55] Hier ist zwischen den gegensätzlichen Interessen der Parteien in der Sache selbst und dem gemeinsamen Interesse an der einvernehmlichen Konfliktbeilegung zu unterscheiden.[56] Dieses gemeinsame Interesse der Parteien an der Streitbeilegung kommt auch dadurch zum Ausdruck, dass der anwaltliche Mediator von beiden Parteien beauftragt wird.

Aus diesen Gründen ist mittlerweile allgemein anerkannt, dass der als Mediator tätige Rechtsanwalt der anwaltlichen Verschwiegenheitspflicht in vollem Umfang unterliegt.[57] Dementsprechend bestimmt § 18 BORA:

„Wird der Rechtsanwalt als Vermittler, Schlichter oder Mediator tätig, so unterliegt er den Regeln des Berufsrechtes."[58]

Zu beachten ist jedoch, dass § 18 BORA als untergesetzliche Norm keine unmittelbare Auswirkung auf die Auslegung und Anwendbarkeit der §§ 43a Abs. 2 BRAO, 203 Abs. 1 Nr. 3 StGB hat.

Abschließend ist darauf hinzuweisen, dass der Begriff „Mediation" ein weites Spektrum von Verfahren mit unterschiedlichen Zielsetzungen umfasst, die etwa im Bereich der Familienmediation eher einer Paartherapie als einer rechtlichen Beratung gleichkommen. Soweit es nicht um Rechte und Pflichten im juristischen Sinne geht, sondern in einer Mediation ausschließlich psychologische, zwischenmenschliche oder sonstige nicht-juristische Aspekte – wie etwa in einer Schulmediation denkbar – behandelt werden, kann auch die Beteiligung eines Rechtsanwalts als Mediator nicht dazu führen, dass eine Beratung in Rechtsan-

---

[55] BRAK-Ausschuss „Mediation", BRAK-Mitt. 1996, 186 unter Verweis auf RGSt 14, 365; 22, 289; 45, 305. Ebenso *Eisele*, in: Haft/Schlieffen, Handbuch Mediation, § 30 Rn. 44; *Feuerich/Weyland*, BRAO, § 43a Rn. 65.
[56] Es dem Mediator untersagt, nach Abschluss der Mediation eine der Parteien (bei der Verfolgung eben dieses gegensätzlichen Interesses) anwaltlich zu vertreten. *Feuerich/Weyland*, BORA, § 18 Rn. 3; Hartung/Holl-*Holl*, BORA, § 18 Rn. 40.
[57] BRAK-Ausschuss „Mediation", Schlussbericht, BRAK-Mitt. 1996, 186; *Eckhardt/Dendorfer*, MDR 2001, 786, 788; *Groth/v. Bubnoff*, NJW 2001, 338, 339; *Hartmann*, in: Haft/Schlieffen, Handbuch Mediation, § 27 Rn. 10; Hartung/Holl-*Holl*, BORA, § 18 Rn. 34; *Henssler*, in: Henssler/Koch, Mediation in der Anwaltspraxis, § 3 Rn. 45; *Heß/Sharma*, in: Haft/Schlieffen, Handbuch Mediation, § 26 Rn. 34; *Marcard*, Berufsrecht, S. 113; *Prütting*, FS Böckstiegel, S. 629, 637.
[58] § 18 BORA beruht auf der Satzungsermächtigung des § 59b Abs. 2 Nr. 5a BRAO.

gelegenheiten vorliegt.[59] Wird ein Rechtsanwalt in diesem Sinne fachfremd tätig, übt er einen Zweitberuf aus und unterliegt nicht der anwaltlichen Verschwiegenheitspflicht. Diese Fälle dürften jedoch bei praktischer Betrachtung selten sein, sodass man in der Regel davon ausgehen kann, dass die Tätigkeit eines anwaltlichen Mediators als rechtsanwaltliche Tätigkeit zu qualifizieren ist.

b) Umfang der Verschwiegenheitspflicht

Der anwaltliche Mediator ist gemäß § 43a Abs. 2 BRAO und § 203 Abs. 1 Nr. 3 StGB unabhängig vom (Fort-) Bestehen des Mandatsverhältnisses[60] zur Vertraulichkeit verpflichtet.

Zunächst setzt § 43a Abs. 2 BRAO voraus, dass dem anwaltlichen Mediator Informationen „in Ausübung seines Berufes" bekannt geworden sind. § 203 Abs. 1 Nr. 3 StGB hebt darauf ab, dass ihm Informationen „*als* Rechtsanwalt [...]" anvertraut oder sonst bekannt geworden" sind. Da die Mediation als Ausübung des anwaltlichen Berufs zu qualifizieren ist, können die dem anwaltlichen Mediator mitgeteilten Informationen hierunter gefasst werden, wobei auch die Informationen dazugehören, die dem anwaltlichen Mediator zur Begründung des Mandatsverhältnisses mitgeteilt wurden.[61]

Während sich die Verschwiegenheitspflicht gemäß § 203 Abs. 1 Nr. 3 StGB auf fremde Geheimnisse beschränkt, gilt § 43a Abs. 2 S. 1 BRAO für alle Informationen, die dem Anwalt in Ausübung seines Berufs bekannt geworden sind. Allerdings gilt dies nach § 43a Abs. 2 S. 2 BRAO nicht, sofern Informationen offenkundig sind oder ihrer Bedeutung nach keiner Geheimhaltung bedürfen.[62] Sowohl nach § 43a Abs. 2 BRAO als auch – unter Berücksichtigung der grund-

---

[59] Ebenso *Henssler*, in: Henssler/Koch, Mediation in der Anwaltspraxis, § 3 Rn. 3. Vgl. auch *Mankowski*, MDR 2001, 1119, 1120; *Duve*, BB 2001, 692, 692 f.
[60] Dies ergibt sich aus § 203 Abs. 4 StGB und § 2 Abs. 2 BORA.
[61] Henssler/Prütting-*Eylmann*, BRAO, § 43a Rn. 38 f.; Schönke/Schröder-*Lenckner*, StGB, § 203 Rn. 14. Auch wenn der anwaltliche Mediator letztlich nicht mandatiert wird, sind die zuvor vom Mandanten mitgeteilten Informationen vertraulich zu behandeln. Henssler/Prütting-*Eylmann*, BRAO, § 43a Rn. 38; Schönke/Schröder-*Lenckner*, StGB, § 203 Rn. 14. Vgl. auch *Tröndle/Fischer*, StGB, § 203 Rn. 7.
[62] Henssler/Prütting-*Eylmann*, BRAO, § 43a Rn. 43 ff., m. w. N.

sätzlichen Vertrauensgebundenheit der anwaltlichen Tätigkeit[63] – nach § 203 Abs. 1 Nr. 3 StGB ist der anwaltliche Mediator also grundsätzlich dazu verpflichtet, die im Verlauf der Mediation mitgeteilten Informationen vertraulich zu behandeln. Beide Normen versagen den Vertraulichkeitsschutz jedoch, soweit an Mediationsinformationen kein subjektives Geheimhaltungsinteresse besteht, das nach der objektiven Sachlage nachvollziehbar ist, oder falls eine in der Mediation mitgeteilte Tatsache ohnehin allgemein bekannt oder einem beliebigen Personenkreis zugänglich ist.[64]

c)   Ausnahmen von der Verschwiegenheitspflicht

Selbst wenn Mediationsinformationen nach den vorstehenden Ausführungen der Verschwiegenheitspflicht des anwaltlichen Mediators unterfallen, bestehen Ausnahmen. Diese gelten – wegen der Einheit der Rechtsordnung – unabhängig davon, ob die Verschwiegenheitspflicht gesetzlich oder vertraglich begründet ist.[65] Zwar ist es nicht ausgeschlossen, dass sich ausnahmsweise aufgrund von unterschiedlichen Zwecksetzungen der jeweiligen Teilrechtsordnungen Unterschiede ergeben.[66] Derartige Ausnahmen sind vorliegend jedoch nicht erkennbar.

aa)   Dispositionsbefugnis der Mandanten

Die Pflicht des anwaltlichen Mediators zur Verschwiegenheit steht zur Disposition seiner Mandanten. Die Entbindung des Mediators von seiner Verschwiegenheitspflicht bedarf keiner besonderen Form und kann konkludent erfolgen.[67] Wird der Mediator von beiden Mediationsparteien von der Verschwiegenheits-

---

[63] Die Tätigkeit des Rechtsanwaltes hat als „klassischer vertrauensgebundener Beruf in der Regel vertrauliche Informationen zum Gegenstand." Schönke/Schröder-*Lenckner*, StGB, §203 Rn. 13.

[64] Vgl. Henssler/Prütting-*Eylmann*, BRAO, § 43a Rn. 45 f.; *Tröndle/Fischer*, StGB, § 203 Rn. 5 f.

[65] Vgl. BGHSt 11, 244; Schönke/Schröder-*Lenckner*, StGB, Vor §§ 32 ff., Rn. 27; *Tröndle/Fischer*, StGB, Vor § 32 Rn. 2; Münchener Kommentar-*Grothe* , BGB, § 227 Rn. 1 Palandt-*Heinrichs*, BGB, § 228 Rn. 2. Allgemein zur Einheit der Rechtsordnung *Felix*, Einheit der Rechtsordnung, S. 1 ff.

[66] Etwa Münchener Kommentar-*Grothe*, BGB, § 227 Rn. 1.

[67] Schönke/Schröder-*Lenckner*, StGB, Vor §§ 32 ff. Rn. 43; *Tröndle/Fischer*, StGB, Vor § 32 Rn. 3b.

pflicht entbunden, so ist er zur Mitteilung von Mediationsinformationen berechtigt und vor Gericht auch dazu verpflichtet.[68]

bb) Gesetzliche Ausnahmebestimmungen

Der anwaltliche Mediator ist einer Verschwiegenheitspflicht nicht unterworfen, soweit gesetzliche Bestimmungen eine Auskunftspflicht vorsehen.[69] Dies ist neben den §§ 138, 139 Abs. 3 S. 2 StGB auch bei den §§ 6, 11 GwG, 807, 840 ZPO der Fall.[70] Nach § 138 Abs. 1 StGB kann sich eine Einschränkung der Verschwiegenheitspflicht ergeben, wenn der Mediator von einer der dort genannten Straftaten erfährt. Nur sofern keine der in § 139 Abs. 3 S. 2 StGB genannten Straftaten vorliegt und der Mediator sich ernsthaft bemüht, die Tat zu verhindern, darf er nach § 139 Abs. 3 S. 2 StGB die Verschwiegenheit wahren. Die §§ 6, 11 GwG sind einschlägig, sofern der Mediator bei der Mediation von geldwäscherelevanten Tatsachen erfährt, während die §§ 807, 840 ZPO den Mediator verpflichten, bei der Abgabe einer eidesstattlichen Versicherung bzw. Drittschuldnererklärung seine Honorarforderung gegen die Mediationsparteien anzugeben.

cc) Verteidigung in eigener Sache, Ansprüche aus dem Mandatsverhältnis

Die Verschwiegenheitspflicht greift gemäß § 2 Abs. 3 BORA auch dann nicht durch, wenn die Aussage des Rechtsanwalts zur Verteidigung in eigener Sache in einem vom Mandanten veranlassten Verfahren[71] oder zur Durchsetzung oder Abwehr von Ansprüchen aus dem Mandatsverhältnis[72] erforderlich ist. Diese Ausnahmen greifen beispielsweise, wenn der Mediator die Parteien auf Zahlung des vereinbarten Honorars verklagt, da diese die Zahlung mit dem Hinweis auf

---

[68] Vgl. *Feuerich/Weyland*, BRAO, § 43a Rn. 13. Kritisch dazu *Henssler*, NJW 1994, 1817, 1818, der ein von der Disposition der Mandanten unabhängiges Schweigerecht fordert.

[69] Schönke/Schröder-*Lenckner*, StGB, § 203 Rn. 29; *Tröndle/Fischer*, StGB, § 203 Rn. 37. Eine Abwägung nach den Grundsätzen der Pflichtenkollision ist insofern nicht erforderlich. Sofern eine Pflicht zur Offenbarung besteht, ist diese nicht unbefugt. *Tröndle/Fischer*, StGB, § 203 Rn. 37.

[70] Zu weiteren Ausnahmebestimmungen Schönke/Schröder-*Lenckner*, StGB, § 203 Rn. 29.

[71] BGHSt 1, 366, 368 (Strafprozess); *Feuerich/Weyland*, BRAO, § 43a Rn. 27 f. (allgemein); Henssler/Prütting-*Eylmann*, BRAO, § 43a Rn. 84 (Strafprozess) und Rn. 86 (berufsrechtliche Verfahren).

[72] *Feuerich/Weyland*, BRAO, § 43a Rn. 27, Henssler/Prütting-*Eylmann*, BRAO, § 43a Rn. 80.

ungenügende Leistungen des Mediators verweigern, oder die Parteien nach Beendigung der Mediation Ansprüche wegen einer Pflichtverletzung gegen den Mediator gerichtlich geltend machen. In diesen Fällen ist der anwaltliche Mediator ausnahmsweise berechtigt, gegen den Willen der Parteien auszusagen, da er sonst seine Ansprüche nicht geltend machen bzw. sich nicht verteidigen könnte.

Beide Ausnahmen ergeben sich letztlich aus den allgemeinen Grundsätzen des rechtfertigenden Notstandes nach § 34 StGB, da § 2 Abs. 3 BORA als untergesetzliche Norm nur deklaratorisch wirkt.[73]

dd)   Sonstige Fälle des rechtfertigenden Notstandes

In diesem Zusammenhang stellt sich die Frage, ob weitere, im Mediationskontext typische Konstellationen die Verletzung der Verschwiegenheitpflicht rechtfertigen. Hier ist § 34 StGB heranzuziehen, der nach allgemeiner Ansicht auch die gesetzliche Grundlage für eine Rechtfertigung der Verletzung der Verschwiegenheitpflicht in den Fällen des § 2 Abs. 3 BORA darstellt. Insbesondere bei Ärzten, aber auch bei anderen Geheimnisträgern, ist anerkannt, dass die Verletzung der Vertraulichkeit zur Abwendung einer Gefahr für ein anderes Rechtsgut nach § 34 StGB gerechtfertigt sein kann.[74]

§ 34 StGB setzt zunächst voraus, dass eine gegenwärtige, nicht anders abwendbare Gefahr für ein beliebiges Rechtsgut – d. h. jedes rechtlich geschützte Interesse – besteht, die nicht anders als durch die zu rechtfertigende Rechtsgutverletzung abgewendet werden kann. Ferner hat das geschützte Interesse das beeinträchtigte wesentlich zu überwiegen, und die Rechtsgutverletzung muss ein angemessenes Mittel zur Gefahrabwendung darstellen.[75]

---

[73] § 59b Abs. 2 Nr. 1 c) BRAO stellt insofern keine Ermächtigungsgrundlage dar. Hartung/Holl-*Hartung*, BORA, § 2 Rn. 30. Zu § 34 StGB etwa *Tröndle/Fischer*, StGB, § 203 Rn. 45 f.

[74] Vgl. etwa OLG Frankfurt NJW 2000, 875, 876 (Hinweis des Arztes an den Lebensgefährten eines Patienten, der HIV-positiv getestet wurde); BGH, NJW 1968, 2288, 2288 (Mitteilung des Arztes an die Straßenverkehrsbehörde, dass Patient nicht fahrtüchtig ist); *Henssler*, NJW 1994, 1817, 1823 (Verhinderung der Verurteilung eines Unschuldigen durch Rechtsanwalt); Schönke/Schröder-*Lenckner*, StGB, § 203 Rn. 31 (Bekanntgabe des Beuteverstecks durch Strafverteidiger); *Tröndle/Fischer*, StGB, § 203 Rn. 47.

[75] Schönke/Schröder-*Lenckner/Perron*, StGB, § 34 Rn. 8 ff.; *Tröndle/Fischer*, StGB, § 34 Rn. 2 ff.

Typische Interessenkollisionen treten – wie oben unter § 4 angedeutet – auf, wenn Sachverhalte aus der Mediation in Gerichtsverfahren vorgetragen werden sollen, die der Durchsetzung des Mediationsvergleiches dienen, Einwände gegen eine in der Mediation erzielte Einigung beweisen sollen oder eine Schadensersatzforderung wegen rechtswidriger Handlungen einer Mediationspartei begründen sollen. Anders als bei den unter cc) dargestellten Ausnahmen, besteht vorliegend kein Interessenkonflikt zwischen Rechtsanwalt und Mandant, sondern zwischen den beiden Mandanten des anwaltlichen Mediators. Es geht also um die Frage, ob der Mediator in einem Prozess zwischen den Mediationsparteien – dessen Gegenstand etwa die Wirksamkeit des Mediationsvergleichs sein kann – aussagen kann. Dies könnte ihm § 34 StGB erlauben, der auch Handlungen rechtfertigt, die zur Abwendung einer Gefahr von einem Dritten erforderlich sind.

(1)   Durchsetzung von Einwänden gegen den Mediationsvergleich

Zunächst müsste eine Gefahr für ein rechtlich geschütztes Interesse vorliegen. Es ist denkbar, dass ein unwirksamer oder anfechtbarer Mediationsvergleich (zwangsweise) vollstreckt wird, da die sich auf Vorgänge aus der Mediation stützenden Einwände wegen der Verschwiegenheitspflicht des Mediators nicht bewiesen werden können. Beispielsweise kann der Mediationsvergleich wegen eines Willensmangels gemäß §§ 119, 120 BGB oder einer Täuschung bzw. Drohung nach § 123 BGB anfechtbar sein. In diesen Fällen besteht die Gefahr, dass die Parteien keine Einigung i. S. d. bürgerlichen Rechts (oder eben nur eine anfechtbare Einigung) über den Inhalt des Mediationsvergleiches erzielt haben.

Da damit der Vergleich nicht mehr von einem Akt rechtsgeschäftlicher Selbstbestimmung getragen wird, ist das Prinzip der Privatautonomie betroffen. Die Regelungen der §§ 116 ff. BGB zeigen zwar einerseits, dass auch im Rahmen der Privatautonomie die Willensfreiheit nicht unbeschränkt gelten kann.[76] Andererseits ist die Willensfreiheit aber - als der die Privatautonomie prägende Grundsatz - unter den Voraussetzungen der §§ 116 ff. BGB gegenüber dem Vertrauen des Erklärungsempfängers schützenswert.[77] Sofern die Willenserklärung einer Mediationspartei unwirksam oder anfechtbar ist - und um diese Fälle geht

---

[76] Münchener Kommentar-*Kramer*, BGB, Vorbem. §§ 116 ff. Rn. 39.
[77] Vgl. Münchener Kommentar-*Kramer*, BGB, Vorbem. §§ 116 ff. Rn. 39.

es hier - spricht also die im Kern durch Art. 1, 2 GG geschützte Privatautonomie[78] dafür, eine Ausnahme von der Vertraulichkeit zuzulassen, um die gerichtliche Überprüfung der Einigung zu ermöglichen.

Des Weiteren sind die Individualinteressen der anfechtungsberechtigten Partei
zu berücksichtigen. Zum Beispiel kann das Vermögensinteresse der arglistig ge-
täuschten Partei, die sich aufgrund der Täuschung zur Zahlung einer unangemessen hohen Vergleichssumme verpflichtet hat, ins Feld geführt werden.

Die Gefahr für diese rechtlich geschützten Interessen ist während der Anhängig-
keit des Prozesses zur Durchsetzung des Mediationsvergleichs auch gegenwärtig. Zwar steht die Vollstreckung des Mediationsvergleichs noch nicht kurz bevor, weil ein vollstreckungsfähiger Titel noch nicht vorliegt. Der Eintritt des
drohenden Schadens kann aber nur durch sofortiges Handeln, nämlich durch
rechtzeitigen Vortrag und Beweisantritt im Rahmen der auf die Einigung ge-
stützten Klage auf Zahlung der Vergleichssumme, verhindert werden. Ansonsten
liegt ein rechtskräftiger Titel vor, gegen dessen Vollstreckung Einwendungen,
die den Anspruch selbst betreffen, nur eingeschränkt erhoben werden können.

Fraglich ist, ob ein milderes Abwendungsmittel als die Aussage des anwaltlichen Mediators besteht, falls die sich auf die Einigung berufende Partei den entsprechenden Vortrag der Gegenpartei bestreitet, sie aber gleichzeitig den Mediator nicht von seiner Verschwiegenheitspflicht entbindet. Neben der Verwertung
anderer aussagekräftiger Beweismittel – bei deren Vorliegen eine Rechtfertigung ausscheidet – könnte die Anwendung der Grundsätze der Beweisvereitelung ein derartiges milderes Mittel darstellen.[79] Danach kann das Gericht den
Vortrag der Gegenpartei als wahr unterstellen und auf dieser Basis die vorge-
brachten Einwände berücksichtigen. Da die Aussage des Mediators dann nicht
mehr erforderlich ist, stellt die Beweisvereitelung ein milderes Mittel dar. Sofern
eine Beweisvereitelung jedoch nicht in Betracht kommt, bleibt § 34 StBG mangels milderem Mittel anwendbar.

Im Rahmen des zentralen Kriteriums des rechtfertigenden Notstandes, der umfassenden Interessenabwägung, sind sämtliche Umstände des Einzelfalls, insbe-

---

[78] Vgl. Palandt-*Heinrichs*, BGB, Überbl. v. § 104 Rn. 1. Allgemein zur Privatautomie BVerf-
GE 70, 115, 123; 72, 155, 170.
[79] Zu den Voraussetzungen der Beweisvereitelung s. o. § 9 III. 6.

sondere aber die Bedeutung der betroffenen Rechtsgüter und der Grad der ihnen drohenden Gefahren, zu berücksichtigen.[80] Zunächst sind also die Bedeutung der Verschwiegenheitspflicht des anwaltlichen Mediators und der Privatautonomie einerseits sowie die betroffenen Individualinteressen andererseits gegeneinander abzuwägen. Da sich die betroffenen Individualinteressen der Konfliktparteien von Fall zu Fall unterscheiden, können diese vorliegend nicht bewertet werden. Was die anwaltliche Verschwiegenheit und die Privatautonomie betrifft, ist nicht festzustellen, dass bei allgemeiner Betrachtung eines dieser Rechtsgüter das andere in Wert und Bedeutung überwiegt. Die Verschwiegenheitspflicht stellt einen tragenden Grundsatz der anwaltlichen Tätigkeit dar. Einschränkungen der anwaltlichen Verschwiegenheitspflicht berühren das aus Art. 2 Abs. 1, 1 Abs. 1 GG folgende informationelle Selbstbestimmungsrecht des Mandanten (der selbst über die Offenlegung von Geschäftsgeheimnissen oder Tatsachen aus seinem persönlichen Lebensbereich entscheiden will), das Interesse der Allgemeinheit an einer funktionierenden Rechtspflege und das Berufsausübungsrecht des Rechtsanwalts nach Art. 12 Abs. 1 S. 1 GG.[81] Andererseits ist die Privatautonomie die tragende Säule des Privatrechts, Ausdruck des allgemeinen Prinzips der Selbstbestimmung des Menschen und damit in ihrem Kern durch Art. 1, 2 GG geschützt.[82]

Zwar lässt sich bei allgemeiner Betrachtung nicht feststellen, dass eines der Rechtsgüter von überwiegender Bedeutung ist. Allerdings fällt bei der Betrachtung der konkret zu untersuchenden Konstellation Folgendes auf: Aus der Perspektive des anwaltlichen Mediators, dessen nach Art. 12 Abs. 1 GG geschütztes Berufsausübungsrecht normalerweise zu Gunsten der Wahrung der Vertraulichkeit zu berücksichtigen ist, spricht auch einiges für die Anerkennung einer Ausnahme, da der Mediator sich sonst dem Vorwurf ausgesetzt sehen könnte, seiner Aufgabe als neutraler, rechtskundiger Schlichter nicht gerecht geworden zu sein,

---

[80] Schönke/Schröder-*Lenckner/Perron*, StGB, § 34 Rn. 22 ff.; *Tröndle/Fischer*, StGB, § 34 Rn. 7 ff.

[81] *Feuerich/Weyland*, BRAO, § 43a Rn. 12; *Henssler*, NJW 1994, 1817, 1819 ff.; Henssler/Prütting-*Eylmann*, BRAO, § 43a Rn. 31 ff. (Normzweck) und 34 ff. (Verfassungsrechtlicher Schutz). Vgl. auch BVerfGE 38, 313, 323, das den gesetzlichen Verzicht auf ein Zeugnisverweigerungsrecht für Tierärzte an Art. 12 Abs. 1 GG gemessen hat, dort allerdings einen Verstoß gegen Art. 12 GG verneint hat.

[82] BVerfGE 1970, 115, 123; 1972, 155, 170; Palandt-*Heinrichs*, BGB, Überbl. v. § 104 Rn. 1.

der auf Wirksamkeitshindernisse hinzuweisen und zu deren Aufklärung beizutragen hat. Auch das Interesse an einer funktionierenden Rechtspflege setzt zwar regelmäßig eine Verschwiegenheitspflicht voraus, damit der Betroffene Rechtsrat einholen kann, ohne befürchten zu müssen, dass die dem Anwalt mitgeteilten Informationen Dritten zur Kenntnis gelangen. Allerdings ist vorliegend zu berücksichtigen, dass das vorrangige Ziel der Rechtspflege, die Herstellung von Rechtsfrieden, durch Mediation nur erreicht werden kann, wenn gewährleistet ist, dass berechtigte Einwände gegen einen schriftlichen Mediationsvergleich diesem auch entgegen gehalten werden können. Ließe die Verschwiegenheitspflicht es nicht zu, dass Einwände gegen den Mediationsvergleich berücksichtigt werden, stünde das Vertrauen der Allgemeinheit in die Integrität und Kompetenz von (anwaltlichen) Mediatoren - und damit auch der Mediation an sich - massiv in Gefahr.[83] Da jedoch eine abschließende Abwägung stets die Umstände des Einzelfalls zu berücksichtigen hat, kann trotz dieser Erwägungen zu Gunsten einer Ausnahme von der Vertraulichkeit kein allgemeingültiges Ergebnis gefunden werden.

Bei der Abwägung ist schließlich der Grad der drohenden Gefahren für die betroffenen Rechtsgüter zu berücksichtigen. Wie wahrscheinlich es ist, dass die Einigung tatsächlich anfechtbar ist, hängt von den Umständen des Einzelfalls ab. Diese Wahrscheinlichkeit erhöht sich, wenn Indizien es nahe legen, dass der Mediator nicht neutral ist.[84] Im Übrigen hängt der Grad der drohenden Gefahren davon ab, welcher Art die Einwände gegen die Einigung sind und wie konkret der diesbezügliche Tatsachenvortrag ist.

Deshalb kann eine Verletzung der Verschwiegenheitspflicht nur dann nach § 34 StGB gerechtfertigt sein, wenn eine Partei gravierende Einwände, wie etwa eine Drohung im Sinne des § 123 BGB durch die andere Partei glaubhaft vorträgt. Dies gilt jedenfalls dann, falls keine Anzeichen für die Voreingenommenheit des Mediators bestehen.

---

[83] Vgl. § 6 UMA, Reporters' Notes 11., S. 32 f.

[84] Ansonsten spricht nämlich die Tatsache, dass die Verhandlungen der Parteien durch einen neutralen Dritten überwacht wurden, gegen das Vorliegen einer derartigen Gefahr, wobei selbst in diesem Fall das Vorliegen einer Täuschung natürlich nicht ausgeschlossen werden kann.

(2)   Durchsetzung des Mediationsvergleiches

Wie oben unter § 4 I. dargelegt, ist auch zur gerichtlichen Durchsetzung des Mediationsvergleiches die Einbringung von Mediationsinformationen in den Zivilprozess erforderlich. Soweit ein schriftlicher Mediationsvergleich abgeschlossen wurde, bedarf es der Zeugenaussage des Mediators in der Regel nicht, um Bestehen und Inhalt des Mediationsvergleiches nachzuweisen. Vielmehr kann die beweispflichtige Partei den Mediationsvergleich als Urkunde vorlegen.[85]

Ist nur der Mediator im Besitz des Mediationsvergleichs, kann er diesen dem Gericht vorlegen, ohne seine Verschwiegenheitspflicht zu verletzen.[86] Dies ergibt sich entweder ausdrücklich aus der Vertraulichkeitsvereinbarung oder dem Mediationsvergleich oder durch Auslegung der Parteierklärungen gemäß §§ 133, 157 BGB. Wenn die Parteien den Mediationsvergleich schriftlich abfassen, sorgen sie für eine Perpetuierung ihres Verhandlungsergebnisses, als dessen Zweck einzig die Steigerung der Rechtssicherheit in Frage kommt. Dieses Ziel kann jedoch nur erreicht werden, wenn die Einigung auch gerichtlich durchsetzbar ist, d. h. der Mediationsvergleich dem Gericht vorgelegt werden kann. Alles andere widerspräche dem Zweck der Mediation, der Erzielung einer tragfähigen Einigung. Ein Rückgriff auf § 34 StGB ist daher nicht erforderlich.

Belassen es die Parteien bei einer mündlichen Einigung, bedarf die beweispflichtige Partei – in Ermangelung anderer Beweismittel – der Zeugenaussage des Mediators, um die Einigung nachzuweisen, falls im Gerichtsverfahren zur Durchsetzung der Ansprüche aus dem Mediationsvergleich Tatsachen strittig sind.

In diesen Fällen ist die Verletzung der Verschwiegenheitspflicht des Mediators jedoch nicht gemäß § 34 StGB gerechtfertigt, selbst wenn die Grundsätze der Beweisvereitelung wegen einer entgegenstehenden Vereinbarung als milderes Mittel ausscheiden und eine gegenwärtige Gefahr wegen der drohenden Rechtskraft des klageabweisenden Urteils vorliegt. Bei der Abwägung der gegensätzlichen Interessen an der Durchsetzung der Einigung einerseits und der Wahrung

---

[85] Soweit es allerdings um Auslegungsfragen geht, kann die Zeugenaussage des Mediators trotz eines schriftlichen Mediationsvergleichs relevant sein.
[86] Vgl. Grünbuch, Ziffer 3.2.2.1 (Rn. 80), wo allerdings nicht zwischen einer schriftlichen und mündlichen Einigung differenziert wird. Ob eine Pflicht des Mediators zur Vorlage des Mediationsvergleiches besteht, wird nachfolgend unter § 9 IV. erörtert.

der Vertraulichkeit der Mediation andererseits ist zu berücksichtigen, dass die Parteien es unterlassen haben, die Einigung schriftlich niederzulegen, obwohl ihnen dies ohne weiteres möglich gewesen wäre. Dies gilt jedenfalls dann, wenn den Parteien die Verschwiegenheitspflicht des Mediators bekannt ist. Ließe man eine Rechtfertigung zu, falls eine Partei vorträgt, man habe sich mündlich geeinigt, könnte die Vertraulichkeit der Mediation durch die Behauptung einer Einigung weitgehend außer Kraft gesetzt werden, da bei der Prüfung der Frage, ob und falls ja mit welchem Inhalt man sich geeinigt hat, der gesamte Verlauf der Mediation relevant sein kann.[87] Dies führte dazu, dass die Mediationsparteien weniger offen sind, weil sie befürchten müssen, dass die bloße Behauptung einer mündlichen Einigung die Vertraulichkeit gefährdet. Vor diesem Hintergrund wird eine Rechtfertigung nach § 34 StGB regelmäßig ausscheiden müssen.

(3)   Während der Mediation begangene rechtswidrige Handlungen

Will eine Partei die andere Partei oder den Mediator wegen einer während der Mediation begangenen Pflicht- oder Rechtsgutverletzung auf Schadensersatz verklagen, hat sie Mediationsinformationen vorzutragen und zu beweisen. Wie eben dargelegt, ist anerkannt, dass der Rechtsanwalt zur Verteidigung in eigener Sache aussagen darf, da er sich ansonsten nicht verteidigen könnte. Fraglich ist, ob dies gemäß § 34 StGB auch dann gilt, wenn nicht der Mediator, sondern eine Partei dem Vorwurf rechtswidrigen Handelns während der Mediation ausgesetzt ist. In Extremfällen, in denen etwa eine Partei in der Absicht, eine rechtswidrige Handlung vorzunehmen, an der Mediation teilnimmt, wird man bereits ein schützenswertes Geheimhaltungsinteresse verneinen müssen.[88]

In anderen Fällen ist eine Interessenabwägung im Rahmen von § 34 StGB durchzuführen, deren Ergebnis häufig nicht so eindeutig ausfallen wird. Jedenfalls ist zu berücksichtigen, dass die Partei, die ein gerichtliches Verfahren zur Überprüfung von Mediationsvorgängen anstrengt, die Ursache dafür setzt, dass die Vertraulichkeit dieser Vorgänge im Prozess in Frage gestellt wird. Daher ist die Verschwiegenheitspflicht jedenfalls dann nicht verletzt, wenn die andere

---

[87] Bei § 6 UMA, Reporters' Notes 2., S. 26, heißt es: „[...] an exception for oral agreements has the potential to swallow the rule of privilege."
[88] Dies ist etwa für den Fall entschieden worden, dass ein Arztbesuch nur erfolgt, um andere Patienten zu bestehlen: OLG Köln, NJW 1959, 1598, 1598; vgl. auch LK-*Jähnke*, StGB, § 203 Rn. 28; *Wessels/Hettinger*, Strafrecht BT/1, § 12 V. 3. (Rn. 570).

Partei ihr Einverständnis dazu gibt.[89] Beharrt die andere Partei jedoch auf der Vertraulichkeit, ist eine Interessenabwägung vorzunehmen, bei der das allgemeine Interesse an der Vertraulichkeit der Mediation – wie eben unter (1) beschrieben – zu berücksichtigen ist. Dabei ist jedoch wiederum zu bedenken, dass während der Mediation begangene rechtswidrige Handlungen – ebenso wie die Verletzung der Vertraulichkeit – geeignet sind, die Mediation als effektives Konfliktbeilegungsmittel in Misskredit zu bringen. Gerät die Mediation unter dem Schutz der Vertraulichkeit zu einer „black box", in der rechtswidrige Handlungen ungeahndet begangen werden können, ist der Mediation damit wohl weniger gedient als im Fall der Enttäuschung der Erwartung der Vertraulichkeit. Andererseits kann nicht angehen, dass die bloße Behauptung einer rechtswidrigen Tat nur vorgeschoben wird, um die Aufhebung der Vertraulichkeitspflicht herbeizuführen.

(4)   Abwendung von Gefahren

Im Zusammenhang mit der ärztlichen Verschwiegenheitspflicht ist anerkannt, dass die Abwendung ernstlicher Gefahren für Leib und Leben die Verletzung der Verschwiegenheitspflicht rechtfertigen kann.[90] Darüber hinaus kann auch die Verletzung der Vertraulichkeit durch andere Geheimnisträger zur Abwendung einer Gefahr für andere Rechtsgüter gerechtfertigt sein.[91] Dementsprechend können bei überwiegendem Interesse auch Ausnahmen der Verschwiegenheitspflicht des anwaltlichen Mediators anerkannt werden. Bei der Interessenabwägung sind jedenfalls neben den betroffenen Individualinteressen die negativen Auswirkungen der Ausnahme von der Vertraulichkeit auf das allgemeine Vertrauen in die Verschwiegenheit der Rechtsanwälte zu berücksichtigen.[92] Liegt

---

[89] Zwar ist der Mediator dann u. U. gegen seinen Willen gezwungen auszusagen. Dies ist *de lege lata* jedoch nicht zu vermeiden, da die Verschwiegenheitspflicht des Rechtsanwaltes zur Disposition der Mandanten steht.

[90] OLG Frankfurt NJW 2000, 875, 876 (Hinweis des Arztes an den Lebensgefährten eines Patienten, der HIV-positiv getestet wurde); BGH, NJW 1968, 2288, 2288 (Mitteilung des Arztes an die Straßenverkehrsbehörde, dass Patient nicht fahrtüchtig ist); Schönke/Schröder-*Lenckner*, StGB, § 203 Rn. 31; *Tröndle/Fischer*, StGB, § 203 Rn. 47.

[91] *Henssler*, NJW 1994, 1817, 1823 (Verhinderung der Verurteilung eines Unschuldigen durch Rechtsanwalt); Schönke/Schröder-*Lenckner*, StGB, § 203 Rn. 31 (Bekanntgabe des Beuteverstecks durch Strafverteidiger); *Tröndle/Fischer*, StGB, § 203 Rn. 47.

[92] Das Vertrauen der Allgemeinheit in die Verschwiegenheit des Rechtsanwalts ist eine zentrale Voraussetzung für eine effektive Rechtspflege. Vgl. Schönke/Schröder-*Lenckner*, StGB, § 203 Rn. 30.

ein überwiegendes Interesse an der Offenlegung der Mediationsinformationen vor, hat der Mediator im Einzelfall das mildeste Mittel zu wählen.[93]

2. Der als Mediator tätige Notar

a) Bestehen der Verschwiegenheitspflicht

Der Notar ist gemäß § 14 Abs. 1 S. 2 BNotO nicht Vertreter einseitiger Parteiinteressen, „sondern unabhängiger und unparteiischer Betreuer der Beteiligten" und als solcher nach § 17 Abs. 1 S. 1 BeurkG verpflichtet, den „Willen der Beteiligten" zu erforschen. § 24 Abs. 1 BNotO bestimmt, dass auch „die sonstige Betreuung der Beteiligten auf dem Gebiete vorsorgender Rechtspflege, insbesondere [...] die Beratung der Beteiligten" zu den Aufgaben des Notars gehört. Der Begriff „vorsorgende Rechtspflege" umfasst auch die Beilegung vorhandener Streitigkeiten durch Vermittlung des Notars.[94] Da die Mediation nichts anderes als eine Vermittlung durch einen neutralen Dritten ist, stellt die Mediation eine notarielle Tätigkeit dar.[95]

Damit unterliegt der als Mediator tätige Notar dem notariellen Berufsrecht einschließlich der Verschwiegenheitspflicht aus § 18 Abs. 1 BNotO. Des Weiteren findet § 203 Abs. 1 Nr. 3 StGB auch auf Notare Anwendung. Insofern ist der Notar ebenso wie der Rechtsanwalt grundsätzlich zur Verschwiegenheit über alles verpflichtet, was ihm im Rahmen der Mediation von den Parteien zur Kenntnis gebracht wird.

b) Umfang und Ausnahmen

§ 18 Abs. 1 BNotO verpflichtet den Notar zur Verschwiegenheit in Bezug „auf alles, was ihm bei Ausübung seines Amtes bekannt geworden ist", es sei denn, es liegen offenkundige oder nicht geheimhaltungsbedürftige Tatsachen vor. § 18 Abs. 1 BNotO entspricht also § 43a Abs. 2 BRAO. Da § 203 Abs. 1 Nr. 3 StGB

---

[93] Vgl. Schönke/Schröder-*Lenckner*, StGB, § 203 Rn. 31.
[94] *K. Wagner*, in: Haft/Schlieffen, Handbuch Mediation, § 25 Rn. 6 ff.; *Walz*, in: Haft/Schlieffen, Handbuch Mediation, § 24 Rn. 1; *Wilke*, MittBayNot 1998, 1 ff. Ebenso *Marcard*, Berufsrecht, S. 121, der gegen die Fälle der Willenserforschung nach § 17 BeurkG im Rahmen einer Beurkundung durch den Notar abgrenzt.
[95] *Henssler*, in: Henssler/Koch, Mediation in der Anwaltspraxis, § 4 Rn. 1; *Marcard*, Berufsrecht, S. 121; *K. Wagner*, in: Haft/Schlieffen, Handbuch Mediation, § 25 Rn. 6; *Walz*, in: Haft/Schlieffen, Handbuch Mediation, § 24 Rn. 1.

34

auch für den Notar gilt, ist dieser ebenso wie der Rechtsanwalt durch Berufs- und Strafrecht zur Verschwiegenheit verpflichtet. Für den Umfang der Verschwiegenheitspflicht des Notars gilt das oben unter Ziffer 1. b) zur Verschwiegenheitspflicht des Rechtsanwalts Gesagte.

Der Vollständigkeit halber sei auf § 18 Abs. 3 BNotO hingewiesen, demzufolge die Aufsichtsbehörde auf Nachfrage des Notars in Zweifelsfällen das Nichtvorliegen der Verschwiegenheitspflicht feststellen kann. In diesem Fall kann der Notar nicht wegen der Verletzung der Verschwiegenheitspflicht belangt werden.

Für den als Mediator tätigen Notar gelten dieselben Ausnahmen wie für den Rechtsanwalt. Die Möglichkeit der Mandanten des Notars, diesen von seiner Verschwiegenheitspflicht zu entbinden, ist in § 18 Abs. 2 Hs. 1 BNotO ausdrücklich geregelt. Wie der anwaltliche Mediator ist auch der als Mediator tätige Notar dann nicht zur Verschwiegenheit verpflichtet, wenn er durch gesetzliche Bestimmungen zur Aussage verpflichtet ist.[96] Eine mit § 2 Abs. 3 BORA vergleichbare Regelung findet sich im notariellen Berufsrecht nicht. Da sich die in § 2 Abs. 3 BORA genannten Ausnahmen letztlich aus § 34 StGB ergeben, folgt daraus jedoch kein inhaltlicher Unterschied.[97]

Was die sonstigen Fälle des rechtfertigenden Notstandes nach § 34 StGB angeht, die für den anwaltlichen Mediator unter Ziffer 1. c) dd) erörtert wurden, bestehen beim als Mediator tätigen Notar die selben Interessenkollisionen. Wie vorstehend gezeigt, läuft § 18 BNotO weitestgehend mit § 43a Abs. 2 BRAO parallel. Auch § 203 StGB behandelt Rechtsanwalt und Notar gleich. Dies zeigt, dass die Bedeutung der notariellen Verschwiegenheitspflicht der des Rechtsanwalts vergleichbar ist. Insofern kann hier auf die obigen Ausführungen unter Ziffer 1. c) dd) verwiesen werden.

3. Exkurs: Das Rechtsberatungsgesetz

Fraglich ist in diesem Zusammenhang, ob die Tätigkeit des Mediators nach dem Rechtsberatungsgesetz (RBerG) nur von Rechtsanwälten oder Notaren ausgeübt werden kann.[98]

---

[96] Dazu s. o. Ziffer 1. c) bb).
[97] Daher kann hier auf Ziffer 1. c) cc) verwiesen werden.
[98] Am 06.09.2004 hat das Bundesjustizministerium einen Diskussionsentwurf des Rechtsdienstleistungsgesetzes (RDG) vorgelegt, das das durch das RBerG etablierte sog.

a) Die erlaubnispflichtige Rechtsbesorgung

Art. 1 § 1 Abs. 1 S. 1 RBerG bestimmt, dass die geschäftsmäßige Besorgung fremder Rechtsangelegenheiten erlaubnispflichtig ist. Das Kriterium der Geschäftsmäßigkeit ist bereits bei Vorliegen der Absicht erfüllt, die Tätigkeit nicht nur in Einzelfällen, sondern jeweils bei sich bietender Gelegenheit auszuüben, selbst wenn dies nicht gegen Entgelt erfolgt.[99] Wie oben unter Ziffer 1. a) erörtert, stellt die Mediation die Besorgung einer fremden Rechtsangelegenheit dar, soweit es um die Gestaltung von Rechten und Pflichten geht. Aus dem RBerG ergibt sich also, dass die Tätigkeit eines Mediators grundsätzlich Anwälten und Notaren vorbehalten ist, deren Tätigkeit gemäß Art. 1 § 3 Nr. 2 RBerG durch das RBerG nicht berührt werden.[100] Auch soweit Mediationsverfahren durch ei-

---

„Anwaltsmonopol" aufweicht. Wann und mit welchem Inhalt das Gesetz in Kraft tritt ist angesichts andauernder, kontroverser Diskussionen noch unklar. Im April 2005 hat das Bundesjustizministerium ferner einen Referentenentwurf zur Neuregelung des Rechtsberatungsrechts vorgelegt. Der Entwurf ist unter http://www.bmj.bund.de/media/archive/894.pdf (Stand 02.08.2006) abrufbar. Es bestimmt in § 2 Abs. 3 Nr. 3 klarstellend, dass Mediation nicht als Rechtsdienstleistung anzusehen ist. In der Begründung wird hierzu ausgeführt: *„Der Begriff Mediation bezeichnet die Methode der außergerichtlichen Konfliktbearbeitung, in der ein neutraler Dritter (Mediator) die Beteiligten dabei unterstützt, ihren Streit im Wege eines Gesprächs beizulegen und selbstständig eine für alle Seiten vorteilhafte Lösung zu finden, die dann evtl. in einer Abschlussvereinbarung fixiert wird. Sie ist eine kommunikative Handlung eines neutralen Dritten mit dem Ziel der Herstellung von Verständigungsprozessen. Schwerpunkt der Tätigkeit des Mediators ist die Gesprächsleitung. Mediation kann zwar Rechtsinformationen beinhalten und sich auf Rechtsverhältnisse beziehen, sie überlässt jedoch deren rechtliche Gestaltung den Konfliktparteien eigenverantwortlich. Bewegt sich die Tätigkeit eines Mediators in diesem Rahmen, so liegt, wie Nummer 3 lediglich klarstellend regelt, keine Rechtsdienstleistung vor. Entsprechendes gilt für ähnliche, nicht ausdrücklich als Mediation bezeichnete Streitbeilegungsformen. Greift der Mediator durch rechtliche Regelungsvorschläge gestaltend in die Gespräche der Beteiligten ein, so können diese Regelungsvorschläge jedoch Rechtsdienstleistungen im Sinn dieses Gesetzes sein. Es handelt sich dann nämlich nicht mehr um eine (reine) Mediation, sondern um eine Streitlösung mit rechtlichen Mitteln, bei der sich der nichtanwaltliche Mediator nicht auf § 2 Abs. 3 Nr. 3 berufen kann. Die Fixierung der Abschlussvereinbarung wird im Gesetzestext ausdrücklich genannt und der nicht-rechtsdienstleistenden Mediationstätigkeit zugeordnet, um diese Grenze zwischen Mediation und Rechtsdienstleistung zu definieren. Soweit der rechtliche Teil der Tätigkeit in diesen Fällen nicht nach § 5 Abs. 1 erlaubt ist, steht dem Mediator die Zusammenarbeit mit einer Rechtsanwältin oder einem Rechtsanwalt offen (vgl. dazu Begründung zu § 5 Abs. 3".*
[99] OLG Karlsruhe, AnwBl 1989, 244, 244; OLG Koblenz, MDR 1993, 1129, 1129; OLG Hamm, NJW 1998, 92, 93; *Chemnitz/Johnigk*, RBerG, Art. 1 § 1 Rdnr. 102; *Rennen/Caliebe*, RBerG, Art. 1 § 1 Rn. 56.
[100] OLG Hamm, MDR 1999, 836, 836; die in Fn. 14 genannten Entscheidungen; *Chemnitz/Johnigk*, RBerG, Art. 1 § 2 Rdnr. 342.1; *Henssler*, NJW 2003, 241, 242 ff; *Marcard*, Berufsrecht, S. 55, 65 ff.

ne Behörde oder eine Körperschaft öffentlichen Rechts nach Art. 1 § 3 Nr. 1
RBerG durchgeführt wird, steht dem das RBerG nicht entgegen.[101]

Dies steht auch im Einklang mit dem Schutzzweck des RBerG, das Rechtssu-
chende vor unqualifiziertem Rechtsrat schützen und die reibungslose Abwick-
lung des Rechtsverkehrs gewährleisten soll.[102] Denn nur bei Rechtsanwälten o-
der Notaren ist sichergestellt, dass der Mediator über die erforderlichen Rechts-
kenntnisse verfügt. Die von *Henssler* aufgestellte pauschale Behauptung, dass
ansonsten auch die Vertraulichkeit der Mediation nicht gewährleistet ist, bedarf
allerdings - wie diese Arbeit zeigt - der genaueren Untersuchung.[103]

b)   Ausnahmen

Die Ausnahmefälle des Art. 1 § 1 Abs. 1 S. 2 RBerG betreffen etwa Rentenbera-
ter, Versicherungsberater, vereidigte Versteigerer und Inkassounternehmen und
sind vorliegend nicht einschlägig. Ebenso wenig greift Art. 1 § 5 Nr. 2 RBerG,
der die sog. Annexberatung durch Wirtschaftsprüfer, vereidigte Buchprüfer oder
Steuerberater zulässt. Die Mediation lässt sich weder in eine Haupttätigkeit aus
einem dieser Berufsfelder einerseits und die juristische Beratung als Annextätigkeit im Sinne des Art. 1 § 5 Nr. 2 RBerG andererseits aufteilen[104], noch ist es
regelmäßig denkbar, die Mediation ihrerseits als Annextätigkeit zur Wirt-
schaftsprüfung oder Steuerberatung zu begreifen. Ersteres scheidet aus, da die
Rechtsberatung notwendiger, nicht trennbarer Teil einer Mediation ist, deren
Gegenstand die Gestaltung von Rechtsverhältnissen ist. Letzteres liegt bereits
aus dem Grund fern, da bei der Beauftragung des Mediators keine Haupttätigkeit
vorliegt, deren Annex die Mediation sein könnte.[105]

---

[101] *Marcard*, Berufsrecht, S. 51 ff, der zum Ergebnis kommt, dass Mediation im Rahmen der
behördlichen und kirchlichen Sozialhilfe nach dem RBerG zulässig ist. Im Rahmen der freien
Wohlfahrtspflege durch weltliche Träger sei Art. 1 § 3 Nr. 1 RBerG vor dem Hintergrund von
§ 8 Abs. 2 BSHG analog anzuwenden.
[102] BVerfGE 41, 378, 390. Vgl. *Henssler*, NJW 2003, 241, 244.
[103] So aber ohne Begründung *Henssler*, NJW 2003, 241, 244.
[104] *Henssler*, NJW 2003, 241, 244.
[105] Allerdings ist es z. B. denkbar, dass die Parteien eines Unternehmenskaufvertrages einen
Wirtschaftsprüfer benennen, der im Fall von Meinungsverschiedenheiten die Abgrenzungsbi-
lanz prüfen soll. Dieser Hauptauftrag kann es mit sich bringen, dass der Wirtschaftsprüfer
zwischen den unterschiedlichen Positionen der Parteien vermitteln muss. Dabei kann der
Wirtschaftsprüfer als Mediator handeln, insbesondere wenn die Parteien ihn ausdrücklich zur
Vermittlung verpflichten.

Art. 1 § 2 RBerG, der die Tätigkeit des Schiedsrichters von der Erlaubnispflicht des Art. 1 § 1 RBerG ausnimmt, kann weder direkt noch analog angewendet werden. Die direkte Anwendung kommt nicht in Betracht, da der Begriff des Schiedsrichters im Sinne des Art. 1 § 2 RBerG Streitentscheidungsbefugnis voraussetzt, während der Mediator die Parteien lediglich bei ihren Verhandlungen unterstützt.[106] Die Analogie verbietet sich aufgrund der fundamentalen Unterschiede zwischen der Besorgung einer Rechtsangelegenheit durch einen Mediator und der Streitentscheidung durch einen Schiedsrichter. Die Streitentscheidung durch den Schiedsrichter ist – anders als die typische Tätigkeit eines Mediators – keine Besorgung einer Rechtsangelegenheit.[107] Art. 1 § 2 RBerG hat nur klarstellenden Charakter[108] und kann daher nicht ohne weiteres auf den Mediator ausgedehnt werden, zumal dies auch dem Schutzzweck des RBerG widerspräche: Da die Parteien im Rahmen der Privatautonomie über ihre Rechtsverhältnisse beliebig disponieren können, ist es folgerichtig, dass sie die Entscheidung über ihre Rechte einem frei wählbaren Schiedsrichter übertragen können. Demgegenüber beinhaltet die Beauftragung eines Mediators nicht die Übertragung der Entscheidungsbefugnis – und damit einen bewussten Dispositionsakt –, sondern ist mit der Erwartung verbunden, durch den Mediator in die Lage versetzt zu werden, eigene Rechte privatautonom auszuüben. Diese schützenswerte Erwartung würde entgegen dem Schutzzweck des RBerG enttäuscht, sofern rechtlich unqualifizierte Mediatoren zugelassen würden.[109]

c)   Co-Mediation mit anwaltlicher Beteiligung

Ein Mitglied einer anderen Berufsgruppe kann also als alleiniger Mediator nicht auftreten, sofern die Gestaltung von Rechten und Pflichten Gegenstand der Mediation ist. Das RBerG lässt jedoch die Möglichkeit offen, dass Angehörige anderer Berufsgruppen zusammen mit einem Rechtsanwalt oder Notar als Mediatorenteam auftreten.[110] Auch wenn beide Parteien durch Anwälte vertreten sind,

---

[106] *Henssler*, NJW 2003, 241, 244; *Marcard*, Berufsrecht, S. 84, 89.

[107] *Chemnitz/Johnigk*, RBerG, Art. 1 § 2 Rn. 342.

[108] *Henssler*, NJW 2003, 241, 245.

[109] Im Ergebnis ebenso *Chemnitz/Johnigk*, RBerG, Art. 1 § 2 Rn. 342.2; *Henssler*, NJW 2003, 241, 245; *Marcard*, Berufsrecht, S. 84 ff; *Stickelbrock*, JZ 2002, 633, 642.

[110] Vgl. *Henssler/Kilian*, FuR 2001, 104; *Henssler*, NJW 2003, 241, 246; *Marcard*, Berufsrecht, S. 92 ff.

liegt kein Verstoß gegen das RBerG vor.[111] Da sich jedenfalls in diesen Fällen die Frage nach der Verschwiegenheitspflicht der Mitglieder anderer Berufsgruppen stellt, werden im Folgenden die für nicht-anwaltliche Mediatoren bestehenden Verschwiegenheitspflichten untersucht.

4. Der als Mediator tätige Wirtschaftsprüfer, Steuerberater oder vereidigte Buchprüfer

a) Bestehen der Verschwiegenheitspflicht

Wirtschaftsprüfer sind nach § 43 Abs. 1 S. 1 Wirtschaftsprüferordnung[112] (WPO), § 9 Berufssatzung für Wirtschaftsprüfer/vereidigte Buchprüfer (BS WP/vBP) und § 203 Abs. 1 Nr. 3 StGB zur Verschwiegenheit verpflichtet. Dies gilt gemäß § 130 Abs. 1 S. 1 WPO auch für vereidigte Buchprüfer. Steuerberater sind gemäß § 57 Abs. 1 Steuerberatungsgesetz[113] (StBerG), § 9 Berufsordnung der Bundessteuerberaterkammer (BO StB) und § 203 Abs. 1 Nr. 3 StGB in gleichem Umfang zur Verschwiegenheit verpflichtet.

Fraglich ist, ob Informationen, die dem Wirtschaftsprüfer oder Steuerberater während der Mediation mitgeteilt werden, ihm in Ausübung seiner beruflichen Tätigkeit anvertraut oder bekannt werden. *Hartmann* verneint dies ohne nähere Begründung.[114] Zwar ist es zutreffend, dass Wirtschaftsprüfer oder Steuerberater in der Praxis eher selten als Mediatoren auftreten, was im Hinblick auf die Hürde des RBerG nicht verwundert. Allein daraus jedoch zu schließen, dass der Betroffene nicht in Ausübung seiner beruflichen Tätigkeit handelt, ist allerdings verfehlt. Insbesondere in Fällen, in denen ein Angehöriger dieser Berufsgruppen mit einem Rechtsanwalt ein Mediatorenteam bildet und dabei als Steuer- oder Bilanzexperte die Verhandlungen der Parteien unterstützt, besteht eine enge Verbindung zu den jeweiligen beruflichen Kerngebieten. Die vermittelnde Tätigkeit des Mediators steht auch in Einklang mit den betroffenen Berufsbildern: Wirtschaftsprüfer sind nach § 2 Abs. 3 Nr. 2 WPO befugt, „in wirtschaftlichen Angelegenheiten zu beraten und fremde Interessen zu wahren", und gemäß § 3

---

[111] Vgl. *Henssler/Kilian*, FuR 2001, 104; *Henssler*, NJW 2003, 241, 246; a. A. *Mankowski*, MDR 2001, 1198, 1200; *Marcard*, Berufsrecht, S. 92 ff, 97.
[112] BGBl I 1961, 1049 ff.
[113] BGBl I 1961, 1301 ff.
[114] *Hartmann*, in: Haft/Schlieffen, Handbuch Mediation, § 27 Rn. 16.

Abs. 1 BS WP/vBP ist es ihnen ausdrücklich gestattet, eine vermittelnde Tätigkeit im Auftrag mehrerer Parteien auszuüben. Gleiches gilt für Steuerberater gemäß § 6 Abs. 2 BO StB.

Wird also ein Wirtschaftsprüfer oder Steuerberater als Mediator tätig, übt er seine berufliche Tätigkeit aus, soweit er sich bei seiner Tätigkeit als Mediator mit Angelegenheiten befasst, die mit seinen beruflichen Kerngebieten in hinreichendem Zusammenhang stehen. Folglich übt etwa ein als Familienmediator tätiger Wirtschaftsprüfer nicht seine berufliche Tätigkeit aus und ist nicht per Gesetz zur Verschwiegenheit verpflichtet. Andererseits unterliegen die dem Wirtschaftsprüfer oder Steuerberater bei einer Wirtschaftsmediation über steuerliche oder bilanzielle Fragen mitgeteilten Informationen seiner beruflichen Verschwiegenheitspflicht aus Gesetz.

b)   Umfang und Ausnahmen

Die Verschwiegenheitspflicht erstreckt sich auf alle Informationen, die diesen Berufsträgern in Ausübung ihrer beruflichen Tätigkeit anvertraut oder bekannt werden. Dies ist – wie eben ausgeführt – nur dann der Fall, wenn Gegenstand der Mediation ein mit dem Berufsbild in Zusammenhang stehender Konflikt ist. § 9 Abs. 2 BS WP/vBP und § 9 Abs. 5 BO StB bestimmen klarstellend, dass die Berufsträger dafür zu sorgen haben, dass von der Vertraulichkeit umfasste Informationen Unbefugten nicht bekannt werden. Auch die § 9 Abs. 3 BS WP/vBP und § 9 Abs. 6 BO StB, wonach die Verschwiegenheitspflicht nach Ende des Mandatsverhältnisses fortbesteht, haben lediglich klarstellenden Charakter. Für den Umfang der berufs- und strafrechtlichen Verschwiegenheitspflicht der Wirtschaftsprüfer und Steuerberater gilt im Ergebnis das oben unter Ziffer 1. b) zur Verschwiegenheitspflicht des Rechtsanwalts Gesagte.[115]

Für den als Mediator tätigen Wirtschaftsprüfer, vereidigten Buchprüfer und Steuerberater gelten dieselben Ausnahmen wie für den Rechtsanwalt.[116] Eine mit § 2 Abs. 3 BORA vergleichbare Regelung findet sich zwar im Berufsrecht

---

[115] Zum Umfang der Verschwiegenheitspflicht des Wirtschaftsprüfers etwa WP-Handbuch-*Kaminski*, A Rn. 263 ff.; *Hilber/Hartung*, BB 2003, 1054, 1056.
[116] Zu den Ausnahmen der Verschwiegenheitspflicht des Wirtschaftsprüfers etwa WP-Handbuch-*Kaminski*, A Rn. 270 (Entbindung) und 275 (berechtigte Eigeninteressen, wie z. B. Honorarklage, Regress- oder Strafverfahren); *Hilber/Hartung*, BB 2003, 1054, 1056 ff.

der Wirtschaftsprüfer und vereidigten Buchprüfer nicht. Da sich die in § 2 Abs. 3 BORA genannten Ausnahmen letztlich jedoch aus § 34 StGB ergeben, folgt daraus jedoch kein inhaltlicher Unterschied. Für Steuerberater bestimmt § 9 Abs. 3 BO StB klarstellend, dass die Pflicht zur Verschwiegenheit nicht besteht, soweit die Offenlegung der Wahrung berechtigter Interessen des Steuerberaters dient oder soweit der Steuerberater vom Auftraggeber von seiner Verschwiegenheitpflicht entbunden worden ist. Wie § 2 Abs. 3 BRAO ist diese Regelung lediglich deklaratorischer Natur.

Im Hinblick auf die Frage, ob sonstige Ausnahmen aufgrund von § 34 StGB anzuerkennen sind, ist festzustellen, dass die Verschwiegenheitpflicht des Wirtschaftsprüfers, vereidigten Buchprüfers und Steuerberaters - ebenso wie die des Notars - mit der Verschwiegenheitpflicht des Rechtsanwaltes vergleichbar ist, wie sich aus dem Gleichlauf von § 43a Abs. 2 BRAO und § 43 Abs. 1 S. 1 WPO sowie § 57 Abs. 1 StBerG ergibt. Auch § 203 StGB sieht keine Unterschiede vor. Zwar ist bei der im Rahmen von § 34 StGB durchzuführenden Abwägung das Interesse an der funktionierenden Rechtspflege, das beim als Mediator tätigen Rechtsanwalt oder Notar für die Vertraulichkeit spricht, hier nicht im selben Maße zu berücksichtigen, da der Wirtschaftsprüfer oder Steuerberater kein Organ der Rechtspflege ist, sondern nur der Rechtspflege dient, indem er als Mediator zur Beilegung eines Konflikts beiträgt, der ansonsten Gegenstand eines gerichtlichen Verfahrens wäre. Allerdings bildet die Verschwiegenheitpflicht des Wirtschaftsprüfers und Steuerberaters das Fundament des in ihn gesetzten Vertrauens, ohne das ihm die Erfüllung seiner Aufgaben unmöglich wäre.[117]

Im Ergebnis kann daher im Hinblick auf die Ausnahmen von der Verschwiegenheitpflicht auf die Ausführungen unter Ziffer 1. c) verwiesen werden.

---

[117] Vgl. WP-Handbuch-*Kaminski*, A Rn. 259. Dies gilt auch für vereidigte Buchprüfer und Steuerberater.

5. Der als Mediator tätige Psychologe

a)   Bestehen der Verschwiegenheitspflicht

aa)   Berufsrecht

Die Tätigkeit von Psychologen kann dem Psychotherapeutengesetz[118] (PsychThG) und dem Heilpraktikergesetz[119] (HPG) unterfallen. Eine Verschwiegenheitspflicht des als Mediator tätigen Psychologen ergibt sich aber weder aus dem PsychThG noch aus dem HPG. Die Mediation ist keine „Tätigkeit zur Feststellung, Heilung oder Linderung von Störungen mit Krankheitswert" i. S. d. § 1 Abs. 3 S. 1 PsychThG und fällt daher aus dem Anwendungsbereich des PsychThG.[120] § 1 Abs. 3 S. 3 PsychThG nimmt zudem ausdrücklich „Tätigkeiten, welche die Aufarbeitung und Überwindung sozialer Konflikte oder sonstige Zwecke außerhalb der Heilkunde zum Gegenstand haben" von der Anwendung des PsychThG aus. Die Mediation ist auch keine „Tätigkeit zur Feststellung, Heilung oder Linderung von Krankheiten, Leiden oder Körperschäden" und stellt somit auch keine Ausübung der Heilkunde nach § 1 Abs. 2 HPG dar.

bb)   Vereinsrecht

Ist der als Mediator tätige Psychologe Mitglied der Deutschen Gesellschaft für Psychologie e. V. (DGPs) oder des Berufsverbandes Deutscher Psychologinnen und Psychologen e. V. (BDP), könnte sich eine Schweigepflicht aus Abschnitt B.III.1 der gemeinsamen Ethischen Richtlinien der DGPs und des BDP ergeben.[121] Abschnitt B.III.1 verweist allerdings nur auf § 203 StGB und begründet

---

[118] BGBl I, 1998, 1311 ff.

[119] RGBl I, 1939, 251 ff.

[120] Selbst das Mediationsziel des sog. „Individual-Autonomy-Project", das einer Psychotherapie in diesem Sinne am nächsten kommt, ist die Herstellung der individuellen Konfliktlösungsfähigkeit, was nicht als die Heilung einer „Störung mit Krankheitswert" verstanden werden kann. Zum „Individual-Autonomy-Project" *Breidenbach*, Mediation, S. 123 ff. Im Ergebnis ebenso *Marcard*, Berufsrecht, S. 135.

[121] Ausweislich Abschnitt E. II. wurden die gemeinsamen Ethischen Richtlinien der DGPs und des BDP am 25.4.1999 von der Delegiertenkonferenz des BDP und am 29.9.1998 von der Mitgliederversammlung der DGPs verabschiedet und treten an die Stelle der bisherigen Regelwerke, insbesondere der „Berufsordnung für Psychologen" des BDP. Die gemeinsamen Ehtischen Richtlinien der DGPs und des BDP sind abrufbar unter http://www.dgps.de/dgps/satzung/003.php4 (Stand 03.04.2005).

42

seinem Wortlaut nach keine eigenständige Schweigepflicht.[122] Zudem sind die gemeinsamen Ethischen Richtlinien der DGPs und des BDP als vereinsrechtliches Regelwerk zu qualifizieren, dessen Normen gegenüber Dritten, d. h. auch gegenüber den Mediationsparteien, keine (Gesetzes-) Wirkung entfalten.[123] Die vereinsrechtlichen Konsequenzen mögen zwar einen Anreiz darstellen, die Verschwiegenheitspflicht nicht zu verletzen. Allerdings hat eine Verletzung weder strafrechtliche Folgen noch werden zivilrechtliche Ansprüche der geschädigten Mediationspartei begründet. Schließlich führt eine vereinsrechtliche Verschwiegenheitspflicht nicht zu einem zivilprozessualen Zeugnisverweigerungsrecht nach § 383 Abs. 1 Nr. 6 ZPO, der eine Verschwiegenheitspflicht aus Gesetz oder kraft Natur der Sache voraussetzt.

cc) Strafrecht

Ein als Mediator tätiger Psychologe ist nach § 203 Abs. 1 Nr. 2 StGB zur Verschwiegenheit verpflichtet, falls er eine staatlich anerkannte wissenschaftliche Abschlussprüfung abgelegt hat und als Berufspsychologe anzusehen ist.[124] Als staatlich anerkannte wissenschaftliche Abschlussprüfung gilt der Abschluss des Diplompsychologen oder die Promotion im Hauptfach Psychologie an einer deutschen Hochschule.[125]

Als Berufspsychologe gilt, wer auf mindestens einem anerkannten Hauptanwendungsgebiet der Psychologie tätig wird und diese Tätigkeit nicht nur aus Liebhaberei oder als Hilfswissenschaft ausübt.[126] Zu klären ist also, ob die Mediation ein Hauptanwendungsgebiet der Psychologie ist. Da das PsychThG und das HPG - wie oben unter aa) angedeutet - nur Teile des Gesamtbereichs psychologischer Tätigkeiten regeln, kann aus der Nichterfassung der Mediation im PsychThG und dem HPG nicht geschlossen werden, dass Mediation kein Hauptanwendungsgebiet der Psychologie ist.

---

[122] Vgl. *Marcard*, Berufsrecht, S. 137.
[123] *Hartmann*, in: Haft/Schlieffen, Handbuch Mediation, § 27 Rn. 12.
[124] Schönke/Schröder-*Lenckner*, StGB, § 203 Rn. 36; *Tröndle/Fischer*, StGB, § 203 Rn. 13.
[125] Schönke/Schröder-*Lenckner*, StGB, § 203 Rn. 36; LK-*Jähnke*, StGB, § 203 Rn. 102.
[126] Schönke/Schröder-*Lenckner*, StGB, § 203 Rn. 36, m. w. N.; *Tröndle/Fischer*, StGB, § 203 Rn. 13. Dies steht in Einklang mit der Begründung des Regierungsentwurfs des EGStGB, BT-Drs. 7/550, S. 239.

Unter Verweis auf die in einem Psychologiestudium vermittelten Kenntnisse zu den Themen „Wahrnehmung, Kognition, Sprache, Motivation, Emotion und Problemlösung", die in der Mediation eine grundlegende Rolle spielen, kommt *Hartmann* zu dem Schluss, dass die Mediation ein Hauptanwendungsgebiet der Psychologie ist, zumal es zu den typischen Aufgaben der Psychologen gehöre, Dritte zu beraten.[127] Bei genauer Betrachtung sind zwei Dinge zu unterscheiden: Zunächst ist zu prüfen, ob die Mediation ein Anwendungsgebiet der Psychologie ist. Kann dies bejaht werden, ist weiter zu fragen, ob die Mediation auch als ein Hauptanwendungsgebiet der Psychologie zu qualifizieren ist.

Nicht nur bei der Familienmediation, die Ähnlichkeiten mit der als Hauptanwendungsgebiet der Psychologie anerkannten psychologischen Eheberatung[128] aufweist, sondern auch in sonstigen Feldern der Mediation ist der Einsatz psychologischer Fachkompetenz sachgerecht. Insbesondere die Kommunikation zwischen den Mediationsbeteiligten ist einer der Hauptansatzpunkte der Mediation und berührt psychologische Inhalte.[129] Zudem stehen häufig – auch in der Wirtschaftsmediation – Emotionen einer Einigung entgegen,[130] deren Analyse, Behandlung und Auflösung ein Kerngebiet psychologischer Tätigkeit ist. Für die erfolgreiche Gestaltung von Mediationsverfahren ist ein Grundverständnis der psychischen Aspekte von Konfliktverläufen förderlich, wenn nicht sogar notwendig.[131] Die Mediation ist also unabhängig von ihrem Gegenstand ein Tätigkeitsfeld, in dem Psychologen ihre beruflichen Kenntnisse gezielt einbringen können und damit ein Anwendungsgebiet der Psychologie.

Damit ist aber noch nicht geklärt, ob die Mediation auch ein Hauptanwendungsgebiet der Psychologie ist. Zahlreiche Veröffentlichungen zu psychologischen

---

[127] *Hartmann*, in: Haft/Schlieffen, Handbuch Mediation, § 27 Rn. 12 unter Verweis auf die gemeinsamen Ethischen Richtlinien des DGPs und BDP.
[128] Vgl. Schönke/Schröder-*Lenckner*, StGB, § 203 Rn. 38.
[129] *Kempf*, in: Haft/Schlieffen, Handbuch Mediation, § 22 Rn. 10 ff. *Kempf* legt auch dar, inwiefern psychologische Kenntnisse im Rahmen der Mediation nach dem Harvard-Konzept (nach *Fisher/Ury/Patton*, Das Harvard-Konzept) von Bedeutung sein können. *Kempf*, in: Haft/Schlieffen, Handbuch Mediation, § 22 Rn. 41 ff.
[130] Die grundlegende Bedeutung von Gefühlen in Verhandlungen erläutert *Breidenbach*, Mediation, S. 58 ff., 61.
[131] Vgl. Ziffer IV. 2. der BAFM-Richtlinien für Mediation in Familienkonflikten: „Die Ausübung der Mediation setzt [...] fundiertes Grundwissen über die sozialen und psychischen Bedingungen von Konfliktverläufen voraus." Die BAFM-Richtlinien sind abgedruckt bei *Mähler/Mähler*, in: Haft/Schlieffen, Handbuch Mediation, § 58 Rn. 43.

Aspekten der Mediation[132] lassen den Schluss zu, dass Psychologen sich verstärkt mit der Mediation befassen. Die Mediation ist bereits als „psychologisches Verfahren" bezeichnet worden.[133] Zudem wird Mediation vom BDP sogar als eines der (Haupt-) Betätigungsfelder für Diplompsychologen genannt.[134] Auf dieser Grundlage ist davon auszugehen, dass die Mediation ein Hauptanwendungsgebiet der Psychologie ist. Zudem ist zu berücksichtigen, dass das Kriterium der Berufspsychologie in § 203 Abs. 1 Nr. 2 StGB ausweislich der Begründung des Regierungsentwurfes des EGStGB lediglich der Abgrenzung zu „hilfswissenschaftlicher Nebentätigkeit und zur Liebhaberei" dient.[135] Daher dürfen die Anforderungen nicht überspannt werden.

Im Ergebnis ist der als Mediator tätige Psychologe in der Regel als Berufspsychologe zu qualifizieren, sofern er diese Tätigkeit zum Entgelterwerb ausübt.

b)   Umfang und Ausnahmen

Zählt man die Mediation – unabhängig von ihrem Gegenstand – zu einem Hauptanwendungsgebiet der Psychologie, ist auch die Frage, ob während der Mediation offenbarte Informationen dem Mediator in seiner Eigenschaft als Berufspsychologe anvertraut wurden, ohne weiteres zu bejahen. Hinsichtlich des Umfangs der Verschwiegenheitspflicht des als Mediator tätigen Diplompsychologen, gilt daher das oben unter Ziffer 1. b) für die Verschwiegenheitspflicht des anwaltlichen Mediators aus § 203 StGB Gesagte.

Was die Ausnahmen von dieser Verschwiegenheitspflicht betrifft, kann im Ergebnis auf die Ausführungen unter Ziffer 1. c) verwiesen werden. Im Rahmen der Prüfung sonstiger Ausnahmen nach § 34 StGB gilt der Verweis jedoch nur unter der Maßgabe, dass bei der Abwägung das öffentliche Interesse an einer funktionierenden Rechtspflege nicht zugunsten der Wahrung der Verschwiegen-

---

[132] Beispielsweise seien hier genannt *Fietkau*, Psychologie der Mediation; *Haynes/Bastine/Link/Mecke*, Scheidung ohne Verlierer. Weitere Nachweise bei *Bernhardt/Winograd*, in: Haft/Schlieffen, Handbuch Mediation, § 23.

[133] So auf der Internetseite des Psychologischen Instituts der Universität Heidelberg (abrufbar unter http://www.psychologie.uni-heidelberg.de/ae/klips/pfpb/mediation.html (Stand 03.04. 2005)).

[134] Siehe lit. d) der Liste der psychologischen Berufsfelder (abrufbar unter http://www.bdp-verband.org/beruf/index.shtml (Stand 03.04.2005)).

[135] Regierungsentwurf des EGStGB, BT-Drs. 7/550, S. 239; vgl. dazu LK-*Jähnke*, StGB, § 203 Rn. 102.

heitspflicht des Psychologen herangezogen werden kann, da dieser anders als der Rechtsanwalt kein Organ der Rechtspflege ist. Im Übrigen folgt die Prüfung jedoch der oben unter Ziffer 1. c) dd) dargelegten Struktur.

6. Die Mediation durch eine Ehe- oder Familienberatungsstelle

a)   Bestehen der Verschwiegenheitspflicht

Unabhängig von der Zugehörigkeit zu einer Berufsgruppe ergibt sich eine Schweigepflicht für Mediatoren, die als Ehe-, Familien-, Erziehungs- oder Jugendberater Mediationsverfahren im Auftrag einer staatlich anerkannten Ehe- oder Familienberatungsstelle im Sinne des § 203 Abs. 1 Nr. 4 StGB durchführen.[136] Die Anerkennung einer solchen Beratungsstelle kann beispielsweise durch die Kirchen erfolgen.[137]

b)   Umfang und Ausnahmen

Hinsichtlich des Umfangs der aus § 203 Abs. 1 Nr. 4 StGB folgenden Verschwiegenheitspflicht gilt das oben unter Ziffer 1. b) für die Verschwiegenheitspflicht des anwaltlichen Mediators aus § 203 StGB Gesagte.

Was die Ausnahmen von dieser Verschwiegenheitspflicht betrifft, kann im Ergebnis auf die Ausführungen unter Ziffer 1. c) verwiesen werden, wobei zu beachten ist, dass im Rahmen der Prüfung sonstiger Ausnahmen nach § 34 StGB das öffentliche Interesse an einer funktionierenden Rechtspflege nicht zugunsten der Wahrung der Verschwiegenheitspflicht des Mediators einer staatlich anerkannten Ehe- oder Familienberatungsstelle herangezogen werden kann, da dieser anders als der Rechtsanwalt kein Organ der Rechtspflege ist. Im Übrigen folgt die Prüfung jedoch der oben unter Ziffer 1. c) dd) dargelegten Struktur.

7. Der als Mediator tätige Sozialarbeiter oder Sozialpädagoge

a)   Bestehen der Verschwiegenheitspflicht

Ein gesetzliches Berufsrecht der Sozialarbeiter und Sozialpädagogen existiert, abgesehen von den Regelungen des HPG, nicht, die – wie oben unter Ziffer 5. a)

---

[136] Vgl. *Tröndle/Fischer*, StGB, § 203 Rn. 15.
[137] Das BVerfG hat entschieden, dass sämtliche juristischen Personen des öffentlichen Rechts Beratungsstellen anerkennen können, BVerfGE 44, 380. Vgl. LK-*Jähnke*, § 203 Rn. 104.

aa) dargelegt – keine Anwendung auf die Mediation finden. Für die Mitglieder des Deutschen Berufsverbandes für Sozialarbeit, Sozialpädagogik und Heilpädagogik e. V. (DBSH) gilt nach § 7 der Satzung des DBSH[138] die Berufsordnung. Diese enthält allerdings nur organisatorische Regelungen. Eine Verschwiegenheitspflicht der Sozialpädagogen ergibt sich zumindest aus den Ziffern 3.6 bis 3.9 der Berufsethischen Prinzipien des DBSH.[139]

Neben dieser in ihrer Wirkung begrenzten vereinsrechtlichen Verschwiegenheitspflicht[140] begründet § 203 Abs. 1 Nr. 5 StGB eine Verschwiegenheitspflicht für staatlich anerkannte Sozialarbeiter und Sozialpädagogen.[141] Soweit Sozialarbeiter oder Sozialpädagogen bei einer öffentlichen Einrichtung angestellt sind,[142] sind sie Amtsträger und somit gemäß § 203 Abs. 2 Nr. 1 StGB zur Verschwiegenheit verpflichtet.

Bei Sozialarbeitern und Sozialpädagogen, die keine Amtsträger sind, ist in einschränkender Auslegung des § 203 Abs. 1 Nr. 4 StGB je nach ausgeübter Tätigkeit zu unterscheiden, ob eine vertrauensgebundene Tätigkeit vorliegt oder nicht.[143] Dies ist darauf zurückzuführen, dass Sozialarbeiter und Sozialpädagogen eine breite Vielfalt an Tätigkeiten ausüben können, wie z. B. Beratung einerseits und reine Verwaltungstätigkeiten andererseits, die nicht alle der besonderen Vertraulichkeit bedürfen.[144] Eine Tätigkeit als Sozialarbeiter oder Sozialpädagoge im Sinne des § 203 Abs. 1 Nr. 4 StGB liegt nur vor, falls diese seine

---

[138] Die Satzung des DBSH ist abrufbar unter http://www.dbsh.de/SatzungDBSH.pdf (Stand 03.04.2005).
[139] Vgl. *Henssler*, in: Henssler/Koch, Mediation in der Anwaltspraxis, § 3 Rn. 98; *Marcard*, Berufsrecht, S. 142. Die Berufsethischen Prinzipien des DBSH sind abrufbar unter http://www.dbsh.de/html/hauptteil_prinzipien.html (Stand 03.04.2005). Sie beruhen auf dem Beschluss der Bundesmitgliederversammlung des DBSH vom 23.11.1997.
[140] Siehe zur begrenzten Wirkung vereinsrechtlicher Verschwiegenheitspflichten die Ausführungen zu Abschnitt B.III.1 der gemeinsamen Ethischen Richtlinien der DGPs und des BDP unter Ziffer 5. a) bb).
[141] Zur staatlichen Anerkennung ist ein Hoch- oder Fachhochschulstudium erforderlich. Schönke/Schröder-*Lenckner*, StGB, § 203 Rn. 40; LK-*Jähnke*, StGB, § 203 Rn. 104.
[142] Vgl. Schönke/Schröder-*Lenckner*, StGB, § 203 Rn. 40.
[143] *Heckel*, NVwZ 1994, 224, 228; Schönke/Schröder-*Lenckner*, StGB, § 203 Rn. 13.
[144] Vgl. BVerfGE 33, 378.

spezifische Ausbildung erkennen lässt und strikte Verschwiegenheit voraussetzt.[145]

Das Offenlegen sensibler Informationen durch die Mediationsparteien ist ein typischer Bestandteil der Mediation und erfordert das Vertrauen der Parteien in die Verschwiegenheit des Mediators. Die Mediation ist eher der Beratungstätigkeit vergleichbar als der bloßen Verwaltungs- oder Außendiensttätigkeit des Sozialpädagogen und Sozialarbeiters.[146] Das „Vermitteln" ist nach dem vom DBSH verabschiedeten Berufsbild („berufsspezifische Funktionen" sind u. a. „Vermitteln und Koordination") und den Berufsethischen Prinzipien eine typische Tätigkeit der Sozialpädagogen bzw. Sozialarbeiter.[147] Daher ist es auch nahe liegend, dass die sozialpädagogische Ausbildung bei der Durchführung der Mediation erkennbar ist.[148] Damit ist die Mediatorentätigkeit eines Sozialpädagogen oder Sozialarbeiters als vertrauensgebunden zu qualifizieren.

b)   Umfang und Ausnahmen

Hinsichtlich des Umfangs der Verschwiegenheitpflicht des als Mediator tätigen Sozialarbeiters oder Sozialpädagogen hierzu gilt das oben unter Ziffer 1. b) für die Verschwiegenheitpflicht des anwaltlichen Mediators aus § 203 StGB Gesagte.

Was die Ausnahmen von dieser Verschwiegenheitpflicht betrifft, kann im Ergebnis auf die Ausführungen unter Ziffer 1. c) verwiesen werden, wobei zu beachten ist, dass im Rahmen der Prüfung sonstiger Ausnahmen nach § 34 StGB das öffentliche Interesse an einer funktionierenden Rechtspflege nicht zugunsten der Wahrung der Verschwiegenheitpflicht des als Mediator tätigen Sozialarbeiters oder Sozialpädagogen herangezogen werden kann, da dieser anders als der Rechtsanwalt kein Organ der Rechtspflege ist. Im Übrigen folgt die Prüfung jedoch der oben unter Ziffer 1. c) dd) dargelegten Struktur.

---

[145] *Heckel*, NVwZ 1994, 224, 228; *Schenkel*, NStZ 95, 67, 69; Schönke/Schröder-*Lenckner*, StGB, § 203 Rn. 13. Ähnlich LK-*Jähnke*, StGB, § 203 Rn. 34.

[146] Vgl. zu dieser Differenzierung *Heckel*, NVwZ 1994, 224, 228.

[147] Dies geht aus dem vom DBSH verabschiedeten Berufsbild („berufsspezifische Funktionen" sind u. a. „Vermitteln und Koordination") und den Berufsethischen Prinzipien hervor.

[148] Im Ergebnis ebenso *Henssler*, in: Henssler/Koch, Mediation in der Anwaltspraxis, § 3 Rn. 99.

8. Der als Mediator tätige Diplompädagoge

Die mediative Tätigkeit der Diplompädagogen ist nicht durch gesetzliches Berufsrecht geregelt. Insofern kommt allenfalls das HPG in Betracht, das allerdings aus den oben unter Ziffer 5. a) aa) angeführten Gründen nicht auf die Tätigkeit eines Mediators anwendbar ist.[149]

Eine vereinsrechtliche Pflicht zur Verschwiegenheit kann sich durch die Mitgliedschaft im Berufsverband Deutscher Diplom-Pädagogen und Diplom-Pädagoginnen e. V. (BDDP) ergeben. Dessen Mitglieder sind der Berufsordnung für Pädagogen (BOPäd) unterworfen. Nach § 1 S. 3 BOPäd stellt die „Vermittlung" eine berufliche Tätigkeit des Diplompädagogen dar, der nach § 22 Abs. 1 BOPäd zur Verschwiegenheit verpflichtet ist.[150] Einer vereinsrechtlichen Verschwiegenheitspflicht kommt allerdings – wie oben unter Ziffer 5. a) bb) dargelegt – keine Gesetzeswirkung zu.[151]

Auch § 203 Abs. 1 StGB findet auf Diplompädagogen keine Anwendung, da § 203 Abs. 1 Nr. 5 StGB nur für Sozialpädagogen gilt und wegen des Analogieverbotes nicht entsprechend auf Diplompädagogen angewandt werden kann.[152] Im Ergebnis ist also festzuhalten, dass als Mediator tätige Diplompädagogen keiner gesetzlichen Schweigepflicht unterliegen.

9. Der als Mediator tätige Amtsträger

a) Bestehen der Verschwiegenheitspflicht

Amtsträger sind nach § 61 Abs. 1 S. 1 BBG und § 39 Abs. 1 S. 1 BRRG bzw. gemäß den entsprechenden Regelungen der Beamtengesetze der Länder[153] sowie § 203 Abs. 2 Nr. 1 StGB zur Verschwiegenheit verpflichtet. Die Amts-

---

[149] *Henssler*, in: Henssler/Koch, Mediation in der Anwaltspraxis, § 3 Rn. 94.

[150] *Hartmann*, in: Haft/Schlieffen, Handbuch Mediation, § 27 Rn. 13; *Henssler*, in: Henssler/Koch, Mediation in der Anwaltspraxis, § 3 Rn. 95; *Marcard*, Berufsrecht, S. 144 f.

[151] Siehe zur begrenzten Wirkung vereinsrechtlicher Verschwiegenheitspflichten die Ausführungen zu Abschnitt B.III.1 der gemeinsamen Ethischen Richtlinien der DGPs und des BDP unter Ziffer 5. a) bb).

[152] *Henssler*, in: Henssler/Koch, Mediation in der Anwaltspraxis, § 3 Rn. 95; *Hartmann*, in: Haft/Schlieffen, Handbuch Mediation, § 27 Rn. 12. Zum Analogieverbot Schönke/Schröder-*Eser*, StGB, § 1 Rn. 24, 26.

[153] Siehe etwa Art. 69 BayBG, § 75 HBG (Hessen), § 64 LBG (NRW), § 68 NBG (Niedersachsen).

verschwiegenheit bezieht sich auf alle dem Amtsträger in Ausübung seiner amtlichen Tätigkeit bekannt gewordenen Angelegenheiten, deren Geheimhaltung durch Gesetz oder dienstliche Anordnung vorgeschrieben oder ihrer Natur nach erforderlich ist.[154] Amtsträger, die als Mediator in Betracht kommen, sind insbesondere Hochschullehrer, beispielsweise der psychologischen oder rechtswissenschaftlichen Fakultät. Die Tätigkeit als Mediator ist jedoch keine dienstliche Aufgabe eines Hochschullehrers nach § 43 HRG, da sie weder der Wissenschaft und Kunst noch der Forschung, Lehre und Weiterbildung im Sinne des § 42 Abs. 1 HRG zugeordnet werden kann. Sie stellt damit eine genehmigungspflichtige Nebentätigkeit nach § 42 Abs. 1 S. 1 BRRG dar. Handelt der Hochschullehrer im Rahmen einer Nebentätigkeit, wird er nicht als Amtsträger tätig und unterliegt damit auch nicht der Amtsverschwiegenheit.[155]

Dieses Ergebnis gilt auch für andere, als Mediator tätige Amtsträger. Denn die Verschwiegenheitspflicht setzt stets voraus, dass die Mediation zu den gesetzlich bestimmten Aufgaben des Amtsträgers gehört. Nur sofern der Aufgabenkreis von Amtsträgern, wie etwa Richter[156], auf die vermittelnde Tätigkeit eines Mediators ausgedehnt wird, handelt ein als Mediator auftretender Amtsträger auch in seiner Eigenschaft als solcher. In diesem Sinne wird bereits in zahlreichen Ländern gerichtsnahe Mediation praktiziert.[157] Dabei werden Richter von ihrer richterlichen Tätigkeit freigestellt, um als Mediatoren tätig zu werden. Für die Dauer der Mediation ruht das gerichtliche Verfahren. Einigen sich die Parteien im Rahmen der Mediation, endet das Verfahren, z.B. durch Klagerücknahme oder übereinstimmende Erledigterklärung. Scheitert die Mediation, wird das gerichtliche Verfahren wieder aufgenommen.

---

[154] Stein/Jonas-*Berger*, ZPO, § 376 Rn. 1.

[155] Im Ergebnis ebenso *Eidenmüller*, Vertragsrecht der Mediation, S. 25; *Hartmann*, in: Haft/Schlieffen, Handbuch Mediation, § 27 Rn. 17.

[156] Für Richter gilt zunächst § 43 DRiG. Hiernach hat der Richter über den Hergang bei der Beratung und Abstimmung auch nach Beendigung seines Dienstverhältnisses zu schweigen. Daneben findet jedoch nach § 46 DRiG und den entsprechenden Beamtengesetze der Länder die allgemeine Verschwiegenheitspflicht Anwendung. Vgl. hierzu Stein/Jonas-*Berger*, ZPO, § 376 Rn. 29.

[157] Das Bundesjustizministerium hat eine Übersicht der gerichtlichen Mediationsprojekte veröffentlicht. Abrufbar unter http://www.bmj.de (Links: „Themen"/„Rechtspflege"/„Mediation / aussergerichtliche Streitbeilegung") (Stand 03.04.2005). Vgl. auch Handelsblatt v. 08.09.2004, S. R1, „Richter wollen Rechtsstreite durch Mediation beilegen".

Beispielsweise kann seit Oktober 2003 ein Richter des Verwaltungsgerichts Berlin als Mediator in allen beim Verwaltungsgericht und Oberverwaltungsgericht Berlin anhängigen Streitsachen angerufen werden. Im Rahmen des niedersächsischen Projekts „Gerichtsnahe Mediation" bieten die Amtsgerichte Oldenburg und Hildesheim, die Landgerichte Göttingen und Hannover sowie das Verwaltungsgericht und Sozialgericht Hannover seit März 2003 gerichtsnahe Mediation an.[158] Als Mediatoren werden auch hier von ihren richterlichen Aufgaben freigestellte Richter tätig. In Anlehnung an das niedersächsische Projekt „Gerichtsnahe Mediation" bieten das Oberlandesgericht Rostock, das Landgericht Rostock und das Verwaltungsgericht Greifswald den Streitparteien Mediation durch einen neutralen Richtermediator an.[159]

Die in diesem Rahmen als Mediator tätigen Richter handeln als Amtsträger und sind daher nach § 203 Abs. 2 Nr. 1 StGB sowie gemäß den Regelungen der Beamtengesetze der Länder zur Verschwiegenheit verpflichtet.

b) Umfang und Ausnahmen

Soweit § 203 Abs. 2 Nr. 1 StGB aus als Mediator tätige Amtsträger Anwendung findet, gilt hinsichtlich des Umfangs der Verschwiegenheitspflicht das oben unter Ziffer 1. b) für die Verschwiegenheitspflicht des anwaltlichen Mediators aus § 203 StGB Gesagte.

Was die Ausnahmen von dieser Verschwiegenheitspflicht betrifft, kann im Ergebnis auf die Ausführungen unter Ziffer 1. c) verwiesen werden. Für eine Aussage im Zivilprozeß gilt § 376 Abs. 1 ZPO i.V.m. § 61 Abs. 2 BBG, wonach der Beamte ohne Genehmigung über der Amtsverschwiegenheit unterfallende Tatsachen nicht aussagen darf.[160]

---

[158] Das Modellprojekt wird vom Niedersächsischen Justizministerium in Zusammenarbeit mit dem Verein Konsens e.V. – Verein zur Förderung der Mediation in Niedersachsen durchgeführt. Vgl. http://www.mediation-in-niedersachsen.de (Stand 03.04.2005).
[159] Vgl. http://www.mv-justiz.de/pages/ordent_gerichte/mediation.htm (Stand 03.04.2005).
[160] Dazu näher oben § 9 III. 5.

II. Vertragliche Verschwiegenheitspflichten

Soweit keine gesetzliche Verschwiegenheitspflicht besteht, was insbesondere bei als (Co-) Mediator tätigen Hochschullehrern oder Diplompädagogen der Fall ist, aber auch bei anderen Berufsträgern[161] der Fall sein kann, kommt einer Vertraulichkeitsvereinbarung konstitutive Bedeutung zu. Aber auch soweit eine gesetzliche Verschwiegenheitspflicht des Mediators besteht, ist eine Vertraulichkeitsvereinbarung geeignet, Einzelheiten der Verschwiegenheitspflicht zu regeln und die Vertraulichkeitsproblematik in das Bewusstsein der Mediationsbeteiligten zu rufen.

Zunächst werden in Ziffer 1. grundsätzliche Aspekte der vertraglichen Beziehungen der Parteien zum Mediator dargestellt, bevor ausdrücklich und konkludent vereinbarte Vertraulichkeitspflichten erörtert werden (dazu unter Ziffern 2. und 3.). Schließlich werden die Rechtsfolgen einer Verletzung der Verschwiegenheitspflicht erörtert (Ziffer 4.)

1. Die vertraglichen Beziehungen der Parteien zum Mediator (Mediatorvertrag)

a) Regelungsgegenstände

Vor Beginn der Mediation schließen die Parteien sowohl untereinander als auch mit dem Mediator eine Vereinbarung, die in der Regel schriftlich niedergelegt wird.[162] Die als Mediatorvertrag[163] bezeichnete Vereinbarung zwischen den Parteien einerseits und dem Mediator andererseits ist vor allem zur Festlegung des von den Parteien zu entrichtenden Entgelts und der Pflichten des Mediators erforderlich. In dem Mediatorvertrag werden üblicherweise auch die rechtlichen Rahmenbedingungen der Mediation, insbesondere die Vertraulichkeit, festgelegt werden.

---

[161] Grundsätzlich kann jeder als Mediator tätig werden. Beispielsweise ist je nach Streitgegenstand an Unternehmensberater, Lehrer oder Architekten zu denken.
[162] Vgl. *Eidenmüller*, Vertragsrecht der Wirtschaftsmediation, S. 32; *Koch*, in: Henssler/Koch, Mediation in der Anwaltspraxis, § 11 Rn. 4; *Günther/Hilber*, in: Henssler/Koch, Mediation in der Anwaltspraxis, § 15 Rn. 73.
[163] Soweit ersichtlich stammt diese Bezeichnung von *Eidenmüller*, Vertragsrecht der Wirtschaftsmediation, S. 32.

b)   Rechtsnatur

Der Mediatorvertrag verpflichtet den Mediator gegen Entgelt[164], die Parteien bei der Beilegung ihres Konfliktes zu beraten. Bei dieser Beratung besteht ein Vermögensbezug, soweit sich der Konflikt auf juristisch fassbare Rechte und Pflichten der Parteien erstreckt. Damit liegen bei einem Mediatorvertrag die Voraussetzungen eines Geschäftsbesorgungsvertrages nach §§ 611, 675 Abs. 1 BGB vor, da der Mediator eine selbständige Tätigkeit wirtschaftlicher Art in fremdem Interesse unternimmt.[165] Zu den zivilprozessualen Bestandteilen s. o. § 10.

2. Ausdrückliche Vereinbarungen

a)   Beispiele

Die Konfliktparteien schließen in der Regel vor Durchführung der Mediation eine Vertraulichkeitsvereinbarung.[166] Die dafür vorgeschlagenen Formulierungen unterscheiden sich teilweise erheblich. *Koch* schlägt folgende knapp gehaltene Vertraulichkeitsvereinbarung als Bestandteil des Mediatorvertrags vor:

„Der Mediator wird nicht im Interesse eines, sondern aller Medianten ausschließlich tätig und unterliegt seinen anwaltlichen Berufspflichten. Er ist deshalb während und nach Abschluss der Mediation zu vollständigem Stillschweigen allen Dritten gegenüber und zur Zeugnisverweigerung verpflichtet und berechtigt. Die Medianten bestätigen einander, nach erledigter Mediation den Mediator in einem etwaigen gerichtlichen Verfahren nicht als Zeuge oder Sachverständigen zu benennen und verzichten hiermit ausdrücklich wechselseitig auf dieses Recht. [...]"[167]

---

[164] Wird der Mediator ehrenamtlich tätig, gilt § 662 BGB.

[165] *Eidenmüller*, Vertragsrecht der Wirtschaftsmediation, S. 32 f.; *Hacke*, ADR-Vertrag, Ziffer 4.2.2.2.3 (S. 77 ff., 88); *Koch*, in: Henssler/Koch, Mediation in der Anwaltspraxis, § 11 Rn. 17; *Heß/Sharma*, in: Haft/Schlieffen, Handbuch Mediation, § 26 Rn. 25. Sofern ausnahmsweise kein Vermögensbezug gegeben ist und damit keine Tätigkeit wirtschaftlicher Art vorliegt, wie etwa bei einer rein therapeutischen Mediation durch einen Psychologen, ist der Mediatorvertrag als Dienstvertrag gemäß § 611 BGB zu qualifizieren.

[166] Vgl. *Hartmann*, in: Haft/Schlieffen, Handbuch Mediation, § 27 Rn. 20, der von dem „seltenen Fall, dass über Vertraulichkeit nicht ausdrücklich gesprochen wird" spricht.

[167] *Koch*, in: Henssler/Koch, Mediation, § 11 Anlage I, Ziffer 2.

Diese Klausel geht davon aus, dass der Mediator Rechtsanwalt ist, und verpflichtet die Parteien, die Vernehmung des Mediators nicht zu beantragen, wobei der Wortlaut andeutet, dass diese Verpflichtung nur zwischen den Parteien selbst – und nicht gegenüber dem Mediator – besteht. Die Regelung sieht keine Ausnahmen von der Verschwiegenheitspflicht vor, es sei denn, man versteht die Anlehnung an die berufsrechtlichen Pflichten auch als Verweis auf die in diesem Zusammenhang anerkannten Ausnahmen.

Art. 4 Abs. 1 der Regeln der Gesellschaft für Wirtschaftsmediation und Konfliktmanagement e. V. (gwmk) für das Verhalten des Mediators, der den Grundsatz der Vertraulichkeit statuiert, ist flexibler gestaltet:

> *„Der Mediator hat alle Angelegenheiten des Verfahrens streng vertraulich zu behandeln. Soweit nicht eine der in diesen Verhaltensregeln genannten Ausnahmen vorliegt, darf der Mediator keine Informationen über das Verfahren und seine Angelegenheiten ohne Zustimmung der beteiligten Parteien an Dritte weitergeben, soweit nicht zwingende gesetzliche Vorschriften oder gerichtliche Entscheidungen dies vorschreiben.“* [168]

Der Verweis auf vertraglich vereinbarte, gesetzliche oder durch gerichtliche Entscheidungen begründete Ausnahmen geht darauf zurück, dass eine absolute Vertraulichkeit nicht gewünscht sein kann. Eine Vertraulichkeitsvereinbarung hat vielmehr verschiedene Interessenkonstellationen zu berücksichtigen, die durchaus auch zu einem überwiegenden Interesse an der Zugänglichkeit von Mediationsinformationen führen können, und sollte sich nicht auf eine undifferenzierte Anordnung absoluter Vertraulichkeit beschränken.

b)   Regelungsbedürftige Aspekte einer Vertraulichkeitsvereinbarung

Bei der Abfassung einer Vertraulichkeitsvereinbarung zwischen den Parteien und dem Mediator sind die folgenden Aspekte zu berücksichtigen:

---

[168] Der vollständige Wortlaut der Regeln der gwmk für das Verhalten von Mediatoren ist abgedruckt bei *Hartmann*, in: Haft/Schlieffen, Handbuch Mediation, § 27 Rn. 63.

aa)   Persönlicher Anwendungsbereich

Die Vertraulichkeitsvereinbarung sollte nicht nur alle an der Mediation beteiligten Mediatoren, sondern auch sonstige neutrale Dritte, die an der Mediation beteiligt sind, wie etwa Sachverständige oder Beobachter, binden. Dazu ist erforderlich, dass jeder zur Mediation (nachträglich) hinzugezogene Dritte sich vertraglich zur Vertraulichkeit verpflichtet. Es bietet sich an, dem Mediator aufzugeben, diese Einwilligung jeweils einzuholen.

Sind mehrere neutrale Dritte – wie Mediatoren, Sachverständige oder Beobachter – an der Mediation beteiligt, sollten diese von der sie untereinander treffenden Verschwiegenheitspflicht befreit werden, um die Kommunikation im Team der neutralen Dritter zu ermöglichen. Auch darüber hinaus können die Parteien die Kommunikation zwischen den neutralen Dritten erlauben, etwa zu Forschungs- oder Ausbildungszwecken.

Nicht nur der Mediator sollte sich gegenüber den Parteien zur Vertraulichkeit verpflichten, sondern auch die Parteien gegenüber dem Mediator. Jedenfalls soweit keine Ausnahme von der Vertraulichkeit vorliegt, besteht – wie oben in § 3 dargelegt – ein schützenswertes Interesse des Mediators, nicht in ein kontradiktorisches Verfahren zwischen den Parteien verwickelt zu werden.

bb)   Geschützte Informationen

Grundsätzlich sollten sämtliche Informationen, die während der Mediation kommuniziert werden, gleich ob mündlich, schriftlich oder auf sonstige Weise, gegenüber jedem geheim zu halten sein, der nicht selbst an der Mediation teilgenommen hat und daher bereits in Kenntnis der Informationen ist. Dies gilt auch für Informationen, die bei der Anbahnung des Mediationsverhältnisses offen gelegt wurden. Klarzustellen ist, dass der Mediator Informationen, die ihm in einem vertraulichen Einzelgespräch mitgeteilt wurden, der anderen Partei nur mitteilen darf, soweit die mitteilende Partei dies gestattet.[169] Vom Vertraulichkeitsschutz sollten auch Informationen umfasst sein, die dem Mediator in seiner Eigenschaft als solcher anders als durch Mitteilung der Mediationsparteien bekannt geworden sind. Denn es ist nicht ausgeschlossen, dass dem Mediator auf diese Weise sensible Informationen zur Kenntnis gelangen.

---

[169] So etwa Art. 4 Abs. 2 der Regeln der gwmk für das Verhalten von Mediatoren.

Hartmann ist der Ansicht, dass nur die Informationen, die eine Partei vor Offenlegung ausdrücklich als geheimhaltungsbedürftig bezeichnet hat, auch von der Vertraulichkeitspflicht umfasst sein sollten.[170] Die andere Partei habe auf den Hinweis der Geheimhaltungsbedürftigkeit hin sofort Widerspruch zu erheben. So soll vermieden werden, dass zwischen den Parteien Streit darüber entsteht, ob Informationen, die während der Mediation offen gelegt wurden, auch aus anderer, von der Mediation unabhängiger Quelle erlangt und damit nicht geheimhaltungsbedürftig sind. Ein derartiges Verfahren ist jedoch nicht praktikabel. Die Parteien müssten jede Aussage daraufhin überprüfen, ob die mitgeteilten Informationen nicht zu ihrem Nachteil verwendet werden können, um den Hinweis auf die Geheimhaltungsbedürftigkeit geben zu können. Gerade dies soll durch die Sicherung der Vertraulichkeit verhindert werden.[171] Es ist auch nicht ersichtlich, weshalb die Vertraulichkeit der Mediation nicht grundsätzlich sämtliche Mediationsinformationen umfassen soll. Die von *Hartmann* vorgeschlagene Vorgehensweise führt nur dazu, dass etwa bestehende Meinungsverschiedenheiten bezüglich der Reichweite der Vertraulichkeit das Klima der Mediation beeinträchtigen, und das obwohl die Relevanz des Konflikts noch gar nicht feststeht. Es ist daher sachgerechter, diese Konflikte nach Beendigung der Mediation auszutragen.

Informationen, die aus anderer Quelle zugänglich und damit unabhängig von der Mediation beweisbar sind, sollten nicht von der Vertraulichkeitsverpflichtung umfasst werden, auch wenn sie Gegenstand der Mediation waren. Wäre dies nicht der Fall, könnte eine Partei durch Einführung von nachteiligen Informationen in die Mediation verhindern, dass die andere Partei diese Informationen anderweitig verwertet. Dies könnte die Partei in der schwächeren Position zur „Flucht" in die Mediation veranlassen.[172]

---

[170] *Hartmann*, in Haft/Schlieffen, Handbuch Mediation, § 27 Rn. 28. Ähnlich *Mähler/Mähler*, ZKM 2001, 4, 6.
[171] Siehe dazu oben § 3 IV.
[172] So auch *Eidenmüller*, Vertragsrecht der Wirtschaftsmediation, S. 26; *Hartmann*, in: Haft/Schlieffen, Handbuch Mediation, § 27 Rn. 27.

cc)   Die Pflichten im Einzelnen

Neben der primären Verpflichtung zur Verschwiegenheit ist dem Mediator auch zu untersagen, die ihm durch die Mediation zur Kenntnis gelangten Informationen zum eigenen Vorteil zu nutzen, selbst wenn diese Informationen dadurch nicht gegenüber Dritten offen gelegt werden.[173]

Ferner sollte geregelt werden, inwiefern das Anfertigen schriftlicher Dokumente zulässig ist, die Informationen aus der Mediation enthalten, wie etwa Protokolle, Mitschriften oder Darstellungen auf Flipcharts. Beispielsweise kann der Mediator verpflichtet werden, derartige Dokumente nicht anzufertigen oder diese nach Abschluss der Mediation sofort zu vernichten oder in angemessener Weise zu verwahren.[174] Jedenfalls sollten sich die Parteien im Klaren darüber sein, dass mit der Anfertigung eines Mediationsprotokolls – wozu *Koch* den Mediator verpflichten will – eine Urkunde erstellt wird, welche grundsätzlich im Zivilprozess vorgelegt werden kann.[175]

Wird der Mediator in einem gerichtlichen Verfahren als Zeuge geladen, sollte er dazu verpflichtet sein, die Parteien darüber unverzüglich zu informieren und von einem etwaigen Zeugnisverweigerungsrecht Gebrauch zu machen, es sei denn, er wird durch beide Mediationsparteien davon entbunden.[176] Dies dürfte schon aus der grundsätzlichen Vertraulichkeitspflicht folgen, sollte aber klargestellt werden.[177] Schließlich sollte der Mediator auch nicht verpflichtet sein, Schriftstücke oder Ton- und Bildaufnahmen von der Mediation an die Parteien herauszugeben oder vor Gericht vorzulegen. Falls das Gericht dennoch die Vorlage einer Urkunde oder eines Augenscheinsobjekts durch den Mediator anordnet, hat er sich auf sein Zeugnisverweigerungsrecht zu berufen.

---

[173] Vgl. Art. 4 Abs. 3 der Regeln der gwmk für das Verhalten von Mediatoren.

[174] Vgl. Art. 4 Abs. 5 der Regeln der gwmk für das Verhalten von Mediatoren. Demgegenüber sieht der Vorschlag *Kochs* (in: Henssler/Koch, Mediation in der Anwaltspraxis, § 11 Anlage I, Ziffer 3) die Pflicht zur Anfertigung eines Protokolls vor: „Der Mediator wird das Mediationsverfahren protokollieren und dokumentieren und über die Mediation Handakten führen. Der Mediator wird über jede Mediationssitzung ein Protokoll verfassen und dieses in seinen Handakten verwahren; es den Medianten auf ihren Wunsch auch zusenden."

[175] Zur Sicherung der Vertraulichkeit im Zivilprozess siehe § 9 und § 10.

[176] Ebenso Art. 4 Abs. 4 der Regeln der gwmk für das Verhalten von Mediatoren.

[177] Soweit hier prozessuale Rechte und Pflichten begründet bzw. modifiziert werden, liegt eine Prozessvereinbarung vor. Auf deren Voraussetzungen und Wirkungen wird nachfolgend in § 10 eingegangen.

dd)   Ausnahmen

Wie oben angedeutet, sollten sich die Parteien und der Mediator über die Ausnahmen der Vertraulichkeit verständigen. Soweit allgemeine Rechtfertigungsgründe, wie etwa § 34 StGB, greifen, haben entsprechende Ausnahmen in Vertraulichkeitsvereinbarungen nur deklaratorischen Charakter.[178] Dennoch sollten
sämtliche Ausnahmen in der Vereinbarung berücksichtigt werden, um bei den
Parteien keine falschen Vorstellungen zu wecken. Vor diesem Hintergrund sind
bei der Vertragsgestaltung die folgenden Fälle zu berücksichtigen:[179]

(1)   Nachweis der Vertraulichkeitsvereinbarung

Die Vertraulichkeitsvereinbarung wird vor Gericht nur berücksichtigt, wenn das
Bestehen der Vereinbarung nachgewiesen werden kann. Dies erfolgt durch Vorlage der schriftlichen Vertraulichkeitsvereinbarung oder – in Ermangelung einer
solchen – durch die Zeugenaussage des Mediators. Da die Vertraulichkeitsvereinbarung – anders als die Einigung – regelmäßig nicht mit dem inhaltlichen
Verlauf der Mediation zusammenhängt, stehen der Aussage des Mediators in
diesem Zusammenhang nicht die Bedenken entgegen, die im Hinblick auf die
Aussage des Mediators über eine (vermeintlich) erzielte Einigung existieren.
Daher sollte es dem Mediator gestattet sein, auszusagen, ob eine Vertraulichkeitsvereinbarung besteht und, falls dies der Fall ist, deren Inhalt wieder-
zugeben.[180]

(2)   Nachweis des Mediationsvergleiches

Um eine gerichtliche Durchsetzung der in der Mediation erzielten Einigung zu
ermöglichen, sollte die Einigung der Mediationsparteien von der Vertraulichkeit
ausgenommen werden.[181] Es ist allerdings zu empfehlen, diese Ausnahme auf
eine schriftlich niedergelegte Einigung zu beschränken. Andernfalls besteht die

---

[178] Vertragsrechtlich betrachtet, liegt eine objektive Pflichtwidrigkeit nur vor, wenn der äuße-
re Tatbestand einer Pflichtverletzung erfüllt ist und keine Rechtfertigungsgründe vorliegen.
Wegen der Einheit der Rechtsordnung gelten die für das Delikts- und Strafrecht anerkannten
Rechtfertigungsgründe auch im Recht der Leistungsstörungen. Nachweise oben bei Fn. 65.

[179] Um eine geschlossene Darstellung der Ausnahmen der Vertraulichkeit zu ermöglichen,
wird an dieser Stelle eine umfassende Darstellung der in Betracht kommenden Ausnahmen
vorgenommen, auch soweit Ausnahmen vornehmlich das nachfolgend unter 4. II untersuchte
Verhältnis der Parteien untereinander betreffen.

[180] So auch *Hartmann*, in: Haft/Schlieffen, Handbuch Mediation, § 27 Rn. 24.

[181] Vgl. *Eidenmüller*, Vertragsrecht der Wirtschaftsmediation, S. 26; *Hartmann*, in:
Haft/Schlieffen, Handbuch Mediation, § 27 Rn. 24.

Gefahr, dass die Uneinigkeit der Parteien über die Frage, mit welchem Inhalt man sich mündlich geeinigt habe, dazu führt, dass der Mediator in weiterem Umfang über den Verlauf der Mediation aussagen muss.[182]

(3)   Nachweis von Einwänden gegen den Mediationsvergleich

Falls eine Partei nach Abschluss des Mediationsverfahrens die Wirksamkeit der erzielten Einigung unter Bezugnahme auf Vorgänge aus der Mediation in Abrede stellt, etwa weil sie wegen einer arglistigen Täuschung im Mediationsverfahren wirksam angefochten worden sei, ist es fraglich, ob dieses Vorbringen eine Ausnahme von der Vertraulichkeit erforderlich macht. Wie oben unter Ziffer I. 1. b) c) dd) ausgeführt, ist dieser Interessengegensatz im Rahmen von § 34 StGB durch eine Abwägung der gegensätzlichen Interessen im Einzelfall zu lösen, es sei denn, die Grundsätze der Beweisvereitelung können als milderes Mittel herangezogen werden.

Sähe die Vereinbarung dagegen eine unbeschränkte Ausnahme von der Vertraulichkeit für den Fall vor, dass die Anfechtung erklärt oder sonstige Einwände gegen die Einigung erhoben werden, könnte die Vertraulichkeit unter dem Vorwand von angeblich bestehenden Wirksamkeitshindernissen leicht umgangen werden, insbesondere falls sich Wirksamkeitshindernisse nicht auf einen konkreten, abgrenzbaren Teil der Mediation bezieht. Daher sollte in Anlehnung an § 34 StGB eine auf den Einzelfall abstellende, eine Abwägung erfordernde Ausnahmebestimmung vereinbart werden, die auch die Abwägungskriterien vorgeben kann. Es obläge dann dem Mediator, zu prüfen, ob hinreichende Anhaltspunkte für einen Einwand bestehen, der die Durchbrechung der Vertraulichkeit rechtfertigt.

(4)   Mitteilungen des Mediators über den Verfahrensstand

Der Mediator sollte dazu berechtigt und verpflichtet sein, darüber Mitteilung zu machen, dass eine Mediation stattgefunden hat und ob sie erfolgreich beendet wurde oder nicht. Dies ist vor dem Hintergrund des § 15a EGZPO und der auf dessen Grundlage ergangenen Ländergesetze erforderlich. Nach den landesgesetzlichen Vorschriften gemäß § 15a Abs. 1 S. 2 EGZPO ist in bestimmten Fällen eine Klage nur zulässig, wenn der Kläger eine Bescheinigung der Gütestelle

---

[182] Dies übersehen *Eidenmüller*, Vertragsrecht der Wirtschaftsmediation, S. 26; *Hartmann*, in: Haft/Schlieffen, Handbuch Mediation, § 27 Rn. 24.

über einen erfolglosen Einigungsversuch vorlegt. Dies ist nur möglich, wenn einer entsprechenden Mitteilung keine Vertraulichkeitspflicht entgegensteht.

Auch soweit Mediationsverfahren parallel zu gerichtlichen Verfahren stattfinden, was wegen der in § 278 Abs. 5 S. 2 ZPO nunmehr ausdrücklich vorgesehenen Befugnis des Gerichts, den Parteien ein außergerichtliches Streitbeilegungsverfahren vorzuschlagen, zukünftig vermehrt zu erwarten ist, sollte der Mediator befugt sein, dem Gericht über den Verfahrensstand und die zukünftige Verfahrensplanung Auskunft zu geben.[183]

(5)   Gesetzliche Ausnahmen

Zur Klarstellung sollte geregelt werden, dass eine Ausnahme von der Vertraulichkeit besteht, falls zwingende –gesetzliche oder gerichtlich angeordnete – Mitteilungspflichten bestehen.[184]

Sofern besondere Mitteilungspflichten der Mediationsparteien bestehen, wie etwa bei Vertretern juristischer Personen, die gesellschaftsrechtlichen Gremien zu berichten haben[185], sollte über in diesem Zusammenhang bestehende Ausnahmen möglichst vor Beginn der Mediation Einigung erzielt werden. Zwar kann das Recht des Dritten, Auskunft zu verlangen, nicht durch die Beteiligten vertraglich eingeschränkt werden. Denkbar ist jedoch zum Beispiel, die Mitteilung daran zu knüpfen, dass der Empfänger eine Vertraulichkeitsverpflichtung unterzeichnet. In jedem Fall sollte bei Bestehen derartiger Informationspflichten vereinbart werden, dass die zur Auskunft verpflichtete Partei ihre Verpflichtung rechtzeitig mitteilt.

(6)   Verteidigung in eigener Sache, Honoraransprüche

Schließlich sollte deklaratorisch festgehalten werden, dass die Verschwiegenheitspflicht des Mediators nicht besteht, soweit dies zur Verteidigung des Mediators in eigener Sache, etwa wegen eines angeblichen Verstoßes gegen die aus

---

[183] *Hacke*, ADR-Vertrag, Ziffer 11.6.1.2 (S. 265).
[184] Vgl. Art. 4 Abs. 1 der Regeln der gwmk für das Verhalten von Mediatoren.
[185] Der Geschäftsführer einer GmbH hat gemäß § 51a Abs. 1 GmbHG den Gesellschaftern auf Verlangen unverzüglich Auskunft über die Angelegenheiten der Gesellschaft zu geben. Eine ähnliche Auskunftspflicht trifft den Vorstand einer AG gegenüber den Aktionären nach § 131 Abs. 1 S. 1 AktG. Hiernach kann der Geschäftsführer oder Vorstand auch zur Auskunft über Mediationsverfahren verpflichtet sein.

dem Mediatorvertrag folgenden Pflichten[186], oder zur Geltendmachung von Honoraransprüchen gegenüber den Mediationsparteien erforderlich ist. Diese Ausnahmen ergeben sich aus § 34 StGB, in dessen Rahmen jedoch das Verhältnismäßigkeitsprinzip zu beachten ist.[187] Daher sollten auch vertragliche Ausnahmen nur im Rahmen des Verhältnismäßigkeitsprinzips gelten, d. h. insbesondere wenn der Mandant an dem betreffenden Verfahren selbst beteiligt ist oder es auf Betreiben des Mandanten eröffnet wurde. Hat der Mandant nämlich keinen Anlass für das Verfahren gegeben, überwiegt regelmäßig sein Interesse an Vertraulichkeit.[188] Aus diesem Grund geht der Vorschlag *Hackes* zu weit, den Mediator in sämtlichen Prozessen in eigener Sache von der Verschwiegenheit zu befreien, soweit dies für seine Verteidigung erforderlich ist.[189]

(7) Verfolgung rechtswidriger Handlungen und die Abwendung von Gefahren

Behauptet eine Mediationspartei, dass die andere Partei während der Mediation eine rechtswidrige Handlung begangen habe oder bestehen Anzeichen für eine zukünftig drohende Rechtsgutverletzung, so stellt sich hier – ebenso wie bei geltend gemachten Einwänden gegen eine in der Mediation gefundene Einigung – die Frage der Notwendigkeit einer Ausnahme. Wie oben unter (3) erörtert, könnte eine unbeschränkte Ausnahme dazu führen, dass die Vertraulichkeit durch die bloße Behauptung einer unerlaubter Handlung oder einer Gefahr für ein Rechtsgut unterlaufen wird. Daher ist auch hier eine Ausnahmeregelung in Anlehnung an § 34 StGB sachgerecht, die eine Abwägung der gegensätzlichen Interessen an Verfolgung der rechtswidrigen Handlung bzw. der Abwendung einer Gefahr und der Vertraulichkeit voraussetzt.

---

[186] So etwa *Eidenmüller*, Vertragsrecht der Wirtschaftsmediation, S. 26, 42.

[187] *Feuerich/Weyland*, BRAO, § 43a Rn. 27; Henssler/Prütting-*Eylmann*, BRAO, § 43a Rn. 80; Schönke/Schröder-*Lenckner*, StGB, § 203 Rn. 30, 33.

[188] Vgl. Henssler/Prütting-*Eylmann*, BRAO, § 43a Rn. 87; *Feuerich/Weyland*, BRAO, § 43a Rn. 28 f.; Hartung/Holl-*Hartung*, BORA, § 2 Rn. 34. Hinzuweisen ist ferner auf § 56 Abs. 1 S. 2 BRAO, demzufolge die Vorlage der Handakte in berufsrechtlichen Verfahren verweigert werden kann.

[189] *Hacke*, ADR-Vertrag, Ziffer 11.6.1.2 (S. 264).

(8)   Nutzung der Mediationsinformationen zu wissenschaftlichen oder
        pädagogischen Zwecken

Schließlich kann als weitere Ausnahme vereinbart werden, dass der Mediator
berechtigt ist, Mediationsinformationen zu wissenschaftlichen oder pädagogi-
schen Zwecken zu verwenden. Diese Berechtigung sollte jedoch voraussetzen,
dass die Informationen ausreichend anonymisiert werden.[190]

c)   Rechtsfolgen

Um Schwierigkeiten beim Nachweis eines konkreten Schadens zu vermeiden,
der häufig – z. B. im Fall einer Ansehenseinbuße – schwer zu ermitteln ist, kann
eine Vertragsstrafe oder ein pauschalierter Schadensersatz vereinbart werden.
Gegen eine solche Vereinbarung wird eingewandt, das Verhandeln über die
Konsequenzen von Vertragsverletzungen schade dem Klima der Mediation.[191]
Dies trifft zwar bei rationaler Betrachtung nicht zu, da keine der Parteien gegen eine effektive und durchsetzbare Vertraulichkeitsvereinbarung etwas ein-
zuwenden haben sollte, wenn sie an einer durch gegenseitiges Vertrauen ge-
prägten Verhandlungsatmosphäre interessiert ist.

Allerdings kann im Einzelfall durchaus eine emotional bedingte, ablehnende
Haltung gegenüber einer Vertragsstrafe oder Schadenspauschale bestehen. In
diesem Fall ist anzuraten, von derartigen Klauseln abzusehen, um das Klima der
Mediation nicht zu beeinträchtigen. In diesen Fällen obliegt es dem Fingerspit-
zengefühl des Mediators, eine angemessene Lösung herbeizuführen. Bei der Bestimmung der Vertragsstrafe oder der Schadenspauschale ist jedenfalls darauf zu
achten, dass keine unangemessen hohen Beträge festgesetzt werden.[192]

---

[190] Ebenso *Hacke*, ADR-Vertrag, Ziffer 11.6.1.2 (S. 265).
[191] Siehe etwa *Golann*, Mediating Legal Disputes, S. 375, Fn. 36.
[192] In Allgemeinen Geschäftsbedingungen dürfen Schadenspauschalen gemäß § 309 Nr. 5 a)
BGB nicht unverhältnismäßig hoch sein. Palandt-*Heinrichs*, BGB, § 276 Rn. 26 m. w. N. Unangemessen hohe Vertragsstrafen sind in Allgemeinen Geschäftsbedingungen nach § 307
Abs. 2 Nr. 1 BGB unwirksam. Palandt-*Heinrichs*, BGB, § 343 Rn. 3 f. m. w. N. Individual-
vertraglich vereinbarte Vertragsstrafen können im Nachhinein nach § 343 BGB auf einen angemessenen Betrag reduziert werden. Dies gilt aber nur, sofern die Vertragsstrafe keinem
Kaufmann obliegt, § 348 HGB.

3. Stillschweigende Vereinbarungen

Wenn keine ausdrückliche Vertraulichkeitsvereinbarung getroffen wurde, stellt sich die Frage, ob die Parteien und der Mediator eine Verschwiegenheitspflicht konkludent vereinbart haben. Geschäftsbesorgungsverträge nach §§ 611, 675 BGB bringen es typischerweise mit sich, dass der Geschäftsbesorger Kenntnisse über sensible Informationen des Dienstherrn erlangt.[193] Aus dem zwischen den Vertragspartnern bestehenden Vertrauensverhältnis resultiert daher eine Verpflichtung des Geschäftsbesorgers, geheimhaltungsbedürftige Informationen des Geschäftsherrn vertraulich zu behandeln, auch wenn dies nicht ausdrücklich vereinbart ist.[194] Dass Mediationsinformationen grundsätzlich geheimhaltungsbedürftig sind, ist weitgehend unbestritten und wird dadurch bestätigt, dass *sämtliche* eingesehenen Verfahrensordnungen die Mediation als vertraulich qualifizieren[195]. Daher besteht auch ohne ausdrückliche Vereinbarung eine Verschwiegenheitspflicht des Mediators.[196]

---

[193] Dies ist z. B. bei Bankgeschäften oder beim Schiedsrichter- oder Schiedsgutachtervertrag anerkannt. Vgl. dazu Palandt-*Sprau*, § 675 Rn. 9 und 20 f.

[194] Die Verschwiegenheit stellt eine Nebenpflicht des Geschäftsbesorgungsvertrags dar. BGHZ, 27, 241, 246; Staudinger-*Martinek*, BGB, § 675 Rn. A 90; *Hacke*, ADR-Vertrag, Ziffer 11.6.1.1 (S. 257).

[195] Siehe Nr. 3 (5) der Richtlinien der BAMF für Mediation in Familienkonflikten; Nr. 2 der Standards und Ausbildungsrichtlinien des Bundesverbandes Mediation e. V.; Nr. 3 (5) Richtlinien des Bundesverbandes Mediation in Wirtschaft und Arbeitswelt; § 6 der Verfahrensordnung der Gesellschaft für Wirtschaftsmediation und Konfliktmanagement e. V. für das Mediationsverfahren; § 6 der Hamburger Mediationsordnung (initiiert von der Handelskammer Hamburg, der Hanseatischen Rechtsanwaltskammer Hamburg und dem Hamburger Institut für Mediation e. V.); Nr. 3 der Standards für Umweltmediation (herausgegeben vom Förderverein für Umweltmediation e. V. in Zusammenarbeit mit der Interessengemeinschaft Umweltmediation e. V., der FernUniversität Hagen, der Universität Oldenburg, der Mediator GmbH und dem deutschen Anwaltsverein); sämtliche vorbezeichnete Dokumente sind abrufbar unter http://www.centrale-fuer-mediation.de/info.htm (Stand 03.04.2005). Siehe ebenso § 4 (2) der Schlichtungsordnung der Deutschen Gesellschaft für Recht und Informatik, abrufbar unter http://www.dgri.de (Stand 03.04.2005). Des Weiteren wird die Vertraulichkeit angeordnet in Art. 10 II und 11 der Schlichtungsordnung der Internationalen Handelskammer; Art. 19 S. 2, 20 der UNCITRAL Schlichtungsordnung; Art. 10 der Mediation Procedure des „London Court of Interna-tional Arbitration" (LCIA) und Art. 17 der Schlichtungsordnung der World International Property Organization (WIPO). Nachweise bei *Wagner*, NJW 2001, 1398, 1399 Fn. 4 ff.

[196] Ebenso *Hacke*, ADR-Vertrag, Ziffer 11.6.1.1 (S. 257). Gleiches gilt für die Schweigepflicht des Schiedsrichters, soweit sie über das Beratungsgeheimnis hinausgeht. Siehe dazu den Text zu Fn. 263.

Dennoch ist der Abschluss einer ausdrücklichen Vertraulichkeitsvereinbarung sinnvoll, nicht nur um die Vertraulichkeitsproblematik in das Bewusstsein der Mediationsbeteiligten zu rufen, sondern auch um Unklarheiten über den nach §§ 133, 157 BGB zu bestimmenden Umfang der konkludenten Verschwiegenheitspflicht zu vermeiden.[197] Denn im Hinblick auf die exakten Konturen der konkludent vereinbarten Verschwiegenheitspflicht des Mediators besteht keine Gewissheit. Nach *Eidenmüller* kann die Pflicht sämtlicher Mediationsbeteiligter, die Angelegenheiten der Mediation vertraulich zu behandeln, und die Pflicht des Mediators, über Einzelgespräche Stillschweigen zu bewahren, als „absolut verkehrsüblich" betrachtet werden.[198] Dies gelte jedoch nicht für die Pflicht der Parteien, den Mediator in nachfolgenden Gerichtsverfahren nicht als Zeugen zu benennen.[199] Letzteres erscheint zweifelhaft im Hinblick auf die Tatsache, dass die Zeugenaussage des Mediators in einem nachfolgenden Gerichtsverfahren regelmäßig die am meisten gefürchtete Verletzungsvariante sein dürfte.[200] Denn wenn die Mediation scheitert, wird sich in aller Regel ein Gerichtsverfahren mit demselben Streitgegenstand anschließen, in dem Mediationsinformationen von entscheidender Bedeutung sein können. Zudem folgt die Pflicht, den Mediator nicht als Zeugen zu benennen, schon aus dem Grundsatz der Vertraulichkeit der Mediation: Wer sich verpflichtet, über die Angelegenheiten der Mediation Stillschweigen zu bewahren, darf weder entsprechende Tatsachen vor Gericht vortragen noch den Mediator als Zeugen für derartigen Vortrag benennen.

Dementsprechend ist davon auszugehen, dass typischerweise die Vertraulichkeit zumindest in folgendem Umfang konkludent vereinbart wird:[201]

- Die Mediation ist grundsätzlich vertraulich, sodass in der Mediation kommunizierte Informationen nicht gegenüber Dritten offen gelegt wer-

---

[197] A. A. wohl *Hacke*, ADR-Vertrag, Ziffer 11.6.1.1 (S. 257), der dann allerdings meint, soweit es um die Verschwiegenheitspflicht der Parteien selbst geht, sei eine ausdrückliche Vereinbarung doch erforderlich. *Hacke*, ADR-Vertrag, Ziffer 11.6.2 (S. 266). Weshalb er so differenzieren will, bleibt jedoch unklar.

[198] *Eidenmüller*, Vertragsrecht der Wirtschaftsmediation, S. 26 (Fn. 80).

[199] *Eidenmüller*, Vertragsrecht der Wirtschaftsmediation, S. 26 (Fn. 80).

[200] So etwa ausdrücklich *Hartmann*, in Haft/Schlieffen, Handbuch Mediation, § 27 Rn. 56. Dies räumt *Eidenmüller*, Vertragsrecht der Wirtschaftsmediation, S. 10, selbst ein. Vgl. auch *Hacke*, ADR-Vertrag, Ziffer 11.6.2 (S. 266); sowie die instruktiven Beispiele bei *Mähler/Mähler*, ZKM 2001, 4, 5.

[201] So auch *Hartmann*, in: Haft/Schlieffen, Handbuch Mediation, § 27 Rn. 21.

den dürfen. Daraus folgt, dass der Vortrag entsprechender Tatsachen vor Gericht und diesbezügliche Beweisanträge zu unterlassen sind.

- Einzelgespräche einer Partei mit dem Mediator sind von diesem vertraulich zu behandeln.

- Die Vertraulichkeit erstreckt sich jedoch nicht auf Informationen, die zwar Eingang in die Mediation gefunden haben, aber auch ohne Bezug zur Mediation beweisbar sind.

Letztere Einschränkung der Vertraulichkeit der Mediation ergibt sich aus der Annahme, dass es nicht dem typischen Willen der Parteien entsprechen kann, Tatsachen, die eine Partei zum Gegenstand der Mediation macht, gänzlich von der Verwertung durch die andere Partei auszuschließen, auch falls diese darüber aus gänzlich anderer Quelle Kenntnis erlangt.[202]

4. Rechtsfolgen

Im Folgenden werden die materiell-rechtlichen Konsequenzen erörtert, die sich ergeben, wenn die Verletzung der Vertraulichkeitsvereinbarung nicht gerechtfertigt ist. Die prozessualen Rechtsfolgen werden nachfolgend in § 10 erörtert.

a) Unterlassung

Die Parteien haben jeweils einen Anspruch gegen den Mediator, die vertragswidrige Offenlegung und gegebenenfalls auch die sonstige Nutzung von Mediationsinformationen zu unterlassen. Dieser Unterlassungsanspruch kann durch eine Unterlassungsklage oder – im Fall der Eilbedürftigkeit – eine einstweilige Verfügung durchgesetzt werden. Dazu muss allerdings die Klägerin bzw. Antragsstellerin rechtzeitig von der drohenden Verletzung der Vertraulichkeit erfahren. Schon daran kann die gerichtliche Durchsetzung des Unterlassungsanspruches scheitern.

Der Antrag auf Erlass einer einstweiligen (Leistungs-) Verfügung hat den Voraussetzungen des § 940 ZPO, der auf Leistungsverfügungen entsprechend an-

---

[202] So auch *Hartmann*, in: Haft/Schlieffen, Handbuch Mediation, § 27 Rn. 21. *Eidenmüller*, Vertragsrecht der Wirtschaftsmediation, S. 26, empfiehlt, eine derartige Ausnahme von der Vertraulichkeitspflicht ausdrücklich zu vereinbaren.

wendbar ist, zu genügen.[203] Der Antragsteller hat also glaubhaft zu machen, dass ihm durch eine Verletzung der Verschwiegenheitspflicht irreparable Schäden drohen. Ferner hat der Antragsteller gemäß § 259 ZPO aufzuzeigen, dass die konkrete Besorgnis einer derartigen Verletzung besteht.[204] Verschärfend kommt im Fall einer vereinbarten Vertragsstrafe hinzu, dass darzulegen ist, weshalb der Schädiger trotz der Vertragsstrafe, die ihn – ebenso wie eine mit der einstweiligen Verfügung erfolgende Androhung von Ordnungsmitteln nach § 890 Abs. 2 ZPO[205] – gerade von einer Verletzung der Vertraulichkeit abhalten soll, gegen seine Unterlassungspflicht verstoßen wird.[206]

b) Schadensersatz

Falls die Verletzung der Vertraulichkeit nicht verhindert werden kann, kommt ein Sekundäranspruch auf Schadensersatz wegen schuldhafter Verletzung einer Vertragspflicht aus §§ 280, 249 ff. BGB in Betracht. Ein Problem bei der Durchsetzung des Anspruchs kann der Nachweis des Schadens sein, da durch an die Öffentlichkeit gelangte Informationen Schäden verursacht werden können, die schwer zu beziffern sind, wie etwa eine Ansehenseinbuße. Die Erforderlichkeit dieses Nachweises entfällt aber, wenn für den Fall einer Vertragsverletzung eine Vertragsstrafe oder ein pauschalierter Schadensersatz[207] vereinbart wird.[208]

---

[203] Die Leistungsverfügung ist neben der Sicherungsverfügung nach § 935 ZPO und der Regelungsverfügung nach § 940 ZPO die dritte allgemein anerkannte Art der einstweiligen Verfügung. Musielak-*Huber*, ZPO, § 935 Rn. 2, § 940 Rn. 112 ff.; Thomas/Putzo-*Reichold*, ZPO, § 940 Rn. 6.

[204] § 259 ZPO ist auf vertragliche Unterlassungsansprüche anwendbar. Musielak-*Foerste*, ZPO, § 259 Rn. 3; Thomas/Putzo-*Reichold*, § 259 Rn. 4. Das Erfordernis der Begehungsgefahr ergibt sich auch aus dem Rechtsschutzbedürfnis. BGH, NJW 1999, 1337, 1338.

[205] Zur Ordnungsmittelandrohung bei einstweiligen Verfügungen Musielak-*Huber*, ZPO, § 935 Rn. 9.

[206] Im Wettbewerbsrecht wird teilweise sogar das Bestehen eines Rechtsschutzbedürfnisses für die gerichtliche Geltendmachung eines Unterlassungsanspruches grundsätzlich verneint, wenn der Schuldner eine strafbewehrte Unterlassungserklärung abgegeben hat. Vgl. OLG Hamburg, GRUR 1974, 108, 109; *Pohlmann*, GRUR 1993, 361, 365 m. w. N.

[207] Während die Schadensersatzpauschale nur die Beweislast umkehrt und dem Schädiger den Beweis eines die Pauschale unterschreitenden Schadens offen lässt, stellt die Vertragsstrafe auch ein Zwangsmittel zur Durchsetzung der jeweils betroffenen Pflicht dar und schneidet die Möglichkeit des Nachweises eines geringeren Schadens ab. Zur Abgrenzung Palandt-*Heinrichs*, BGB, § 276 Rn. 26 m. w. N.

[208] Zu den Schwierigkeiten, eine Vertragsstrafe zu vereinbaren, s. o. Ziffer 2. c). Vgl. § 6 (5) der Verfahrensordnung der gwmk (abgedruckt bei *Hartmann*, in: Haft/Schlieffen, Handbuch

§ 6 Verschwiegenheitspflichten der Mediationsparteien

I. Gesetzliche Verschwiegenheitspflichten

Gesetzliche Verschwiegenheitspflichten der Mediationsparteien, die sich auf Mediationsinformationen, d. h. die von der anderen Partei in der Mediation offen gelegten Informationen, bezieht, bestehen nicht. Ist eine juristische Person an einer Mediation beteiligt, wird sie in den Verhandlungen zwar durch einen Vertreter repräsentiert, der beispielsweise als Vorstand einer Aktiengesellschaft oder Geschäftsführer einer GmbH nach § 93 Abs. 1 Satz 2 AktG bzw. § 85 Abs. 1 GmbHG über Geschäftsgeheimnisse der eigenen Gesellschaft Schweigen zu bewahren hat. Da derartige Verschwiegenheitspflichten[209] nur eigene Geschäftsgeheimnisse betreffen, sind jedoch während der Mediation durch die andere Partei mitgeteilte Informationen davon nicht erfasst und somit vorliegend nicht von Bedeutung.

II. Vertragliche Verschwiegenheitspflichten

Mangels einer gesetzlichen Verschwiegenheitspflicht hat die vertragliche Begründung konstitutive Wirkung. Zunächst werden unter Ziffer 1. grundsätzliche Aspekte der vertraglichen Beziehungen der Parteien dargestellt, bevor ausdrücklich und konkludent vereinbarte Vertraulichkeitspflichten erörtert werden (dazu Ziffern 2. und 3.).

1. Die vertraglichen Beziehungen zwischen den Parteien (Mediationsvereinbarung)

a) Regelungsgegenstände

Die als Mediationsvereinbarung[210] bezeichnete Abrede zwischen den Parteien kann entweder vor Entstehung des zur Mediation Anlass gebenden Konflikts getroffen werden oder nach Entstehen des Konflikts in einer gesonderten Mediationsabrede erfolgen.[211]

Mediation, § 27 Rn. 62). Dort wird die Möglichkeit einer Vertragsstrafe durch gesonderte Vereinbarung ausdrücklich erwähnt.

[209] Insofern ist auch an § 17 UWG zu denken.

[210] Soweit ersichtlich stammt diese Bezeichnung von *Eidenmüller*, Vertragsrecht der Wirtschaftsmediation, S. 8.

[211] Hierzu ausführlich *Hutner*, SchiedsVZ 2003, 226, 227 f.

In der Mediationsvereinbarung verständigen sich die Parteien, einen Versuch zu unternehmen, einen bestimmten (oder bestimmbaren) Konflikt mit Hilfe eines Mediators[212] einvernehmlich beizulegen. Darüber hinaus kann die Bestellung des Mediators, der Verlauf der Mediation und die Auswirkungen der Mediation auf das zwischen den Parteien in Streit stehende Rechtsverhältnis geregelt werden.[213] Dies umfasst z. B. Maßnahmen zur Schaffung eines vollstreckbaren Mediationsvergleichs, den Ausschluss der Klageerhebung für die Dauer der Mediation und die Auswirkung der Mediation auf die Verjährung der in Streit stehenden Ansprüche.[214]

b)   Rechtsnatur

Teilweise wird die Mediationsvereinbarung als atypisches Dauerschuldverhältnis gemäß § 311 Abs. 1 BGB eingeordnet.[215] In Abweichung davon könnte die Mediationsvereinbarung jedoch als Vertrag zur Begründung einer Gesellschaft bürgerlichen Rechts nach §§ 705 ff. BGB zwischen den Mediationsparteien zu qualifizieren sein.

Eine Gesellschaft ist der rechtsgeschäftliche Zusammenschluss mehrerer Subjekte des Privatrechts[216] zur Verfolgung eines gemeinsamen Zwecks.[217] Die Mediationsvereinbarung ist der vertragliche – und damit rechtsgeschäftliche – Zusammenschluss der Mediationsparteien, also mindestens zweier Privatrechtssubjekte. Fraglich ist daher nur, ob dieser Zusammenschluss auch der Verfolgung eines über den bloßen Leistungsaustausch hinaus gehenden, gemeinsamen Zwecks im Sinne des § 705 BGB dient.[218] Als gemeinsamer Zweck kommt der

---

[212] Eine andere Bezeichnung des neutralen Dritten ist unschädlich, soweit inhaltlich eine Mediation gewollt ist.

[213] Zum möglichen Inhalt der Mediationsvereinbarung etwa *Heß/Sharma*, in: Haft/Schlieffen, Handbuch Mediation, § 26 Rn. 9 ff.; *Eidenmüller*, Vertragsrecht der Wirtschaftsmediation, S. 8 ff.; *Risse*, NJW 2000, 1613, 1614; *ders.* BB Beilage zu Heft 27/1999, S. 1, 4.

[214] Vgl. zu diesen und anderen Regelungsgegenständen *Hutner*, SchiedsVZ 2003, 226, 227 f.

[215] *Eidenmüller*, Vertragsrecht der Wirtschaftsmediation, S. 9; *Hacke*, ADR-Vertrag, Ziffer 4.1.3.4 (S. 63 f.); *Mähler/Mähler*, ZKM 2001, 4, 6.

[216] Die Einmann-Gesellschaft (vgl. etwa § 1 GmbHG) stellt eine atypische Ausnahme hierzu dar.

[217] Statt aller Palandt-*Sprau*, BGB, §705 Rn. 1 m. w. N.

[218] Vorliegend kommt nur eine Gesellschaft bürgerlichen Rechts in Betracht, da sich die Mediationsparteien weder zur Ausübung eines freien Berufs nach PartGG noch zu dem Betrieb eines Handelsgewerbes im Sinne von § 105 HGB zusammenschließen.

Versuch der Beilegung des zwischen den Mediationsparteien bestehenden Konflikts in Betracht. Diesem gemeinsamen Zweck steht nicht entgegen, dass die Parteien in dem Konflikt selbst entgegengesetzte, scheinbar miteinander unvereinbare Interessen haben. Der Verbandszweck ist nämlich von den dahinter stehenden Individualinteressen der Gesellschafter unabhängig zu betrachten.[219]

Hacke ist der Ansicht, dass die aus der Mediationsvereinbarung folgende Hauptleistungspflicht der Mediationsparteien, das Mediationsverfahren zu fördern, ein Austauschverhältnis im Sinne eines *do ut des* begründet und damit die Mediationsvereinbarung nicht als die Begründung einer Gesellschaft anzusehen ist.[220] Diese Einordnung steht nicht im Einklang mit den Grundsätzen der Mediation, die gerade kein kontradiktorisches Verfahren ist, in dem eine Partei nur auf Kosten der anderen Partei – nämlich durch eine Gegenleistung – Vorteile erzielen kann, sondern ein Verfahren zur gemeinsamen Erarbeitung von Konfliktlösungen, die im beiderseitigen übergeordneten Interesse der Parteien (an der Konfliktbeilegung) sind. Nur falls sich die Mediation darauf reduzieren ließe, dass sich der Vorteil einer Partei allein aus dem Verzicht der anderen Partei ergibt (sog. „Nullsummenspiel"), könnte man von einem bloßen Austauschverhältnis sprechen. Dies ist aber gerade nicht der Fall, da durch die Mediation gerade ein „Nullsummenspiel" verhindert werden soll, z.B. durch die Herbeiführung von „win-win Situationen" oder durch einen Perspektivwechsel. Dem Wesen der Mediation nach sind die Parteien nämlich angehalten, zum Zweck der Konfliktbeilegung zu kooperieren, und damit stellen ihre Beiträge zur Mediation keinen bloßen Leistungsaustausch dar.[221] *Hacke* konzediert auch an anderer Stelle, dass die Parteien in der Mediation ein die Einzelinteressen überlagerndes gemeinsames Interesse verfolgen.[222] Wer aber ein gemeinsames Interesse verfolgt, kooperiert. Dementsprechend erfolgen die einzelnen Beiträge sowohl im eigenen als auch im Interesse des Partners zur Erreichung des Ziels und nicht nur im Hinblick auf die Gegenleistung. Die Annahme *Hackes*, die prozeduralen Förde-

---

[219] *K. Schmidt*, Gesellschaftsrecht, § 4 II. 1. (S. 61). Im Zusammenhang mit der Einordnung der Mediationsvereinbarung als Gesellschaftsvertrag ebenso *Hutner*, SchiedsVZ 2003, 226, 230.
[220] *Hacke*, ADR-Vertrag, Ziffer 4.1.3.2.2.5 (S. 53 ff., 59).
[221] Vgl. insofern die Aussage von *K. Schmidt*: „[Die Gesellschaft] ist nicht bloßer Leistungsaustausch, sondern Kooperation." *K. Schmidt*, Gesellschaftsrecht, § 4 I. 2. a) (S. 59).
[222] *Hacke*, ADR-Vertrag, Ziffer 4.1.3.1.1 (S. 46).

rungspflichten der Parteien stellten einen Selbstzweck dar, geht damit fehl. Die Förderungspflichten der Parteien dienen einem übergeordneten Zweck, nämlich dem Versuch, den zwischen den Parteien bestehenden Konflikt beizulegen. Die Voraussetzungen einer Gesellschaft bürgerlichen Rechts liegen damit vor.[223]

Die Grundsätze der Gesellschaft bürgerlichen Rechts lassen es zu, die Gesellschaft der Mediationsparteien als Innengesellschaft ohne Gesamthandsvermögen einzuordnen. Dies ist sachgerecht, da die Mediationsparteien typischerweise weder beabsichtigen, Gesamthandsvermögen zu bilden noch nach außen hin, insbesondere beim Abschluss des Mediatorvertrags, gemeinsam als rechtsfähige (Außen-) Gesellschaft aufzutreten.[224] Daher finden die vertretungs- und vermögensbezogenen Regelungen der §§ 705 ff. BGB vorliegend keine Anwendung. Die sonstigen auf die Gesellschaft bürgerlichen Rechts anwendbaren Regelungen, insbesondere die Beitrags- und Geschäftsführungspflichten aus §§ 706, 709 BGB sowie die Kündigungs- und Beendigungsregeln gemäß § 723, 726 BGB, dürften dem mutmaßlichen Willen der Mediationsparteien entsprechen.[225] Aus diesem Grund ist nicht ersichtlich, weshalb *Eidenmüller* – ohne nähere Begründung – zu dem Ergebnis kommt, die Rechtsfolgen der §§ 705 ff. BGB entsprächen nicht dem Willen der Mediationsparteien.[226] Demgegenüber will selbst *Hacke* die Regelungen der §§ 705 ff. BGB analog anwenden.[227]

Im Ergebnis lassen sich die Hauptleistungspflichten der Parteien zur Teilnahme an der Mediation und deren Förderung bei gleichzeitiger Unterlassung der Einleitung eines kontradiktorischen Verfahrens[228] in die durch die §§ 705 ff. BGB gegebene Struktur einordnen. Die Mediationsvereinbarung ist als Gesellschaftsvertrag gemäß § 705 BGB zu qualifizieren.[229]

---

[223] Im Ergebnis ebenso *Hutner*, SchiedsVZ 2003, 226, 230.

[224] Ebenso *Hutner*, SchiedsVZ 2003, 226, 230 f.

[225] Eine Ausnahme stellt die Haftungsbeschränkung in § 708 BGB dar. Im Hinblick auf den zugrunde liegenden Konflikt erscheint eine Milderung der Haftung der Mediationsparteien nicht angezeigt. Abgesehen davon, dass § 708 BGB ohnehin als rechtspolitisch verfehlt betrachtet wird (*K. Schmidt*, Gesellschaftsrecht, § 59 III. 2. (S. 1744), m. w. N.), sind die §§ 705 ff. BGB weitgehend disponibel. Palandt-*Sprau*, BGB, § 705 Rn. 2, m. w. N.; vgl. ebenso *Hutner*, SchiedsVZ 2003, 226, 231.

[226] *Eidenmüller*, Vertragsrecht der Wirtschaftsmediation, S. 9 (Fn. 24).

[227] *Hacke*, ADR-Vertrag, Ziffer 4.1.3.4 (S. 64) und Ziffer 11.6.2 (S. 266).

[228] *Hacke*, ADR-Vertrag, Ziffer 4.1.3.1 (S. 43 ff.).

[229] Ebenso *Hutner*, SchiedsVZ 2003, 226, 230 f.

2. Ausdrückliche Vereinbarungen

a)   Beispiele

Wie oben ausgeführt, werden die Parteien regelmäßig eine ausdrückliche Vertraulichkeitsvereinbarung abschließen. Allerdings unterscheiden sich die vorgeschlagenen Klauseln zum Teil erheblich.

Koch schlägt etwa folgende Klausel vor:[230]

„Wir wissen, dass wir uns auch über das Ende des Mediationsverfahrens hinaus vertrauen können und vertrauen müssen. Wir vereinbaren deshalb ausdrücklich, allen Dritten gegenüber auch nach dem Ende der Mediation über alles, was wir im Laufe des Mediationsverfahrens voneinander erfahren haben, Stillschweigen zu bewahren. Wir vereinbaren auch, nicht berechtigt zu sein, uns gegenseitig von dieser Schweigepflicht zu entbinden. Wir sind uns auch vollständig klar darüber, dass wir den Mediator von seiner beruflichen Schweigepflicht uns gegenüber nicht entbinden wollen. Dies ist uns so wichtig und ernst, dass wir uns auch in etwaigen späteren gerichtlichen Verfahren nicht von dieser Schweigepflicht befreien wollen. Deshalb verpflichten wir uns ausdrücklich, weder den Mediator als Zeugen zu benennen noch als Sachverständigen in Verfahren irgendeiner Art. Wir werden von dem Mediator auch nicht Aufzeichnungen oder Dokumente herausverlangen, um sie in solchen etwaigen Gerichtsverfahren zu verwenden. Wir sind uns völlig einig darüber, dass der Mediator hinsichtlich der Inhalte des Mediationsverfahrens weder als Zeuge noch als Sachverständiger von einem von uns bezeichnet wird. Um diese Schweigepflicht umfassend zu gestalten, sind wir uns auch ausdrücklich darüber einig, dass keiner von uns in späteren Verfahren irgendeiner Art hinsichtlich der Inhalte des Mediationsverfahrens Parteivernehmung beantragt.“

Diese Vertraulichkeitsvereinbarung beschwört die Parteien wiederholt, die Vertraulichkeit unter keinen Umständen zu verletzen. Jegliche Ausnahmen werden

---

[230] *Koch*, in: Henssler/Koch, § 11 Anlage III, Ziffer 2.

hier übergangen. Nuancierter als die von *Koch* vorgeschlagene Klausel ist die Vertraulichkeitsregelung nach § 6 der Verfahrensordnung der gwmk: [231]

> *„Soweit nicht ausdrücklich anders vereinbart, haben die Parteien, ihre Vertreter sowie der Mediator gegenüber Dritten alle Angelegenheiten des Mediationsverfahrens, sowohl während als auch nach Beendigung des Verfahrens, vertraulich zu behandeln. Parteien, die aufgrund eines besonderen Rechtsverhältnisses verpflichtet sind, Dritte über Angelegenheiten des Mediationsverfahrens zu informieren, haben dies der anderen Seite vor Beginn der Mediation mitzuteilen. [...] Soweit der Mediator in einem späteren Gerichtsverfahren als Zeuge oder Sachverständiger im Hinblick auf das Mediationsverfahren benannt wird, hat er bestehende Aussageverweigerungsrechte in Anspruch zu nehmen, soweit er nicht ausdrücklich von den Parteien von seiner Verschwiegenheitspflicht entbunden wird. Die Parteien verpflichten sich, den Mediator in einem nachfolgenden Schiedsgerichts- oder Gerichtsverfahren nicht als Zeugen für Tatsachen zu benennen, die ihm während des Mediationsverfahrens offenbart wurden. Jede Partei kann den Abschluss einer schriftlichen Vereinbarung über die Vertraulichkeit des Mediationsverfahrens und dessen Angelegenheiten unter Einschluss einer Abrede über Vertragsstrafen verlangen.“*

Diese ausführlichen Regelungen machen deutlich, dass ein erheblicher Regelungsbedarf besteht. Beim Entwurf einer Vertraulichkeitsvereinbarung sollte insbesondere Folgendes berücksichtigt werden:

b)   Persönlicher Anwendungsbereich

Die Parteien selbst zur Vertraulichkeit zu verpflichten, ist der Kern der Vertraulichkeitsvereinbarung. Anders als die Parteien hat der Mediator als neutraler Dritter häufig kein Interesse daran, die vertraulichen Informationen zum Nachteil einer Partei zu nutzen,[232] und ist zudem in der Regel gesetzlich zur Verschwiegenheit verpflichtet[233].

---

[231] Abgedruckt bei *Hartmann*, in: Haft/Schlieffen, Handbuch Mediation, § 27 Rn. 62.
[232] Vgl. *Hacke*, ADR-Vertrag, Ziffer 11.6.1 (S. 254).
[233] S. o. § 5 I.

Vor Beginn der Mediation sollte sichergestellt werden, dass Vertreter von juristischen Personen mit der zum Abschluss des Mediationsvergleichs erforderlichen Vollmacht ausgestattet sind. Andernfalls haben sie – unabhängig von den gesellschaftsrechtlichen Auskunftspflichten – den vertretungsberechtigten Personen vom Ergebnis der Mediation und deren Hintergründe Bericht zu erstatten, um den Entscheidungsträgern zu ermöglichen, dem gefundenen Mediationsvergleich zuzustimmen.

Auch etwaige Berater der Parteien sollten eine Vertraulichkeitsverpflichtung unterzeichnen. Dies kann die von den Parteien hinzugezogenen Rechtsanwälte betreffen. Damit wird verhindert, dass eine Partei ihren Rechtsanwalt einseitig von der Verschwiegenheitspflicht entbinden kann.

c)   Geschützte Informationen

Ebenso wie in dem Mediatorvertrag sollten die Parteien sich auf den Gegenstand der Vertraulichkeit einigen. Der Vertrag sollte sämtliche Informationen, die während der Mediation kommuniziert wurden, gleich ob mündlich mitgeteilt oder schriftlich niedergelegt, umfassen, aber Informationen, die aus anderer Quelle stammen, unberührt lassen. Da im Hinblick auf den Umfang der geschützten Informationen keine Unterschiede zur Vertraulichkeitsvereinbarung im Mediatorvertrag bestehen, kann hier auf § 5 II. 2. bb) verwiesen werden.

d)   Die Pflichten im Einzelnen

Auch für die Beziehung der Parteien untereinander gilt, dass diese grundsätzlich dazu verpflichtet werden sollten, sämtliche Mediationsinformationen gegenüber jeglichen Dritten auch nach Beendigung des Mediationsverfahrens geheim zu halten. Den Parteien ist ebenso wie dem Mediator zu untersagen, die ihnen durch die Mediation zur Kenntnis gelangten Informationen zum eigenen Vorteil zu nutzen, selbst wenn diese Informationen dadurch nicht gegenüber Dritten offen gelegt werden. Dies verhindert zum Beispiel, dass eine Mediationspartei Kontakt zu einem Zeugen aufnimmt, dessen Identität ihr im Zuge der Mediation bekannt geworden ist, und von diesem wertvolle Informationen abfragt.

Um die Verletzung der Verschwiegenheit durch Auskunftsansprüche Dritter zu verhindern, sollten sich die Parteien verpflichten, der anderen Partei vor Beginn der Mediation mitzuteilen, ob sie Pflichten zur Auskunfterteilung unterliegen, die es erforderlich machen könnten, Mediationsinformationen Dritten offen zu legen.

Im Hinblick auf mögliche Gerichtsverfahren, die die Vertraulichkeit gefährden, sollten sich die Parteien verpflichten, Mediationsinformationen nicht in einem Prozess vorzutragen und keine Beweisanträge unter Bezugnahme auf aus der Mediation stammende Beweismittel zu stellen. Dadurch soll insbesondere verhindert werden, dass während der Mediation offen gelegte Informationen in einem sich an die (gescheiterte) Mediation anschließenden Prozess zum Nachteil der offen legenden Partei ausgenutzt werden. Diese Regelungen zielen auf eine Wirkung im Prozess und sind daher als Prozessvertrag zu qualifizieren. Auf die Voraussetzungen und Wirkungen der Vertraulichkeitsvereinbarung als Prozessvertrag wird nachfolgend in § 10 eingegangen.

Der Gefahr, dass die Vertraulichkeit durch schriftliche Aufzeichnungen verletzt wird, können die Parteien durch die Verpflichtung begegnen, keine schriftlichen Aufzeichnungen von der Mediation anzufertigen oder diese jedenfalls nach Ende der Mediation zu vernichten.

e)   Ausnahmen

Im Zusammenhang mit dem Mediatorvertrag wurden oben unter § 5 II. 2. dd) sämtliche Ausnahmen dargelegt, da die Ausnahmen stets sowohl die Parteien untereinander als auch den Mediator betreffen. Beispielsweise wird die Frage, ob die Vertraulichkeit zur gerichtlichen Überprüfung eines Einwandes ausnahmsweise durchbrochen werden kann, vornehmlich zwischen den Mediationsparteien strittig werden. Allerdings ist hiervon auch der Mediator betroffen, da dieser letztlich als Zeuge aussagen muss. Daher kann vorliegend auf § 5 II. 2. dd) verwiesen werden.

3. Stillschweigende Vereinbarungen

Wenn keine ausdrückliche Vertraulichkeitsvereinbarung getroffen wurde, stellt sich die Frage, ob die Mediationsvereinbarung eine konkludente Vereinbarung der Verschwiegenheitspflicht der Parteien enthält.

Soweit man der hier vertretenen Auffassung folgt und die Mediationsvereinbarung als Vertrag zur Begründung einer Gesellschaft bürgerlichen Rechts ansieht, lässt sich die Pflicht zur Verschwiegenheit aus der Treuepflicht der Gesellschafter ableiten.[234] Jedoch auch soweit man von einem Dauerschuldverhältnis *sui generis* ausgeht, besteht die Vertraulichkeitsverpflichtung als konkludent vereinbarte Nebenpflicht der Mediationsvereinbarung, da die Vertraulichkeit ein tragender Grundsatz der Mediation ist und typischerweise auch dem Interesse der Parteien entspricht.

Wie oben in § 5 II. 3. in Bezug auf den Mediatorvertrag ausgeführt, ist eine ausdrückliche Vereinbarung über die Vertraulichkeit zu empfehlen, um Zweifel über Umfang und Ausnahmen der Vertraulichkeit auszuräumen. Entsprechend der Verkehrssitte ist davon auszugehen, dass in Ermangelung einer ausdrücklichen Abrede im Verhältnis der Parteien zueinander ebenso wie im Verhältnis der Parteien zum Mediator folgende Grundsätze als konkludent vereinbart anzusehen sind:[235]

- Die Mediation ist grundsätzlich vertraulich, sodass in der Mediation kommunizierte Informationen nicht gegenüber Dritten offen gelegt werden dürfen. Dies schließt auch das Verbot des Vortrages entsprechender Tatsachen vor Gericht und diesbezügliche Beweisanträge ein.

- Einzelgespräche einer Partei mit dem Mediator sind von diesem vertraulich zu behandeln.

- Die Vertraulichkeit erstreckt sich jedoch nicht auf Informationen, die zwar Eingang in die Mediation gefunden haben, die aber auch ohne Bezug zur Mediation beweisbar sind.

4. Rechtsfolgen

Ebenso wie oben unter § 5 II. 4. in Bezug auf das Verhältnis der Parteien zum Mediator erörtert, ist im Verhältnis der Parteien zueinander die Geltendmachung einer Schadensersatzforderung und die Durchsetzung des Unterlassungsanspruches denkbar, soweit die Verletzung der Vertraulichkeit nicht ausnahmsweise gerechtfertigt ist. Im Hinblick auf die Rechtfertigungsgründe wird auf die Aus-

---

[234] Nach allgemeiner Ansicht folgt aus der gesellschaftlichen Treuepflicht auch die Pflicht zur Verschwiegenheit. Palandt-*Sprau*, BGB, § 705 Rn. 27; Münchener Kommentar-*Ulmer*, BGB, § 705 Rn. 99; wohl auch *Hacke*, ADR-Vertrag, Ziffer 11.6.2 (S. 266).
[235] So auch *Hartmann*, in: Haft/Schlieffen, Handbuch Mediation, § 27 Rn. 21.

führungen unter § 5 I. 1. c) verwiesen. Die prozessualen Rechtsfolgen werden in § 10 erörtert.

Bei der gerichtlichen Durchsetzung des Schadensersatzanspruches einer Partei wegen Verletzung der Vertraulichkeit ist zu berücksichtigen, dass das damit befasste Gericht durch das rechtskräftige Urteil in dem sich an die Mediation anschließenden Prozess gebunden ist. Dies ist unproblematisch, sofern die Vertraulichkeitsvereinbarung im ersten Prozess berücksichtigt wurde und einer Partei dennoch ein Schaden entstanden ist. Falls etwa ein abredewidrig benannter (und aufgrund der Vertraulichkeitsvereinbarung nicht geladener) Zeuge die Geschäftsbeziehung zur anderen Partei abbricht, kann letztere einen daraus entstehenden Schaden ohne weiteres geltend machen, da dieser mit dem Ausgang des ersten Rechtsstreits nicht in Widerspruch steht.[236] Ist die Vertraulichkeitsvereinbarung jedoch nicht berücksichtigt worden und ist einer Partei durch die Verletzung der Vertraulichkeit ein Schaden entstanden, z. B. weil sie aufgrund der Zeugenaussage des Mediators den Prozess verloren hat und zur Zahlung von Schadensersatz verurteilt wurde, gilt Folgendes:

Hat der Beklagte im ersten Prozess das Bestehen der Vertraulichkeitsvereinbarung zwar vorgetragen aber nicht nachgewiesen, und hat das Gericht deshalb beispielsweise entschieden, dass dem Kläger aufgrund des in der Beweisaufnahme ermittelten Sachverhalts ein Schadensersatzanspruch zusteht, ist diese Entscheidung rechtskräftig. Eine anschließende, auf die Verletzung der Vertraulichkeitsvereinbarung gestützte Klage auf Rückzahlung des Schadensersatzes ist zwar zulässig, weil der Streitgegenstand nicht identisch ist; allerdings ist sie unbegründet, da anderenfalls der Tenor des ersten Urteils rückgängig gemacht werden müsste.[237] Ist also eine Partei aufgrund der Aussage eines abredewidrig benannten Zeugen zum Schadensersatz verurteilt worden, kann dieser Scha-

---

[236] Das Beispiel stammt von *Hellwig*, NJW 1968, 1072, 1075 f. Ebenso *Wagner*, Prozessverträge, S. 260; *Rosenberg/Schwab/Gottwald*, ZPO, § 66 Rn. 2 f. (S. 420).

[237] *Wagner*, Prozessverträge, S. 261; *Henckel*, Prozessrecht und materielles Recht, S. 292, 294. Im Ergebnis ebenso *Hartmann*, in Haft/Schlieffen, Handbuch Mediation, § 27 Rn. 57. Der BGH, NJW 1995, 1757, 1757, formuliert wie folgt: „Dabei ist eine Identität der Streitgegenstände nicht nur dann anzunehmen, wenn der nämliche Streitgegenstand zwischen denselben Parteien rechtshängig gemacht wird. Vielmehr sind die Streitgegenstände auch identisch, wenn im Zweitprozeß der Ausspruch des 'kontradiktorischen Gegenteils' begehrt wird". Ebenso BGH, NJW 1993, 2684, 2684, NJW 1995, 967, 967.

densersatz nicht in einem anschließenden Verfahren mit der Begründung zurückverlangt werden, die Vertraulichkeitsvereinbarung sei verletzt worden.[238] Da Vorfragen und Tatsachen, auf die sich ein Urteil stützt, nicht in Rechtskraft erwachsen, bleibt eine Klage auf Ersatz anderer Schäden, die aufgrund der Verletzung der Vertraulichkeitsvereinbarung entstanden sind, möglich.[239]

Nichts anderes ergibt sich, falls die Vertraulichkeitsvereinbarung nicht berücksichtigt wurde, weil die betroffene Partei den Einwand der Vertraulichkeitsvereinbarung nicht erhoben hat.[240] Zu dem Lebenssachverhalt, der den Streitgegenstand im ersten Prozess gebildet hat und über den rechtskräftig entschieden wurde, gehören alle die Tatsachen, deren Existenz für den Ausgang des ersten Prozesses relevant sind, und zwar unabhängig davon, ob sie vorgetragen wurden oder nicht.[241] Anderenfalls könnte die im ersten Prozess unterlegene Partei durch den Vortrag neuer Tatsachen, die im ersten Prozess schon hätten vorgetragen werden können, eine zweite Entscheidung über ihren (vermeintlichen) Anspruch herbeiführen. Dies widerspräche dem Normzweck des § 322 Abs. 1 ZPO, der es verbietet, einen neuen Prozess über eine bereits rechtskräftig festgestellte Rechtsfolge zu führen.[242]

III. Das Verhältnis zu Auskunftsansprüchen

Im Verhältnis der Mediationsparteien können – insbesondere aufgrund ihrer vertraglichen, familien-, erb- oder gesellschaftsrechtlichen Beziehungen – Ansprüche auf die Erteilung von Auskunft bestehen, etwa gemäß §§ 810, 1379, 1580, 1605, 2314 BGB, 118, 166 HGB, 131 AktG oder 51a GmbHG. In diesem Fall ist die Frage aufgeworfen worden, ob eine auskunftspflichtige Mediationspartei

---

[238] Vgl. das ähnliche Beispiel bei Musielak-*Musielak*, ZPO, § 322 Rn. 11 in Anlehnung an BGH, NJW 1993, 3204.
[239] Vgl. etwa Musielak-*Musielak*, ZPO, § 322 Rn. 17; Zöller-*Vollkommer*, ZPO, Vor § 322 Rn. 32.
[240] Im Ergebnis ebenso *Hartmann*, in Haft/Schlieffen, Handbuch Mediation, § 27 Rn. 57; *Wagner*, Prozessverträge, S. 261; *Henckel*, Prozessrecht und materielles Recht, S. 295.
[241] BGH, NJW 1995, 1757, 1758; 2004, 294, 295 f.; 2004, 1252, 1253; Musielak-Musielak, ZPO, § 322 Rn. 18; Zöller-*Vollkommer*, ZPO, Vor § 322 Rn. 70.
[242] Vgl. Musielak-Musielak, ZPO, § 322 Rn. 1 u. 18.

den Anspruch der anderen Mediationspartei erfüllt, wenn sie die relevanten Informationen in einer vereinbarungsgemäß vertraulichen Mediation offen legt.[243] Hier sind zwei Lösungsansätze vorgetragen worden: *Mähler/Mähler* sind der Ansicht, dass sich die Vertraulichkeitsvereinbarung nicht auf Informationen erstreckt, die Gegenstand eines Auskunftsanspruches der anderen Partei sind.[244] *Hartmann* meint demgegenüber, dass die Partei, die in der vertraulichen Mediation Auskünfte erteilt, nicht den Auskunftsanspruch befriedigen will, sodass der Auskunftsanspruch vollumfänglich bestehen bleibt.[245] Denn der Vertraulichkeitsvereinbarung könne keine konkludente Ausnahme für von Auskunftsansprüchen umfasste Informationen entnommen werden. Die Erfüllung eines Auskunftsanspruches setze nämlich grundsätzlich voraus, dass die anspruchsberechtigte Partei die Informationen auch zweckentsprechend nutzen kann, insbesondere zur gerichtlichen Durchsetzung von Ansprüchen, die auf den mitgeteilten Informationen beruhen. Die vertrauliche Mitteilung während der Mediation kann ohne besondere Anzeichen keinesfalls als Anerkennung eines Auskunftsanspruches gewertet werden. Inwiefern ein solcher Anspruch besteht, ist im Zweifel in einem gesonderten Gerichtsverfahren zu klären. Da Auskunftsansprüche von der Mediation nicht tangiert werden, ist auch der Einwand von *Mähler/Mähler*, das Mediationsverfahren könne mit dem Ziel, „in einem nachfolgenden Gerichtsverfahren bestehende Auskunftsansprüche auszuschließen", verfolgt werden, nicht nachvollziehbar.[246] Daher ist der Auffassung *Hartmanns* zu folgen.

§ 7 Verschwiegenheitspflichten sonstiger Mediationsbeteiligter

Insbesondere in rechtlich komplexen Fällen ist es wahrscheinlich, dass die Mediationsparteien anwaltliche Vertreter hinzuziehen. Diese sind nach §§ 203 Abs. 1 Nr. 3 StGB, 43a Abs. 2 BRAO, 2 BORA ebenso wie der anwaltliche Mediator zur Verschwiegenheit über alles, was sie im Rahmen der Mediation erfahren, zur Verschwiegenheit verpflichtet. Allerdings steht ihre Verschwie-

---

[243] *Mähler/Mähler*, ZKM 2001, 4, 6 f.; *Hartmann*, in Haft/Schlieffen, Handbuch Mediation, § 27 Rn. 29.
[244] *Mähler/Mähler*, ZKM 2001, 4, 6 f.
[245] *Hartmann*, in Haft/Schlieffen, Handbuch Mediation, § 27 Rn. 29.
[246] So aber *Mähler/Mähler*, ZKM 2001, 4, 7.

genheitspflicht zur alleinigen Disposition ihres Mandanten. Daher ist es erforderlich, dass hinzugezogene anwaltliche Vertreter oder sonstige, von einer Partei hinzugezogene Dritte eine Vertraulichkeitsvereinbarung unterzeichnen, um eine einseitige Entbindung von der Verschwiegenheitspflicht auszuschließen. Eine einseitige Entbindung könnte man zwar auch als Verletzung der bestehenden Vertraulichkeitsvereinbarungen verstehen. Dennoch sollte hier eine ausdrückliche Regelung angestrebt werden, um Zweifel zu vermeiden.

Im Hinblick auf vertragliche Verschwiegenheitsverpflichtungen sonstiger Mediationsbeteiligten kann auf die Ausführungen in § 5 und § 6 verwiesen werden.

§ 8   Zusammenfassung

I.   Die Verschwiegenheitspflicht des Mediators

Als Mediator tätige Rechtsanwälte, Notare, Diplompsychologen, Sozialarbeiter, Sozialpädagogen und Mediatoren einer staatlich anerkannten Ehe- oder Familienberatungsstelle unterliegen einer gesetzlichen Verschwiegenheitspflicht über die ihnen während der Mediation bekannt gewordene Information. Wirtschaftsprüfer, vereidigte Buchprüfer und Steuerberater unterliegen einer Verschwiegenheitspflicht, sofern die Mediation mit ihrem berufsrechtlich bestimmten Tätigkeitsbereich in hinreichendem Zusammenhang steht. Diplompädagogen, Amtsträger, die in Nebentätigkeit als Mediator tätig sind, und sonstige als Mediatoren tätige Personen unterliegen keiner gesetzlichen Verschwiegenheitspflicht.

Nach dem RBerG dürfen Mediatoren, die nicht Rechtsanwalt oder Notar sind, eine Mediation mit dem Ziel, Rechte und Pflichten der Parteien durch eine Einigung neu zu gestalten, nur zusammen mit einem Rechtsanwalt oder Notar durchführen.

Aus dem als Geschäftsbesorgungsvertrag zu qualifizierenden Mediatorvertrag folgt eine konkludente Pflicht des Mediators, Mediationsinformationen vertraulich zu behandeln. Um Zweifel über den Umfang der Vertraulichkeit zu beseitigen, sollte eine ausdrückliche Vertraulichkeitsvereinbarung getroffen werden, die die Verwertung von Informationen inner- und außerhalb von Gerichtsverfahren regelt. Insbesondere sollten sich die Parteien – auch gegenüber dem Mediator selbst – verpflichten, den Mediator nicht als Zeugen zu benennen. Die Parteien sollten sich darüber verständigen, ob schriftliche Aufzeichnungen über den

Verlauf der Mediation angefertigt werden dürfen und, falls ja, wie damit umzugehen ist.

Es sind jedoch auch Ausnahmen von der Verschwiegenheitspflicht anzuerkennen, die für gesetzliche und vertragliche Pflichten gleichermaßen gelten. Im Fall von Anzeichen für die Unwirksamkeit des Mediationsvergleichs oder für während der Mediation vorgefallene rechtswidrige Handlungen bedarf es einer einzelfallabhängigen Interessenabwägung, da die Aussage des Mediators gerechtfertigt sein kann, etwa um eine Anfechtung wegen arglistiger Täuschung vor Gericht durchzusetzen. Demgegenüber können der schriftliche Mediationsvergleich, die Mediationsvereinbarung, der Mediatorvertrag und die Vertraulichkeitsvereinbarung in der Regel von der Vertraulichkeit ausgenommen werden. Der Mediator ist auch berechtigt, in von den Parteien gegen ihn angestrengten Verfahren zu seiner eigenen Verteidigung und bei der gerichtlichen Geltendmachung seines Honorars auszusagen, da er sonst rechtlos gestellt wäre.

II.   Die Verschwiegenheitspflicht der Mediationsparteien

Die Mediationsparteien sind nicht durch Gesetz zur Vertraulichkeit verpflichtet. Der Vertraulichkeitsvereinbarung kommt daher konstitutive Bedeutung zu. Auch soweit eine solche nicht ausdrücklich getroffen wird, haben sich die Mediationsparteien durch die als Gesellschaftsvertrag gemäß § 705 BGB einzuordnende Mediationsvereinbarung konkludent zur Vertraulichkeit verpflichtet. Dem unausgesprochenen Willen der Parteien wird es regelmäßig entsprechen, dass damit auch der gerichtliche Vortrag von Mediationsinformationen und diesbezügliche Beweisanträge verboten sind.

Dennoch ist der Abschluss einer ausdrücklichen Vertraulichkeitsvereinbarung zu empfehlen. Ebenso wie in der Vertraulichkeitsvereinbarung mit dem Mediator sollte die Vertraulichkeit grundsätzlich inner- und außerhalb von Gerichtsprozessen gewahrt bleiben. Die Parteien sind aber weiterhin befugt, Informationen zu verwerten, zu denen sie aus anderen Quellen Zugang haben, auch wenn sie den Gegenstand der Mediation betreffen. Für die Ausnahmen gilt das oben Gesagte.

4. Kapitel DIE SICHERUNG DER VERTRAULICHKEIT IM ZIVILPROZESS

Im Zivilprozess kann die Vertraulichkeit der Mediation durch den Tatsachenvortrag einer Partei und durch die Beweiserhebung anhand von aus der Mediation stammenden Beweismitteln gefährdet werden. Daher werden zunächst in § 9 die Regelungen der ZPO im Hinblick auf den Parteivortrag und die Beweisaufnahme erörtert, um anschließend unter § 10 zu prüfen, ob die bestehenden Lücken des Vertraulichkeitsschutzes durch eine Vertraulichkeitsvereinbarung geschlossen werden können.

§ 9 Vertraulichkeitsschutz durch die ZPO

Im Zivilprozess haben die Parteien den entscheidungserheblichen Sachverhalt vorzutragen. Wird der Vortrag bestritten, ist Beweis zu erheben, um den die Urteilsgrundlage bildenden Sachverhalt festzustellen. In Ziffer I. wird zunächst untersucht, welchen Regeln der Tatsachenvortrag der Parteien unterworfen ist. Gegenstand der Ziffern II. bis VII. ist die Frage, inwieweit aus der Mediation stammende Beweismittel von den Parteien genutzt werden können. Allgemeine Beweisverwertungsverbote werden schließlich in Ziffer VIII. behandelt.

I. Parteivortrag

1. Zulässiger Vortrag

Die Parteien sind nach dem Verhandlungsgrundsatz verpflichtet, den entscheidungserheblichen Sachverhalt vorzutragen. Die §§ 138 Abs. 3, 288 ff. ZPO machen deutlich, dass die Parteien grundsätzlich darin frei sind, den dem Urteil zugrunde liegenden Sachverhalt zu bestimmen.[247] Diese Freiheit ist durch die in § 138 Abs. 1 ZPO normierte prozessuale Wahrheits- und Vollständigkeitspflicht begrenzt. Die Wahrheitspflicht könnte die Parteien verpflichten, Mediationsinformationen vorzutragen.

Die Wahrheitspflicht verbietet es bei richtigem Verständnis nur, bewusst unwahre Angaben zum Nachteil des Gegners zu machen. § 138 Abs. 1 ZPO ist teleolo-

---

[247] Vgl. etwa Thomas/Putzo-*Reichold*, ZPO, Einl. I Rn. 2 f.

gisch dahingehend zu reduzieren, dass bewusst wahrheitswidriger Vortrag zugunsten des Gegners dem Wahrheitsgebot nicht widerspricht, da – wie die §§ 288 ff. ZPO erkennen lassen – § 138 Abs. 1 ZPO nicht eine der Wahrheit entsprechende Urteilsgrundlage gewährleisten soll, sondern dem Schutz des Gegners dient.[248] Falls eine Partei im Zuge der Mediation eine ihr ungünstige Tatsache offenbart, die der anderen Partei bisher nicht bekannt war, ist letztere nicht verpflichtet, die neue, wahrheitsgemäße Tatsache in den Folgeprozess einzubringen, da die Wahrheitspflicht sie nicht daran hindert, die ihr bisher bekannte, ungünstige Tatsache vorzutragen, obwohl diese nicht der Wahrheit entspricht. Zu einem anderen Ergebnis kommt man nur, wenn man die Wahrheitspflicht dahingehend unangemessen ausdehnt, dass die Parteien auch von unwahrem Tatsachenvortrag abzusehen haben, der ihnen ungünstig ist. Dann wären die Parteien daran gehindert, auf der Grundlage ihres vor der Mediation bestehenden unzutreffenden Erkenntnisstandes vorzutragen.

Nach § 138 Abs. 1 ZPO sind Erklärungen auch „vollständig" abzugeben. Die Vollständigkeit des Vortrags stellt jedoch keine selbständige Anforderung dar, sondern ist eine Ausprägung der Wahrheitspflicht, die wiederum durch den Verhandlungsgrundsatz begrenzt ist.[249] Die Pflicht zu vollständigen Erklärungen soll verhindern, dass das Gericht durch lückenhaften Vortrag irregeführt wird. Die Parteien dürfen insbesondere nicht einzelne, ihnen ungünstige Tatsachen verschweigen, die das Bild des vorgetragenen Geschehens verfälschen.[250] Daraus folgt in der Regel keine Pflicht, in der Mediation bekannt gewordene Tatsachen vorzutragen.

Die Parteien sind also darin frei, in der Mediation bekannt gewordene Tatsachen vorzutragen oder entsprechenden Vortrag zu unterlassen.

2. Zulässiges Bestreiten

Trägt eine Partei Tatsachen vor, die für sie günstig sind und von denen sie im Rahmen der Mediation Kenntnis erlangt hat, kann die andere Partei diese Tatsa-

---

[248] Vgl. Münchener Kommentar-*Prütting*, ZPO, § 288 Rn. 3; Thomas/Putzo-*Reichold*, ZPO, § 138 Rn. 7; Stein/Jonas-*Leipold*, ZPO, § 288 Rn. 23.

[249] Vgl. etwa *Rosenberg/Schwab/Gottwald*, ZPO, § 65 Rn. 58 ff. (S. 416); Baumbach/Lauterbach-*Hartmann*, ZPO, § 138 Rn. 2.

[250] Vgl. Münchener Kommentar-*Peters*, ZPO, § 138 Rn. 5; Musielak-*Stadler*, ZPO, § 138 Rn. 5.

chen bestreiten, sofern sie nicht weiß, dass die betreffende Tatsache der Wahrheit entspricht. Falls sie dies jedoch weiß, ist sie vor dem Hintergrund der prozessualen Wahrheitspflicht nicht berechtigt, diese zu bestreiten. Rein faktisch betrachtet, kann zwar jede Partei den wahrheitsgemäßen Sachvortrag der anderen Partei wider besseres Wissen bestreiten. Damit setzt sie sich jedoch dem Risiko aus, wegen Prozessbetrugs belangt[251] und von der anderen Partei auf Schadensersatz in Anspruch genommen zu werden[252]. Dies ist zumindest dann der Fall, wenn sich nachweisen lässt, dass die Partei bewusst wahrheitswidrig vorgetragen hat. Die Frage, inwiefern sich hiervon Abweichungen aus einer Vertraulichkeitsvereinbarung ergeben können, wird eingehend in § 10 erörtert.

II. Beweisaufnahme

Trägt eine Partei Mediationsinformationen vor und wird dieser Vortrag bestritten, ist der entscheidungserhebliche Sachverhalt durch die Beweisaufnahme zu bestimmen. Ebenso wenig wie die Wahrheitspflicht gemäß § 138 Abs. 1 ZPO eine Verpflichtung zum Vortrag bestimmter Tatsachen begründet, sind die Parteien – vor dem Hintergrund der Verhandlungs- und Dispositionsmaxime[253] – verpflichtet, bestimmte Beweisanträge zu stellen. Nach § 399 ZPO können sie sogar in das Gericht bindender Weise auf einen bereits vorgeschlagenen Zeugen verzichten. Sofern sich die Parteien auf einen Sachverständigen einigen, ist das Gericht gemäß § 404 Abs. 4 ZPO an die Einigung gebunden. Die ZPO erlaubt es den Parteien also, aus der Mediation stammende Beweismittel von der Beweisaufnahme auszuklammern.

Die Rechte des Gerichts nach §§ 142 Abs. 1, 144 Abs. 1 und 448 ZPO, die Beweisaufnahme von Amts wegen anzuordnen, bleiben hiervon jedoch unberührt. Die Frage, inwiefern sich diese gerichtlichen Befugnisse durch eine Vertraulichkeitsvereinbarung einschränken lassen, wird eingehend in § 10 erörtert.

---

[251] Siehe auch § 580 Nr. 4 ZPO.
[252] Vgl. Zöller-*Greger*, ZPO, § 138 Rn. 7; Münchener Kommentar-*Peters*, ZPO, § 138 Rn. 16.
[253] Zur Verhandlungs- und Dispositionsmaxime etwa Thomas/Putzo-*Reichold*, ZPO, Einl I Rn. 1 ff., m. w. N.

III. Zeugenbeweis

1. Grundsätzliches

Sind Mediationsinformationen von einer der Prozessparteien vorgetragen und von der anderen Partei bestritten worden, stellt sich die Frage, ob der von der beweispflichtigen Partei als Zeuge benannte Mediator zur Aussage verpflichtet ist.

Im Zivilprozess gilt die allgemeine öffentlich-rechtliche Zeugnispflicht, der zufolge grundsätzlich jede der deutschen Gerichtsbarkeit unterstellte Person[254] zur Aussage verpflichtet ist. Nur gesetzliche Verschwiegenheitspflichten lassen eine Ausnahme zu, während vertragliche Verschwiegenheitspflichten hinter der allgemeinen Zeugnispflicht zurückstehen.[255] Zeugnisverweigerungsrechte sind als Ausnahmeregelungen eng auszulegen.[256] Nur soweit das Prozessrecht ein Zeugnisverweigerungsrecht gewährt, ist auch ein materiell-rechtlich zur Verschwiegenheit Verpflichteter berechtigt, das Zeugnis zu verweigern.[257]

Nachfolgend werden die Voraussetzungen der Zeugnisverweigerungsrechte nach § 383 Abs. 1 Nr. 6 ZPO, § 384 Abs. 1 Nr. 2 ZPO und Art. 8 Abs. 2 BaySchlG in den Ziffern 2. bis 4. erörtert. Daran anschließend wird in Ziffer 5. auf die Vernehmung im Fall der Amtsverschwiegenheit gemäß § 376 ZPO eingegangen und in Ziffer 6. die Problematik der Beweisvereitelung erläutert.

2. Das Zeugnisverweigerungsrecht gemäß § 383 Abs. 1 Nr. 6 ZPO

§ 383 Abs. 1 Nr. 6 ZPO gewährt „Personen, denen kraft ihres Amtes, Standes oder Gewerbes Tatsachen anvertraut sind, deren Geheimhaltung durch ihre Natur oder gesetzliche Vorschrift geboten ist […]" ein Zeugnisverweigerungsrecht.

---

[254] Dies bestimmt sich nach den §§ 18–20 GVG.

[255] *Prütting*, FS Böckstiegel, S. 629, 637; *Rosenberg/Schwab/Gottwald*, ZPO, § 119 Rn. 19 (S. 828); Thomas/Putzo-*Reichold*, ZPO, § 383 Rn. 1; Stein/Jonas-*Berger*, ZPO, § 383 Rn. 16, m. w. N.; a. A. allein *Groth/v. Bubnoff*, NJW 2001, 367, 341.

[256] BVerfG NJW 73, 2196; Baumbach/Lauterbach-*Hartmann*, ZPO, Einf § 383 Rn. 2, m. w. N.

[257] Vgl. Stein/Jonas-*Berger*, ZPO, § 383 Rn. 21 ff., m. w. N.

a)   Gesetzliche Verschwiegenheitspflichten

Als Mediatoren tätige Rechtsanwälte, Notare, Wirtschaftsprüfer, vereidigte Buchprüfer, und Steuerberater sind durch ihr Berufsrecht zur Verschwiegenheit verpflichtet. Ihnen steht grundsätzlich ein Zeugnisverweigerungsrecht nach § 383 Abs. 1 Nr. 6 Alt. 2 ZPO zu.

Bei Mediatoren einer Ehe- oder Familienberatungsstelle, Diplompsychologen, Sozialpädagogen und Sozialarbeitern, die nur nach § 203 StGB zur Verschwiegenheit verpflichtet sind, stellt sich die Frage, ob § 203 StGB eine Verschwiegenheitspflicht im Sinne des § 383 Abs. 1 Nr. 6 Alt. 2 ZPO darstellt. Dies wird teilweise mit dem Hinweis verneint, der im Zivilprozess Aussagepflichtige handele nicht unbefugt im Sinne des § 203 Abs. 1 StGB, soweit er seiner Zeugnispflicht nachkomme.[258] Diese Ansicht ist jedoch verfehlt, da § 383 Abs. 1 Nr. 6 Alt. 2 ZPO gerade eine Ausnahme von der Zeugnispflicht bestimmt, auf die sich der materiell-rechtlich Schweigepflichtige berufen kann.[259] Andernfalls liefe § 203 StGB in einem wesentlichen Bereich leer. Nach richtiger Ansicht ist bei der Prüfung, ob eine Verschwiegenheitspflicht besteht, die zivilprozessuale Aussagepflicht auszublenden, da es ja gerade darum geht, festzustellen, ob eine Ausnahme von ihr vorliegt. Ansonsten gelangt man in einen Zirkelschluss. Kommt man zu dem Ergebnis, dass eine gesetzliche Verschwiegenheitspflicht besteht, besteht auch ein Zeugnisverweigerungsrecht.[260] § 383 Abs. 1 Nr. 6 Alt. 2 ZPO kann also auch ein Zeugnisverweigerungsrecht derjenigen begründen, die nur aus § 203 StGB zur Verschwiegenheit verpflichtet sind.[261]

Soweit keine gesetzliche Verschwiegenheitspflicht besteht, was etwa bei Amtsträgern, die im Rahmen einer Nebentätigkeit als Mediator tätig sind, Diplompädagogen und sonstigen Dritten der Fall ist, stellt sich die Frage, ob dem Mediator nicht kraft Natur der Sache eine Verschwiegenheitspflicht obliegt.

---

[258] Vgl. etwa Zöller-*Greger*, ZPO, § 383 Rn. 16; *Eidenmüller*, Wirtschaftsmediation, S. 25, die allerdings beide ihre Ansicht nicht begründen.

[259] *Lenckner*, NJW 1965, 321, 324.

[260] Vgl. *Lenckner*, NJW 1965, 321, 324 f.; Stein/Jonas-*Berger*, ZPO, § 383 Rn. 21 ff.

[261] Im Ergebnis ebenso Münchener Kommentar-*Damrau*, ZPO, § 383 Rn. 31 und 37; Musielak-*Huber*, ZPO, § 383 Rn. 6; Schönke/Schröder-*Lenckner*, StGB, § 203 Rn. 29; LK-*Jähnke*, StGB, § 203 Rn. 80, m. w. N.; speziell in Bezug auf die Verschwiegenheitspflicht des Mediators *Hartmann*, in: Haft/Schlieffen, Handbuch der Mediation, § 27 Rn. 45.

b)   Die Verschwiegenheitspflicht „kraft Natur der Sache"

Da der Mediator typischerweise durch seine Tätigkeit Kenntnis über sensible Informationen erhält, ist es denkbar, eine Verschwiegenheitspflicht gemäß § 383
Abs. 1 Nr. 6 Alt. 1 ZPO aus der Natur seiner Tätigkeit abzuleiten.

Zunächst wird unter aa) die These diskutiert, die aus einem Vergleich des Mediators mit dem Schiedsrichter schließen will, dass ein Zeugnisverweigerungsrecht
nach § 383 Abs. 1 Nr. 6 Alt. 1 ZPO hier nicht in Betracht kommt. Unter bb)
wird erörtert, was die Voraussetzungen einer Verschwiegenheitspflicht kraft Natur der Sache sind und ob diese im Fall des Mediators vorliegen. Schließlich
wird in cc) die Bedeutung der Rechtsprechung des BVerfG zum strafprozessualen Zeugnisverweigerungsrecht für die vorliegende Problematik geprüft.

aa)   Vergleich der Tätigkeiten von Mediator und Schiedsrichter

Ein berufsunabhängiges Zeugnisverweigerungsrecht des Mediators kraft Natur
der Sache wird u. a. von *Henssler* abgelehnt.[262] Er begründet dies damit, dass die
Stellung des Mediators der des Schiedsrichters vergleichbar sei: Da das Zeugnisverweigerungsrecht des Schiedsrichters sich nur auf die Beratung der
Schiedsrichter untereinander beschränke, nicht aber auf die Kommunikation der
Parteien, müsse ein Zeugnisverweigerungsrecht des Mediators, das sich ausschließlich auf die von den Parteien mitgeteilten Informationen bezieht, ebenfalls ausscheiden.[263]

Dieser Argumentation kann jedoch nicht gefolgt werden. Zunächst ist festzuhalten, dass das Zeugnisverweigerungsrecht des Schiedsrichters nicht aus § 383
Abs. 1 Nr. 6 Alt. 1 ZPO erwächst.[264] Die aus dem Beratungsgeheimnis abgelei-

---

[262] *Henssler*, in: Henssler/Koch, Mediation in der Anwaltspraxis, § 3 Rn. 49 (Fn. 104).

[263] Richtig ist, dass die über das Beratungsgeheimnis hinaus gehende, allgemeine Verschwiegenheitspflicht des Schiedsrichters lediglich als Nebenpflicht aus dem Schiedsvertrag besteht.
Schütze/Tschernig/Wais, Handbuch des Schiedsverfahrens, Rn. 221; *Prütting*, FS Schwab,
S. 409, 413; *Gleiss/Helm*, MDR 1969, 93. Siehe auch BGHZ 98, 35. Daher spielt die allgemeine Verschwiegenheitspflicht des Schiedsrichters im Rahmen von § 383 Abs. 1 Nr. 6 ZPO
keine Rolle.

[264] So aber Münchener Kommentar-*Damrau*, ZPO, § 383 Rn. 39. Diese Ansicht steht allerdings vor dem Problem, die Nichtanwendung von § 385 Abs. 2 ZPO begründen zu müssen, da
das Zeugnisverweigerungsrecht des Schiedsrichters nicht zur Disposition der Parteien steht.
Daher zu Recht a. A. *Prütting*, FS Schwab, S. 409, 419, der §§ 376 ZPO, 43 DRiG analog
anwendet. Ähnlich auch *Schlosser*, Internationale private Schiedsgerichtsbarkeit I, Rn. 497.

tete Verschwiegenheitspflicht des Schiedsrichters ist gesetzlich im materiellen Sinn[265] und fällt somit unter § 376 ZPO oder § 383 Abs. 1 Nr. 6 Alt. 2 ZPO.[266] Weil das Zeugnisverweigerungsrecht des Schiedsrichters somit auf einer anderen gesetzlichen Grundlage beruht, können aus dessen Begrenzungen keine unmittelbaren Schlüsse auf das Vorliegen der Voraussetzungen des § 383 Abs. 1 Nr. 6 Alt. 1 ZPO gezogen werden.

Zudem ist die Tätigkeit des Mediators nicht mit der eines Schiedsrichters vergleichbar.[267] Das Beratungsgeheimnis und damit auch das Recht des Schiedsrichters, die Aussage vor dem Zivilgericht zu verweigern, wurzeln letztlich in der Entscheidungsbefugnis des Schiedsrichters.[268] Demgegenüber kommt dem Mediator keine Entscheidungsbefugnis zu. Die Unterscheidung zwischen Verhandlung und schiedsrichterlicher Beratung ist der Mediation fremd. Daher kann aus dem auf die Beratung beschränkten Zeugnisverweigerungsrecht des Schiedsrichters keine vergleichende Schlussfolgerung hinsichtlich des Zeugnisverweigerungsrechts des Mediators gezogen werden.[269] Daraus zu schließen, dass dem Mediator erst recht kein Zeugnisverweigerungsrecht zusteht, wäre allerdings voreilig, denn ein Zeugnisverweigerungsrecht des Mediators lässt sich aus mediationsspezifischen Gründen rechtfertigen.

bb)   Vertraulichkeit kraft Verkehrssitte

Bei der Anerkennung einer Verschwiegenheitspflicht kraft Natur der Sache gemäß § 383 Abs. 1 Nr. 6 Alt. 1 ZPO ist nach allgemeiner Ansicht zu fragen, ob die berechtigte und zu einer Verkehrssitte erstarkte Erwartung des sich Anver-

---

[265] Das Beratungsgeheimnis wird aus einer analogen Anwendung von § 43 DRiG (so *Prütting*, FS Schwab, S. 409, 413 ff.; *Schütze*, FS Nakamura, S. 525, 534; wohl auch Baumbach/Lauterbach-*Albers*, ZPO, § 1052 Rn. 5) oder gewohnheitsrechtlich (so *Gleiss/Helm*, MDR, 93 f.; *Strieder*, Schiedsrichtervertrag, S. 101; *Peltzer*, Die Dissenting Opinion, S. 43 ff.) hergeleitet.

[266] Greift man auf § 383 Abs. 1 Nr. 6 Alt. 2 ZPO zurück, muss man erklären, warum § 385 Abs. 2 ZPO nicht anwendbar sein soll. § 383 Abs. 1 Nr. 6 ZPO schützt eben nur Individualinteressen. Daher zu Recht für § 376 ZPO etwa *Prütting*, FS Schwab, S. 409, 419. Vgl. auch *Schlosser*, Internationale Schiedsgerichtsbarkeit I, S. 497.

[267] *Prütting*, FS Böckstiegel, S. 629, 637.

[268] Siehe etwa *Peltzer*, Die Dissenting Opinion, S. 28 ff.; *Prütting*, FS Schwab, S. 409, 415 f.; *Gleiss/Helm*, MDR 1969, 93 f.

[269] Im Ergebnis ebenso *Eidenmüller*, Vertragsrecht der Wirtschaftsmediation, S. 25 (Fn. 78).

trauenden besteht, nach der die mitgeteilten Informationen geheim zu halten sind.[270]

Das Bestehen einer derartigen Verkehrssitte ist angesichts der noch jungen Tradition der Mediation in Deutschland schwer feststellbar. Allerdings wird die Vertraulichkeit bereits allgemein als wichtiger Bestandteil des Mediationsverfahrens akzeptiert.[271] Die Mediationsparteien erwarten regelmäßig, dass die während der Mediation kommunizierten Informationen vertraulich bleiben.[272] *Hartmann* spricht sogar davon, dass die Vertraulichkeit in „sämtlichen Ausbildungsgängen und Regelwerken von Mediationsverbänden" verankert sei.[273] Dies kann für die vom Verfasser eingesehenen Verfahrensordnungen bzw. Mediationsleitlinien bestätigt werden.[274] Auf dieser Grundlage kann davon ausgegangen werden, dass die Erwartungen der Parteien zu einer entsprechenden Verkehrssitte erstarkt sind, zumal die stets zumindest konkludent vereinbarte Vertraulichkeit in wichtigen Fällen leer laufen würde, wenn kein Zeugnisverweigerungsrecht bestünde.

Die Erwartung der Mediationsparteien, dass der Mediator nicht über in der Mediation offen gelegte Informationen als Zeuge aussagen muss, ist auch legitim, da die Vertraulichkeit der Mediation neben den Einzelinteressen der Parteien auch einem übergeordneten Allgemeininteresse an der Entlastung der Gerichte

---

[270] OLG Köln, MDR 1968, 931; OLG Dresden, OLG Rspr. 15, 137; Münchener Kommentar-*Damrau*, ZPO, § 383 Rn. 39; Thomas/Putzo-*Reichold*, ZPO, § 383 Rn. 7; Stein/Jonas-*Berger*, ZPO, § 383 Rn. 85.

[271] *Eidenmüller*, Vertragsrecht der Wirtschaftsmediation, S. 25 (Fn. 78); *Eckardt/Dendorfer*, MDR 2001, 786, 790; *Mähler/Mähler*, ZKM 2001, 4, 7 (Fn. 10); *Hartmann*, in: Haft/Schlieffen, Handbuch Mediation, § 27 Rn. 46; a. A. *Groth/v. Bubnoff*, NJW 2001, 338, 340.

[272] Diese Erwartung kommt in der Regel sogar durch den Abschluss einer Vertraulichkeitsvereinbarung zum Ausdruck. Zur allgemeinen Erwartung der Vertraulichkeit der Mediation siehe aus der US-amerikanischen Literatur *Kuester*, 16 Hamline J. of Public Law & Policy 573 (1995) („A 1986 American Bar Association survey of 288 community mediation programs revealed that most respondents thought the mediation proceedings were confidential [...].“); *Thompson*, 18 Hamline J. of Public Law & Policy 329 (1997) („Mediators in Minnesota regularly assure parties that the mediation process is a confidential process [...].“); *Lovenheim/Guerin*, Mediate Don't Litigate, S. 34, 44 (1980) („There is no duty of the mediator greater than the duty to preserve the confidentiality of everything revealed to him or her during the hearing. [Mediators] are bound to that duty by the oath of office and by the rules of the particular center where they work.“).

[273] *Hartmann*, in: Haft/Schlieffen, Handbuch Mediation, § 27 Rn. 46.

[274] Siehe die Nachweise oben bei Fn. 195.

durch Anwendung eines effizienten Konfliktbeilegungsmittels dient, dessen Funktionieren von einem gewissen Maß an Vertraulichkeit abhängt. Demgegenüber ist das Interesse an der Geheimhaltung der Gegenstände der Verhandlung in Schiedsverfahren ein rein privates Interesse der Parteien.[275] Aus diesen Gründen ist ein berufsunabhängiges Zeugnisverweigerungsrecht des Mediators aus der Natur seiner Tätigkeit nach § 383 Abs. 1 Nr. 6 Alt. 2 ZPO anzuerkennen, sofern die Verschwiegenheitspflicht „kraft Amtes, Standes oder Gewerbes" besteht (dazu siehe sogleich Abschnitt c)).[276]

cc) Grundsatzentscheidung des BVerfG zum strafprozessualen Zeugnisverweigerungsrecht

Dieses Ergebnis steht entgegen der Ansicht von *Groth/v. Bubnoff*[277] nicht im Widerspruch zu der Grundsatzentscheidung des BVerfG zur Anerkennung strafprozessualer Zeugnisverweigerungsrechte aus beruflichen Gründen (§ 53 Abs. 1 S. 1 Nr. 3 StPO).[278] Gemäß der vom BVerfG vorgenommenen Abwägung des Grundrechts des Ratsuchenden aus Art. 1 Abs. 1, 2 Abs. 1 GG auf Achtung seiner Privatsphäre mit dem Interesse der Allgemeinheit an einer wirksamen Strafrechtspflege ist ein strafprozessuales Zeugnisverweigerungsrecht von Verfassungs wegen für Angehörige einer Berufsgruppe dann nicht erforderlich, wenn mit dem betroffenen Berufsbild nicht typischerweise eine Vertraulichkeitserwartung verknüpft ist.[279]

---

[275] Die Vertraulichkeit der Mediation bezweckt anders als das sich auf die Äußerungen der Schiedsrichter während der Beratung beziehende schiedsrichterliche Beratungsgeheimnis nicht die Geheimhaltung der Äußerungen des neutralen Dritten, sondern die Geheimhaltung der durch die Parteien offen gelegten Informationen. Da die Aussagen der Parteien eines Schiedsverfahrens ohnehin in einem kontradiktorischen Verfahren abgegeben werden, bedürfen sie nicht der Geheimhaltung, jedenfalls nicht wegen der Natur des Verfahrens.

[276] Im Ergebnis ebenso *Eckardt/Dendorfer*, MDR 2001, 786, 790; *Eidenmüller*, Vertragsrecht der Wirtschaftsmediation, S. 25; *Hacke*, ADR-Vertrag, Ziffer 11.6.1.1 (S. 260); *Hartmann*, in Haft/Schlieffen, Handbuch Mediation, § 27 Rn. 46; *Mähler/Mähler*, ZKM 2001, 4, 9; *Zöller-Greger*, ZPO, § 383 Rn. 20; a. A. *Henssler*, in: Henssler/Koch, Mediation in der Anwaltspraxis, § 3 Rn. 49 (Fn. 104); *Groth/v. Bubnoff*, NJW 2001, 338, 340; Musielak-*Huber*, ZPO, § 383 Rn. 6.

[277] NJW 2001, 338, 340.

[278] BVerfGE 33, 367, 376 ff. Das BVerfG hat in dieser Sache entschieden, dass die Nichtberücksichtigung der Berufsgruppe der Sozialarbeiter in § 53 StPO verfassungskonform ist.

[279] BVerfGE 33, 367, 378 f.

Groth/v. Bubnoff gelangen zur Ablehnung eines Zeugnisverweigerungsrechts indem sie die vom BVerfG im Zusammenhang mit § 53 StPO erarbeiteten Kriterien für die Anerkennung eines strafprozessualen Zeugnisverweigerungsrechts unverändert auf den vorliegenden Fall anwenden. Dies greift jedoch zu kurz.[280] Im Bereich des Zivilprozesses obliegt es gemäß dem Verhandlungsgrundsatz den Parteien, die entscheidungserheblichen Tatsachen beizubringen.[281] Darin kommt zum Ausdruck, dass im Zivilprozess kein öffentliches Interesse daran besteht, die Wahrheit von Tatsachen zu ermitteln.[282] Gänzlich anderes gilt im Strafprozess, wo § 244 Abs. 2 StPO den Amtsermittlungsgrundsatz statuiert, um der Bedeutung der materiellen Wahrheit für die effektive Strafrechtspflege Rechnung zu tragen. Zudem sieht § 53 StPO einen abschließenden Katalog von Zeugnisverweigerungsrechten vor, während § 383 Abs. 1 Nr. 6 Alt. 1 ZPO durch die Öffnungsklausel „kraft Natur der Sache" eine gesetzliche Grundlage für ein Zeugnisverweigerungsrecht des Mediators bietet.

Schließlich ist zweifelhaft, ob die Feststellung von *Groth/v. Bubnoff*, der Beruf des Mediators genüge nicht den vom BVerfG aufgestellten Anforderungen, zutrifft. Zu prüfen ist nach dem BVerfG, ob der Mediator einen Beruf ausübt, „für dessen Gesamtbild die Begründung höchstpersönlicher, grundsätzlich keine Offenbarung duldender Vertrauensverhältnisse kennzeichnend" ist.[283] Wie im vorhergehenden Abschnitt bb) dargelegt, stellt die Erwartung einer vertraulichen Behandlung anvertrauter Informationen trotz vielfältiger Mediationsansätze ein der Mediation allgemein anhaftendes Merkmal dar.[284] Allerdings kann hier zur

---

[280] So aber ohne Begründung *Groth/v. Bubnoff*, NJW 2001, 338, 340.
[281] *Thomas/Putzo-Reichold*, ZPO, Einl. I Rn. 1 ff. Gegensatz dazu ist die strafprozessuale Offizialmaxime, die Gegenstand und Verlauf des Verfahrens den Parteien im Wesentlichen entzieht. *Thomas/Putzo-Reichold*, ZPO, Einl. I Rn. 5 a. E.
[282] *Thomas/Putzo-Reichold*, ZPO, Einl. I Rn. 3.
[283] BVerfGE 33, 367, 377 f. Nur falls dies zu verneinen ist, ist weiter zu prüfen, ob die Gewährung eines Zeugnisverweigerungsrechts aus Art. 3 Abs. 1 GG geboten ist. In diesem Zusammenhang stellt das BVerfG auf das Vorliegen sinnvoller Regeln ab, welche eine sachgerechte Handhabung des Zeugnisverweigerungsrechts gewährleisten, weil es den Berufsstand der Sozialarbeiter mit dem der Wirtschaftsprüfer vergleicht. Bei letzterem bestehe – anders als bei Sozialarbeitern – etwa die berufsrechtliche Aufsicht der Wirtschaftsprüferkammern, die den Umgang mit den Zeugnisverweigerungsrechten durch die Berufsträger beaufsichtigen.
[284] Zudem ist festzuhalten, dass der Mediator eigenverantwortlich tätig wird – selbst als Angestellter einer Mediationsorganisation ist es mit seiner Tätigkeit unvereinbar, seinem Arbeitgeber Rechenschaft über den Verlauf der Mediation abzulegen – und somit das ihm entgegengebrachte Vertrauen höchstpersönlicher Natur ist. Im Gegensatz dazu wird die Berufs-

Frage, ob die Anerkennung eines *strafprozessualen* Zeugnisverweigerungsrechts des Mediators aus Verfassungsgründen zwingend geboten ist, nicht abschließend Stellung genommen werden. Jedenfalls steht das Urteil des BVerfG der Annahme eines berufsunabhängigen Zeugnisverweigerungsrechts des Mediators im Zivilprozess nicht entgegen.

c)   Die Geheimhaltungspflicht „kraft Amtes, Standes oder Gewerbes"

Die Geheimhaltungspflicht muss „kraft Amtes, Standes oder Gewerbes" bestehen, § 383 Abs. 1 Nr. 6 ZPO.

aa)   Amt

Vorliegend kommt eine Tätigkeit des Mediators kraft Amtes bei Sozialarbeitern und Sozialpädagogen im öffentlichen Dienst sowie bei Richtern im Fall von gerichtsnaher Mediation in Betracht. Sie sind also kraft ihres Amtes zur Verschwiegenheit verpflichtet und daher nach § 383 Abs. 1 Nr. 6 ZPO zur Verweigerung des Zeugnisses berechtigt.

Auf als Mediatoren tätige Beamte findet neben § 383 Abs. 1 Nr. 6 ZPO auch § 376 ZPO Anwendung, wonach eine Aussage nur mit Genehmigung zulässig ist. Hierzu wird nachfolgend unter Ziffer 5. ausgeführt.

bb)   Stand

Als Mediatoren tätige Rechtsanwälte, Notare, Wirtschaftsprüfer, Steuerberater und vereidigte Buchprüfer gehören einem berufsrechtlich reglementierten Stand an. Sofern deren Tätigkeit als Mediator in den Anwendungsbereich des Standesrechts fällt, gewährt § 383 Abs. 1 Nr. 6 ZPO ein Zeugnisverweigerungsrecht.

cc)   Gewerbe

Sofern der Mediator keinem berufsrechtlich reglementierten Stand angehört oder seine Tätigkeit als Mediator nicht in den Anwendungsbereich des Standesrechts fällt, wie z. B. bei Psychologen, Sozialpädagogen oder Unternehmensberatern,

---

gruppe der Sozialarbeiter im Auftrag einer Behörde tätig, worauf das BVerfG (E 33, 367, 381) entscheidend abhebt.

werden ihm als Mediator keine Tatsachen kraft Standes anvertraut. In diesen Fällen ist zu prüfen, ob der Mediator gewerblich tätig ist.

Obwohl es nach allgemeiner Ansicht im deutschen Recht keinen einheitlichen Gewerbebegriff gibt,[285] besteht doch ein gebietsübergreifender Konsens darüber, dass ein Gewerbe grundsätzlich eine dauerhafte, auf Gewinnerzielung gerichtete Erwerbstätigkeit selbständiger Art voraussetzt.[286] Der Gewerbebegriff in § 383 Abs. 1 Nr. 6 ZPO knüpft zwar – anders als der Gewerbebegriff des Handelsrechts – nicht an eine gesteigerte Geschäftserfahrung an[287], sondern an die Stellung einer Person, in der ihr typischerweise geheimhaltungsbedürftige Tatsachen in der Erwartung mitgeteilt werden, dass diese vertraulich behandelt werden.

Das Merkmal der Dauerhaftigkeit – auf das allein *Roth* verzichten will[288] – führt dazu, dass ein Mediator bei nur einmaligem Tätigwerden kein Zeugnisverweigerungsrecht geltend machen kann. Dies ist auch angemessen, da andernfalls jeder zu einem Streit hinzugezogene Dritte behaupten könnte, als Mediator gehandelt zu haben, was ihm zu einem Zeugnisverweigerungsrecht verhelfen würde. Die Erforderlichkeit einer dauerhaften Tätigkeit ergibt sich auch durch einen Vergleich mit den Tätigkeiten kraft Amtes oder Standes, die regelmäßig von längerer Dauer und auch durch Berufs- bzw. Beamtenrecht geregelt sind. Da gewerbliche Tätigkeiten nicht in vergleichbarer Weise gesetzlichen Regeln unterworfen sind, wird durch das Kriterium der Dauerhaftigkeit zumindest eine gewisse, nach außen erkennbare Perpetuierung der vertrauensgebundenen Tätigkeit vorausgesetzt, um als Bezugsobjekt der oben unter b) bb) dargelegten Verkehrsauffassung in Betracht zu kommen. Dies führt zwar auch dazu, dass einem von den Mediationsparteien im Einzelfall als besonders geeignet angesehenen Mediator, der sonst nicht als solcher tätig ist, kein Zeugnisverweigerungsrecht zusteht, sofern er nicht kraft Amtes oder Standes handelt. Da eine Geheimhaltungspflicht des Mediators ohnehin nur ausnahmsweise kraft Gewerbes besteht, ist dies jedoch kein gravierender Einschnitt, der in Kauf genommen werden kann.

---

[285] Baumbach/Hopt-*Hopt*, HGB, § 1 Rn. 11, m. w. N.; Ebenroth/Boujong/Joost-*Kindler*, HGB, § 1 Rn. 15; BGHZ 30, 321, 327 f. Vgl. etwa § 1 GewO, § 15 EStG, § 2 GewStG.

[286] Die Gewerbedefinition des bürgerlichen Rechts, Verwaltungsrechts, Steuerrechts und auch des Handelsrechts stellt dar Ebenroth/Boujong/Joost-*Kindler*, HGB, § 1 Rn. 15 ff.

[287] Ebenroth/Boujong/Joost-*Kindler*, HGB, § 1 Rn. 1.

[288] Stein/Jonas-*Roth*, ZPO, § 183 (a. F.) Rn. 3

Während auch das Kriterium der Selbständigkeit in vorliegendem Zusammenhang zur Differenzierung zwischen gewerblich Tätigen und Arbeitnehmern erforderlich ist, denen wegen ihrer Rechenschaftspflicht gegenüber dem Arbeitgeber kein höchstpersönliches Vertrauen entgegengebracht werden kann, das ein Zeugnisverweigerungsrecht rechtfertigen würde[289], bestehen Zweifel, ob die Gewinnerzielungsabsicht zwingender Bestandteil des Gewerbebegriffes in § 383 Abs. 1 Nr. 6 ZPO ist. Man mag sich beispielsweise fragen, weshalb ein Zeugnisverweigerungsrecht des Mediators entfallen soll, wenn dieser kein Entgelt verlangt, sondern ehrenamtlich tätig wird, soweit eine nach außen erkennbare, auf Dauer angelegte Tätigkeit vorliegt. Der Verweis auf (Einzel-) Fälle, in denen auch ohne Gewinnerzielungsabsicht ein Zeugnisverweigerungsrecht für angemessen erachtet werden kann, vermag indes nicht zu rechtfertigen, weshalb entgegen dem allgemeinen Sprachgebrauch vom Kern des Gewerbebegriffs abgewichen werden soll. In Anbetracht der weit gefassten ersten Alternative des § 383 Abs. 1 Nr. 6 ZPO („kraft Natur der Sache") ist eine Erweiterung des Kreises der zur Zeugnisverweigerung Berechtigten durch Verzicht auf das Merkmal der Gewinnerzielungsabsicht *de lege lata* nicht zu begründen.

Voraussetzung für ein Zeugnisverweigerungsrecht ist also, dass der Mediator eine dauerhafte, d.h. für Dritte erkennbar auf Dauer angelegte, auf Erwerb gerichtete Tätigkeit selbständiger Art ausführt.[290] Dies ist sowohl bei haupt- als auch nebenberuflichen Mediatoren zu bejahen, da in beiden Fällen die nach außen erkennbare Absicht vorliegt, eine Vielzahl von Mediationsverfahren durchzuführen. Wird aber beispielsweise ein Hochschullehrer nur in seltenen Einzelfällen als Mediator tätig, ohne dass sich diese Tätigkeit als Nebenberuf qualifizieren ließe, so scheidet ein Zeugnisverweigerungsrecht aus, da er kein Gewerbe betreibt.[291]

d)   Vom Zeugnisverweigerungsrecht umfasste Informationen

Besteht ein Zeugnisverweigerungsrecht, umfasst es gemäß § 383 Abs. 1 ZPO nur die Tatsachen, die dem Mediator „anvertraut" wurden. Damit ist jede Wahr-

---

[289] Vgl. BVerfGE 33, 368.
[290] Vgl. *Eckardt/Dendorfer*, MDR 2001, 786, 789; *Eidenmüller*, Vertragsrecht der Wirtschaftsmediation, S. 24, 25; *Groth/v. Bubnoff*, NJW 2001, 338, 340.
[291] Vgl. *Eidenmüller*, Vertragsrecht der Wirtschaftsmediation, S. 24, 25.

nehmung aufgrund der Vertrauensstellung gemeint.[292] Die dem Mediator während der Mediationssitzungen mit den Parteien bekannt gewordenen Tatsachen sind vom Zeugnisverweigerungsrecht nach § 383 Abs. 1 Nr. 6 ZPO erfasst. Diese werden von den Parteien unter dem ausdrücklichen oder konkludenten Verlangen der Geheimhaltung mitgeteilt.[293]

Tatsachen, die der Öffentlichkeit zugänglich gemacht worden[294] und dem Mediator privat[295] oder schon vor der Wahrnehmung des Amtes[296] zur Kenntnis gelangt sind, sind nicht vom Zeugnisverweigerungsrecht umfasst. Die Wahrnehmung des Amts beginnt allerdings schon mit der Anbahnung der Mediation. Vom Zeugnisverweigerungsrecht sind also nicht nur die während der Mediationssitzungen ausgetauschten Informationen umfasst, sondern sämtliche dem Mediator anlässlich der Mediation bekannt gewordenen Informationen, wie z. B. der vor der Beauftragung mitgeteilte Sachverhalt.

3. Zeugnisverweigerungsrechte gemäß § 384 ZPO

Im Unterschied zu den Zeugnisverweigerungsrechten nach § 383 ZPO ist es einem Zeugen nach § 384 ZPO grundsätzlich nur gestattet, die Antwort auf einzelne Fragen zu verweigern.[297]

Der Mediator ist nach § 384 ZPO zur Verweigerung des Zeugnisses berechtigt, soweit ihm aus der Beantwortung einer Frage ein unmittelbarer vermögensrechtlicher Schaden entstünde (Nr. 1), die Beantwortung ihm zur Unehre gereichte (Nr. 2 Alt. 1) oder ihn in die Gefahr brächte, wegen einer Straftat oder Ordnungswidrigkeit verfolgt zu werden (Nr. 2 Alt. 2), oder er mit der Antwort ein Kunst- oder Gewerbegeheimnis offenbaren müsste (Nr. 3).

---

[292] Thomas/Putzo-*Reichold*, ZPO, § 383 Rn. 6.
[293] § 383 Abs. 1 ZPO setzt voraus, dass die Tatsache dem Berechtigten „anvertraut" wurde. Dafür genügt das „stillschweigende Verlangen nach Geheimhaltung." Münchener Kommentar-*Damrau*, ZPO, § 383 Rn. 33. Das Geheimhaltungsverlangen ergibt sich aus der üblicherweise getroffenen Vertraulichkeitsvereinbarung. Auch ohne eine solche Vereinbarung ist anzunehmen, dass die Mediationsparteien von der Mitteilung sensibler Informationen absehen würden, wenn sie nicht deren vertrauliche Behandlung erwarten würden.
[294] Münchener Kommentar-*Damrau*, ZPO, § 383 Rn. 33, m. w. N.
[295] Münchener Kommentar-*Damrau*, ZPO, § 383 Rn. 33.
[296] Stein/Jonas-*Berger*, ZPO, § 383 Rn. 90.
[297] Musielak-*Huber*, ZPO, § 384 Rn. 1.

Dabei gilt der Grundsatz, dass vertragliche Verschwiegenheitspflichten nicht zu berücksichtigen sind. Andernfalls könnten die Parteien über das Zeugnisverweigerungsrecht disponieren.[298] Folglich ist bei der Prüfung der Frage, ob aus der Aussage ein vermögensrechtlicher Schaden folgt, die aus der Vertragsverletzung folgende Schadensersatzpflicht nicht zu berücksichtigen.[299] Entsprechend setzt § 384 Nr. 2 ZPO voraus, dass der Inhalt der Aussage, nicht aber die Tatsache, dass ausgesagt wird, dem Zeugen zur Unehre gereicht bzw. ihn in die Gefahr bringt, wegen einer Straftat oder Ordnungswidrigkeit verfolgt zu werden.[300] Die Verletzung der Vertraulichkeitsvereinbarung oder eine Strafbarkeit nach § 203 StGB durch die Aussage ist hier also nicht relevant.[301]

Dementsprechend greift § 384 Nr. 1 ZPO nur soweit die Aussage des Zeugen Tatsachen beinhaltet, die einen Anspruch gegen den Zeugen begründen oder jedenfalls die Durchsetzung eines Anspruchs gegen den Zeugen erleichtern.[302] Soweit der Mediator über Mediationsinformationen aussagen soll, greift das Zeugnisverweigerungsrecht aus § 384 Nr. 1 ZPO nicht, da diese von den Parteien stammen. Eine Frage, deren Beantwortung der Mediator nach § 384 Nr. 2 Alt. 1 ZPO verweigern könnte, läge dagegen beispielsweise vor, wenn er über eigenes unehrenwertes Verhalten während der Mediation befragt werden würde.

Nach § 384 Nr. 3 ZPO ist der Mediator zur Verweigerung des Zeugnisses berechtigt, soweit die Beantwortung einer Frage die Offenbarung eines Kunst- oder Gewerbegeheimnisses erforderlich machen würde. § 384 Nr. 3 ZPO ist nicht anwendbar, sofern das Geheimnis einer Partei des Verfahrens betroffen ist[303], und scheidet daher im Prozess unter Beteiligung der Mediationsparteien aus. Verklagt dagegen eine Mediationspartei einen Dritten, kann der Mediator das Zeugnis verweigern, sofern die Antwort die Offenlegung eines Kunst- oder Gewerbegeheimnisses der anderen Mediationspartei erfordern würde.

---

[298] Vgl. oben Ziffer III. 1. (Fn. 255).

[299] Zöller-*Greger*, ZPO, § 384 Rn. 4.

[300] OLG Hamm, FamRZ 99, 939; Münchener Kommentar-*Damrau*, ZPO, § 384 Rn. 8; Stein/Jonas-*Berger*, ZPO, § 384 Rn. 11; vgl. ferner *Dillenburg/Pauly*, MDR 1995, 340 f.; Thomas/Putzo-*Reichhold*, ZPO, § 384 Rn. 3; Zöller-*Greger*, ZPO, § 384 Rn. 5. Anders noch *Koch*, in: Henssler/Koch, Mediation in der Anwaltspraxis, 1. Aufl., § 8 Rn. 39, der seine Auffassung aber mittlerweile korrigiert hat: *Koch*, in: Henssler/Koch, Mediation, § 11 Rn. 47.

[301] *Eidenmüller*, Vertragsrecht der Wirtschaftsmediation, S. 25, 26.

[302] Musielak-*Huber*, ZPO, § 384 Rn. 3.

[303] Vgl. Stein/Jonas-*Berger*, ZPO, § 384 Rn. 17; Musielak-*Huber*, ZPO, § 384 Rn. 5.

4. Zeugnisverweigerungsrechte nach den Landesschlichtungsgesetzen

Auf der Grundlage des § 15a EGZPO haben einige Bundesländer Schlichtungsgesetze erlassen bzw. modifiziert.[304] Während die Mehrzahl der Schlichtungsgesetze keine vertraulichkeitsschützenden Regelungen enthalten, sieht Art. 8 Abs. 2 S. 1 BaySchlG[305] – und in ähnlicher Form § 8 Abs. 1 S. 2 SH LSchlG[306] – ein Zeugnisverweigerungsrecht des Schlichters vor:

„Den Schlichtern steht hinsichtlich der Tatsachen, die Gegenstand des Schlichtungsverfahrens sind, ein Zeugnisverweigerungsrecht zu."

Damit haben der bayerische und schleswig-holsteinische Gesetzgeber einer Forderung *Stadlers* entsprochen, wonach die Vertraulichkeit der Schlichtungsverfahren durch die Landesgesetzgeber ausdrücklich klarzustellen sei, um zu verhindern, dass der Schlichter in einem nachfolgenden Gerichtsverfahren als Zeuge vernommen wird.[307] *Hacke* wendet dagegen ein, dass Regelungen wie Art. 8 Abs. 2 S. 1 BaySchlG aus kompetenzrechtlichen Gründen kein Zeugnisverweigerungsrecht begründen können.[308]

Zutreffend ist, dass die Länder gemäß Art. 72 Abs. 1, 74 Abs. 1 Nr. 1 GG nicht befugt sind, das gerichtliche Verfahren gesetzlich zu regeln, soweit der Bund von seiner Gesetzgebungskompetenz Gebrauch gemacht hat. Nach § 72 Abs. 2 GG ist der Bund gesetzgebungsbefugt, wenn dies zur Wahrung der Rechts- und Wirtschaftseinheit im gesamtstaatlichen Interesse erforderlich ist. Dies ist für den Bereich des Zivilprozessrechts zu bejahen. Da die Zivilprozessordnung grundsätzlich als abschließende Regelung zu verstehen ist,[309] ist eine Landesgesetzgebung in diesem Bereich unzulässig. Vorliegend lässt sich daraus nicht nur eine vorrangige Gesetzgebungskompetenz des Bundes für zivilprozessuale Zeugnisverweigerungsrechte ableiten, sondern auch für die allgemeine Anordnung der Vertraulichkeit des Schlichtungsverfahrens und deren materiell-rechtliche Auswirkungen. Dies liegt darin begründet, dass Art. 74 Abs. 1 Nr. 1

---

[304] Diese Schlichtungsgesetze sind abgedruckt in *Schönfelder*, Deutsche Gesetze, Ergänzungsband, Nr. 104a bis 104g.
[305] *Schönfelder*, Deutsche Gesetze, Ergänzungsband, Nr. 104a.
[306] *Schönfelder*, Deutsche Gesetze, Ergänzungsband, Nr. 104g.
[307] *Stadler*, NJW 1998, 2479, 2484.
[308] *Hacke*, ADR-Vertrag, Ziffer 11.6.1.1 (S. 262).
[309] Dreier-*Stettner*, GG, Art. 74 Rn. 24; Maunz/Dürig-*Maunz*, GG, Art. 74 Rn. 79.

GG dem Bund auch die Gesetzgebungskompetenz für das unmittelbare Vorfeld gerichtlicher Verfahren einräumt.[310] Insbesondere für Regelungen des außergerichtlichen Vorverfahrens wie etwa § 380 StPO (Sühneversuch als Voraussetzung des Strafprozesses) ist dies anerkannt.[311] Auf dieser Grundlage hat der Bundesgesetzgeber § 15a EGZPO erlassen.[312]

Allerdings enthält § 15a Abs. 5 Hs. 1 EGZPO einen Ländervorbehalt im Hinblick auf die nähere Ausgestaltung des Schlichtungsverfahrens. Diese Bestimmung ist als Verzicht des Bundes auf eine erschöpfende Regelung des Schlichtungsverfahrens zu verstehen,[313] sodass die Länder gemäß Art. 72 Abs. 1 GG das Schlichtungsverfahren in dem durch § 15a EGZPO vorgegebenen Rahmen näher regeln können.[314] Ob der einer landesgesetzlichen Regelung zugängliche Bereich auch die Vertraulichkeit des Verfahrens oder sogar ein Zeugnisverweigerungsrecht des Schlichters umfasst, ist hingegen zweifelhaft. Soweit Zeugnisverweigerungsrechte betroffen sind, wird dies zu verneinen sein, da ihre Rechtsfolgen mit der Beweisaufnahme einen Kernbereich des Prozessrechts einschränken, der zudem durch die §§ 383, 384 ZPO abschließend geregelt ist.[315] Eine weitergehende Auslegung des § 15a Abs. 5 Hs. 1 EGZPO würde dazu führen, dass das Bestehen eines Zeugnisverweigerungsrechts davon abhängt, in welchem Bundesland das Schlichtungsverfahren stattfindet. Dies ist mit dem in Art. 72 Abs. 2 GG niedergelegten Prinzip der Rechtseinheit nicht mehr vereinbar.[316] Es geht daher zu weit, aus § 15a EGZPO auf eine Befugnis des Landesgesetzgebers zu schließen, den Katalog der Zeugnisverweigerungsrechte zu erweitern.

Die Frage, ob Art. 8 Abs. 2 S. 1 BaySchlG und § 8 Abs. 1 S. 2 SH LSchlG vor diesem Hintergrund verfassungsmäßig sind, kann jedoch dahinstehen, da gemäß

---

[310] Dreier-*Stettner*, GG, Art. 74 Rn. 25; Maunz/Dürig-*Maunz*, GG, Art. 74 Rn. 81 ff.
[311] Vgl. Maunz/Dürig-*Maunz*, GG, Art. 74 Rn. 83.
[312] Zu Fragen der Gesetzgebungskompetenz im Zusammenhang mit § 15a EGZPO *Hartmann*, NJW 1999, 3745, 3746.
[313] Vgl. Dreier-*Stettner*, GG, Art. 74 Rn. 23.
[314] So auch die Gesetzesbegründung, BT-Drs. 14/980, S. 8, ohne jedoch die Vertraulichkeitsproblematik anzusprechen.
[315] Abgesehen von Art. 47 GG, 6 Abs. 2 BMinG, 376 Abs. 2 und 4 ZPO regelt § 383 ZPO abschließend das Recht, die gesamte Aussage zu verweigern, während § 384 ZPO das Recht betrifft, einzelne Fragen nicht zu beantworten. Thomas/Putzo-*Reichold*, ZPO, § 383 Rn. 1.
[316] Vgl. *Hartmann*, NJW 1999, 3745, 3746.

Art. 8 Abs. 1 S. 1 BaySchlG und § 8 Abs. 1 S. 2 SH LSchlG nur Rechtsanwälte oder Notare als Schlichter in Betracht kommen, die ohnehin gemäß § 383 Abs. 1 Nr. 6 Alt. 2 ZPO zur Zeugnisverweigerung berechtigt sind. Somit kommt Art. 8 Abs. 2 S. 1 BaySchlG und § 8 Abs. 1 S. 2 SH LSchlG nur deklaratorische Bedeutung zu.[317]

5. Vernehmung bei Amtsverschwiegenheit gemäß § 376 ZPO

Sofern Richter für eine Tätigkeit als gerichtlich bestellter Mediator freigestellt werden, sind sie - wie oben unter § 5 I. 9. dargestellt - zur Amtsverschwiegenheit verpflichtet. § 376 Abs. 1 ZPO verweist im Hinblick auf die Vernehmung von Richtern und die für die Genehmigung zur Aussage auf die „besonderen beamtenrechtlichen Vorschriften", also auf die §§ 61 f. BBG bzw. die entsprechenden Vorschriften der Beamtengesetze der Länder.

Nach § 61 Abs. 2 BBG darf der Beamte ohne Genehmigung nicht über der Amtsverschwiegenheit unterfallende Tatsachen aussagen. Für die Erteilung der Genehmigung ist der Dienstvorgesetzte zuständig, § 61 Abs. 2 S. 2 BBG. Anders als bei § 383 ZPO kann also nicht der Zeuge selbst entscheiden, ob er aussagen will.

Die Aussagegenehmigung darf gemäß § 62 Abs. 1 BBG nur versagt werden, „wenn die Aussage dem Wohl des Bundes oder eines deutschen Landes Nachteile bereiten oder die Erfüllung öffentlicher Aufgaben ernstlich gefährden oder erheblich erschweren würde." Die Beamtengesetze der Länder sehen entsprechende Regelungen vor.[318] Regelmäßig ist für die Versagung der Genehmigung - anders als für die Erteilung - die oberste Aufsichtsbehörde zuständig. Wird die Genehmigung versagt, kann das Prozessgericht hiergegen keine Rechtsmittel einlegen.[319] Allerdings können die Parteien die Versagung der Genehmigung als Verwaltungsakt vor den Verwaltungsgerichten anfechten.[320]

---

[317] Die Wiederholung bzw. inhaltsgleiche Wiedergabe von bundesgesetzlichen Regelungen durch den Landesgesetzgeber ist zulässig. Maunz/Dürig-*Maunz*, GG, Art. 75 Rn. 15.

[318] Siehe etwa Art. 70 BayBG, § 76 HBG (Hessen), § 65 LBG (NRW), § 69 NBG (Niedersachsen).

[319] Münchener Kommentar-*Damrau*, ZPO, § 376 Rn. 14; Stein/Jonas-*Berger*, ZPO, § 376 Rn. 19.

[320] Zöller-*Greger*, ZPO, § 376 Rn. 8.

In der Praxis wird die Aussagegenehmigung für den richterlichen Mediator nach mündlichen Auskünften regelmäßig verweigert, um zu verhindern, dass dessen Aussage bei Scheitern der gerichtsnahen Mediation Auswirkung auf den Ausgang des gerichtlichen Verfahrens hat. Dies scheint *de lege lata* auch gerechtfertigt zu sein. Soweit man die Tätigkeit eines Richters als seine amtliche Aufgabe definiert, ist es nur konsequent zu verhindern, dass die Erfolgsaussichten der Mediation durch einen Mangel an Vertraulichkeit beeinträchtigt werden, zumal bei der gerichtsnahen Mediation den Parteien besonders bewusst sein dürfte, dass bei Scheitern der Mediation das kontradiktorische Verfahren fortgesetzt wird. Das Ziel der gerichtsnahen Mediation ist es hauptsächlich, die Fähigkeit der Justiz zu verbessern, sinnvolle und effektive Konfliktbeilegungsmechanismen anzubieten.[321] Dies trägt - nicht zuletzt aufgrund der Überlastung der Gerichte - entscheidend zur Erfüllung der öffentlichen Aufgabe der Justiz bei, die einen effektiven Rechtsschutz zu gewährleisten hat.

6. Folgen der einseitigen Nichtentbindung von der Verschwiegenheitspflicht

Der Mediator ist nach § 385 Abs. 2 ZPO zur Aussage verpflichtet, falls er durch beide Mediationsparteien von seiner Verschwiegenheitspflicht entbunden wird. Entbindet die beweisbelastete Prozesspartei den Mediator von seiner Verschwiegenheitspflicht, kann sie der nicht beweisbelasteten Partei Beweisvereitelung vorwerfen, wenn diese sich weigert, den Mediator ebenfalls von seiner Verschwiegenheitspflicht zu entbinden.[322]

Im Fall einer Beweisvereitelung hat das Gericht zunächst die Umstände des Einzelfalls zu würdigen.[323] Gelangt es hierbei nicht zu einem eindeutigen Ergebnis, kann es Beweiserleichterungen zugestehen oder sogar eine Beweislastumkehr annehmen.[324] Dies ergibt sich aus der direkten oder entsprechenden Anwendung

---

[321] Vgl. insofern die Ausführungen in Bezug auf das Projekt „Gerichtsnahe Mediation in Niedersachsen" in Justiz, Heft Nr. 73, S. 24 (März 2003).

[322] Vgl. zur Problematik der Beweisvereitelung im vorliegenden Zusammenhang, Schlussbericht des BRAK-Ausschusses „Mediation", BRAK-Mitt. 1996, 186, 187; *Ewig*, BRAK-Mitt. 1996, 146, 147; *Hacke*, ADR-Vertrag, Ziffer 11.6.1.1 (S. 262).

[323] Münchener Kommentar-*Prütting*, ZPO, § 286 Rn. 88 f.

[324] Ständige Rechtsprechung des BGH; zuletzt BGH, NJW-RR 1996, S. 1534, m. w. N.; vgl. auch Thomas/Putzo-*Reichold*, ZPO, § 286 Rn. 17 ff.; Zöller-*Greger*, ZPO, § 286 Rn. 14a; Baumbach/Lauterbach-*Hartmann*, ZPO, § 286 Anh Rn. 26 ff.

der §§ 427, 441 Abs. 3, 444 ZPO (Urkundsbeweis), §§ 446, 453 Abs. 2, 454 Abs. 1 ZPO (Parteivernehmung) und nunmehr auch § 371 Abs. 3 ZPO (Augenschein).[325] Um diese Konsequenzen im Hinblick auf die Zeugenaussage des Mediators zu vermeiden, empfiehlt der BRAK-Ausschuss „Mediation", eine Vereinbarung abzuschließen, in der sich die Mediationsparteien verpflichten, den Mediator auch gemeinsam *unter keinen Umständen* von der Verschwiegenheitspflicht zu entbinden. Eine derartige Vereinbarung ist jedoch bei genauer Betrachtung entbehrlich.

Nach der ständigen Rechtsprechung des BGH setzt Beweisvereitelung ein vorwerfbares, missbilligenswertes Verhalten einer Partei voraus.[326] Dies verneint der BGH, wenn ein triftiger Grund besteht, weswegen die Entbindung eines Zeugen von einer ihn treffenden Verschwiegenheitspflicht verweigert wird.[327] Insofern hat der BGH entschieden, dass zur Rechtfertigung der Weigerung des Beklagten, einen Bankangestellten vom Bankgeheimnis zu befreien, ein konkretes Interesse an der Wahrung des Bankgeheimnisses erforderlich ist, das schwerer als die prozessuale Treuepflicht des Beklagten wiegt.[328] Ein derartiges vordringliches Interesse könne sich nicht allein aus allgemeinen Erwägungen ergeben.[329] Der BGH nimmt also eine einzelfallbezogene Abwägung der gegensätzlichen Interessen der Prozessparteien an der Aussage einerseits und an der Geheimhaltung andererseits vor.

Sofern die Mediationsparteien vereinbart haben, die Vernehmung des Mediators als Zeugen nicht zu beantragen, steht – wie unter § 10 gezeigt wird – diese Vereinbarung der Berücksichtigung des Beweisantrags auf Vernehmung des Mediators entgegen. Wenn das Gericht schon daran gehindert ist, den Beweisantrag zu berücksichtigen, kann es aus der Weigerung der anderen Partei, den Mediator von seiner Verschwiegenheitspflicht zu befreien, erst recht nichts Nachteiliges schließen. Die Grundsätze der Beweisvereitelung können in diesem Fall nicht herangezogen werden. Wie oben unter § 5 II. und § 6 II. dargelegt, verständigen

---

[325] Vgl. Münchener Kommentar-*Prütting*, ZPO, § 286 Rn. 89.
[326] BGHZ 6, 224, 225f.; NJW 1960, 821; NJW 1963, 389, 390; MDR 1972, 495; NJW 1967, 2012; MDR 1984, 48; NJW-RR 1996, S. 1534.
[327] BGH, NJW-RR 1996, 1534.
[328] BGH, NJW 1967, 2012.
[329] BGH, NJW 1967, 2012.

sich die Mediationsbeteiligten in aller Regel zumindest stillschweigend auf die Vertraulichkeit der Mediation. Dies umfasst auch das Verbot, den Mediator als Zeuge zu benennen. Daher scheidet eine Beweisvereitelung grundsätzlich aus. Nur sofern die Mediationsbeteiligten eine „offene" Mediation vereinbart haben kommt eine Beweisvereitelung in Betracht.[330]

Im Fall einer „offenen" Mediation vereinbaren die Parteien, dass die Mediation nicht vertraulich sein soll. In diesem Fall ist die Erwartung, dass offen gelegte Informationen vertraulich bleiben, nicht schützenswert. Die Interessenabwägung führt damit zu einem vorwerfbaren, missbilligenswerten Verhalten, da die Vertraulichkeitserwartung nicht als triftiger Grund für die Nichtentbindung des Mediators von seiner Verschwiegenheitspflicht herangezogen werden kann.

Falls die Verletzung der Vertraulichkeit nach § 34 StGB gerechtfertigt wäre, weil das im Einzelfall bestehende Interesse an der Zugänglichkeit der Mediationsinformationen das Vertraulichkeitsinteresse überwiegt, kann die Beweisvereitelung ein milderes Mittel zur Abwendung der Gefahr darstellen. Dies gilt nach der Rechtsprechung des BGH allerdings dann nicht, wenn die Befürchtung besteht, dass der neutrale Dritte, in dem vom BGH entschiedenen Fall ein Notar, einseitig zugunsten der anderen Partei aussagen wird.[331] In diesem Fall ist die Zeugenaussage des „neutralen" Dritten kein geeignetes Mittel, die Gefahr abzuwenden.

7. Zwischenergebnis

Nach richtiger Auffassung steht dem Mediator ein berufsunabhängiges Zeugnisverweigerungsrecht zu, sofern er kraft Amt, Stand oder Gewerbe handelt.[332] Dies ergibt sich daraus, dass dem Mediator mitgeteilte Informationen „kraft Natur der Sache" geheimhaltungsbedürftig sind.

§ 383 Abs. 1 Nr. 6 ZPO begründet ein Zeugnisverweigerungs*recht*. Entscheidet sich der Mediator dazu, dennoch auszusagen, steht eine Verschwiegenheitspflicht der Verwertung seiner Aussage nicht entgegen.[333] Die Wahrung der Ge-

---

[330] Im Ergebnis ebenso *Hacke*, ADR-Vertrag, Ziffer 11.6.1.1 (S. 262).
[331] BGH, NJW-RR 1996, 1534.
[332] Die Forderung, der Gesetzgeber solle ein Zeugnisverweigerungsrecht des Mediators begründen, geht daher zu weit. Vgl. AnwBl. 2005, 46.
[333] Stein/Jonas-*Berger*, ZPO, § 383 Rn. 24.

heimhaltungsinteressen der Parteien hängt also von der Entscheidung des Mediators ab. Bei praktischer Betrachtung ist dies unproblematisch, wenn der Mediator durch eine materiell-rechtliche Verschwiegenheitspflicht gebunden ist. Dass der Mediator sich dem Risiko, wegen Verletzung dieser Verschwiegenheitspflicht belangt zu werden, zugunsten einer Zeugenaussage aussetzt, zu der er nicht verpflichtet ist, erscheint unwahrscheinlich. Jedenfalls hat das Gericht die Befragung des Mediators nach § 383 Abs. 3 ZPO zu unterlassen, auch wenn dieser sich zur Aussage bereit erklärt, sofern es erkennbar ist, dass der Mediator durch die Aussage seine Verschwiegenheitspflicht verletzt.[334]

Andererseits sind die Parteien berechtigt, den Mediator von seiner Verschwiegenheitspflicht zu entbinden und somit auch über das Zeugnisverweigerungsrecht zu disponieren. Dies ist deshalb bedenklich, da nicht nur die Parteien, sondern auch der Mediator (wie oben in § 3 dargelegt), ein eigenes Interesse daran hat, nicht als Zeuge aussagen zu müssen. Während also einerseits die Parteien davon abhängig sind, dass der Mediator ein bestehendes Zeugnisverweigerungsrecht geltend macht, kann der Mediator seinerseits nicht verhindern, dass die Parteien ihn von seiner Verschwiegenheitspflicht befreien und er zur Aussage verpflichtet ist. Etwas anderes gilt nur dann, wenn die Parteien sich dem Mediator gegenüber dazu verpflichtet haben, ihn nicht als Zeugen zu benennen.

In der Regel verstößt die Beantragung der Vernehmung des Mediators gegen eine ausdrückliche oder stillschweigende Vertraulichkeitsvereinbarung der Parteien. Sofern dies ausnahmsweise nicht der Fall ist, weil die Mediationsbeteiligten eine „offene" Mediation vereinbart haben, kommen die Grundsätze der Beweisvereitelung zur Anwendung, falls die nicht beweisbelastete Partei sich weigert, den Mediator von seiner Verschwiegenheitspflicht zu befreien. In diesen Fällen stellt die Weigerung regelmäßig ein vorwerfbares, missbilligenswertes Verhalten dar.

---

[334] Allerdings führt die Verletzung des Beweiserhebungsverbotes nicht unbedingt zu einem Verwertungsverbot. BGH, NJW 1990, 1734, 1735.

IV. Urkundsbeweis

1. Grundsätzliches

a) Gegenstand

Unter einer Urkunde versteht die ZPO die Verkörperung von Gedanken in Schriftzeichen.[335] Als Urkunde kommen neben der Mediationsvereinbarung, dem Mediatorvertrag, dem Mediationsvergleich, dem Mediationsprotokoll auch sonstige Notizen oder andere schriftliche Aufzeichnungen, etwa auf Flipcharts, in Betracht. Da der Mediator häufig bestrebt sein wird, die Verhandlungen zu strukturieren,[336] liegt es durchaus nahe, dass er schriftliche Aufzeichnungen über die Gegenstände und den Verlauf der Mediation anfertigt.

Der Mediatorvertrag und die Mediationsvereinbarung, sofern sie überhaupt schriftlich niedergelegt wurden, enthalten regelmäßig keine Mediationsinformationen. Daher sind sie vorliegend nicht von Interesse. Der schriftlich abgefasste Mediationsvergleich dient - wie oben unter § 5 I. 1. c) dd) (2) ausgeführt - gerade dazu, die gerichtliche Durchsetzung der Einigung zu erleichtern. Daher steht die Vertraulichkeit der Mediation der Nutzung des schriftlichen Mediationsvergleiches als Beweismittel im Gerichtsverfahren zur Durchsetzung der Einigung nicht entgegen. Die Vertraulichkeit des Mediationsvergleichs bleibt im Übrigen jedoch unberührt. In einem Verfahren unter Beteiligung eines an der Mediation unbeteiligten Dritten könnte die Vertraulichkeit der Mediation auch durch die Vorlage des Mediationsvergleiches verletzt werden. Vor allem aber können die Aufzeichnungen der Mediationsbeteiligten über den Verlauf der Mediation, wie z. B. ein Mediationsprotokoll, die Vertraulichkeit gefährden.

b) Beweisantritt

Der Urkundsbeweis wird nach § 420 ZPO durch Vorlage der Urkunde angetreten, sofern sich die Urkunde im Besitz des Beweisführers befindet. Ist die Urkunde im Besitz des Gegners oder eines Dritten, hat der Beweisführer gemäß § 421 bzw. § 428 ZPO die Vorlage der Urkunde zu beantragen. Liegt kein Par-

---

[335] Vgl. *Rosenberg/Schwab/Gottwald*, ZPO, § 118 Rn. 1 (S. 814).
[336] *Haft*, Verhandeln, S. 34 ff., 69 ff.

teiantrag vor, kann das Gericht gemäß § 142 Abs. 1 S. 1 ZPO die Vorlage einer Urkunde von Amts wegen anordnen.

Falls sich die Urkunde, z. B. das Mediationsprotokoll oder eine Mediationsagenda, in den Händen der beweisbelasteten Partei befindet, ist diese nicht gehindert, sie dem Gericht vorzulegen. Ist die Urkunde jedoch im Besitz des Gegners oder eines Dritten, etwa des Mediators, setzen die §§ 422, 429 ZPO einen materiell-rechtlichen Vorlageanspruch voraus. Ob ein solcher Vorlageanspruch besteht und die Frage, wann eine Urkunde nach § 423 ZPO vorzulegen ist, wird nachfolgend unter Ziffer 2. erörtert, während unter Ziffer 3. geprüft wird, ob eine allgemeine zivilprozessuale Pflicht zur Vorlegung einer Urkunde anzuerkennen ist. Schließlich werden in Ziffer 4. die Folgen der Nichtvorlegung dargelegt.

2. Die Pflicht zur Vorlegung einer Urkunde nach den §§ 422 ff. ZPO

a)   Materiell-rechtlicher Herausgabeanspruch

Die Pflicht zur Vorlegung einer Urkunde besteht gemäß § 422 ZPO dann, wenn der Beweisführer nach den Vorschriften des bürgerlichen Rechts die Herausgabe oder die Vorlegung der Urkunde verlangen kann.

aa)   Der Herausgabeanspruch aus dem Mediatorvertrag

Wie oben unter § 5 II. 1. b) dargelegt, ist der Mediatorvertrag als Geschäftsbesorgungsvertrag gemäß §§ 611, 675 Abs. 1 BGB einzuordnen. Folglich haben die Mediationsparteien als Auftraggeber gemäß §§ 611, 675 Abs. 1, 667 BGB einen Anspruch gegen den Mediator auf Herausgabe des zur Ausführung der Geschäftsbesorgung Erhaltenen und des aus der Geschäftsbesorgung Erlangten.[337]

(1)   Anspruchsinhalt

Der Anspruch nach § 667 BGB umfasst sämtliche Akten und Unterlagen, die der Geschäftsbesorger über die Geschäftsführung selbst angelegt, von Dritten oder zur Ausführung von dem (oder den) Auftraggeber(n) erhalten hat.[338]

---

[337] §§ 598, 604 BGB sind hier nicht einschlägig. A. A. *Hacke*, ADR-Vertrag, Ziffer 11.6.1.2 (S. 265).
[338] KG, NJW 1971, 566, 567; RGZ 105, 392, 393; Palandt-*Sprau*, BGB, § 667 Rn. 2 f.; Münchener Kommentar-*Seiler*, BGB, § 667 Rn. 12.

Im Fall der Beauftragung von Rechtsanwälten erstreckt sich der Herausgabeanspruch des Mandanten insbesondere auf die Handakten des Rechtsanwaltes gemäß § 50 BRAO.[339] Dies gilt auch für die Handakten von Wirtschaftsprüfern, vereidigten Buchprüfern, Steuerberatern, Diplompsychologen und Diplompädagogen.[340] Rechtsanwälte, Wirtschaftsprüfer und Steuerberater sind nach § 50 BRAO, § 51b WPO, § 66 StBG verpflichtet, Handakten zu führen.[341] Einem Berufsverband zugehörige Diplompsychologen und Diplompädagogen haben gemäß VII Nr. 2 BOPsych bzw. § 21 BOPäd Handakten zu führen.[342] Da es sich hierbei um vereinsrechtliche Verpflichtungen handelt, lassen sich daraus keine Rechte der Mediationsparteien ableiten.

Der anwaltliche Mediator ist gemäß § 50 Abs. 1 BRAO gehalten, die Handakte so zu führen, dass er ein geordnetes Bild über die von ihm entfaltete Tätigkeit geben kann. § 51b Abs. 1 WPO bestimmt dies für Wirtschaftsprüfer und vereidigte Buchprüfer. Sinn und Zweck der Pflicht zur Führung von Handakten ist es, die Tätigkeit des Rechtsanwalts in nachprüfbarer Weise aufzuzeichnen, insbesondere im Hinblick auf mögliche Regressansprüche und standesrechtliche Verstöße.[343] Der Rechtsanwalt hat die ihm vom Beauftragten oder Dritten im Zusammenhang mit der Geschäftsbesorgung vorgelegten Schriftstücke und von ihm selbst für die Parteien erstellte Dokumente zur Handakte zu nehmen, falls nichts abweichendes vereinbart ist. Dies gilt ebenso gemäß § 51b Abs. 4 WPO für Wirtschaftsprüfer und vereidigte Buchprüfer sowie nach § 66 Abs. 2 StBG für den Steuerberater. Der Rechtsanwalt hat zudem Datum und Uhrzeit von Besprechungen festzuhalten.[344] Der Mediator hat jedoch den Verlauf der Mediation, einschließlich seiner Beiträge, nicht für die Handakte festzuhalten, es sei denn, es ist anderes vereinbart.[345] Eine derart weitgehende Pflicht zur Aufzeich-

---

[339] *Feuerich/Weyland*, BRAO, § 50 Rn. 17.

[340] Vgl. Erman-*Ehmann*, BGB, § 667 Rn. 23, m. w. N.

[341] Die von diesen Berufsträgern zu führenden Handakten sind nach § 50 Abs. 2 S. 1 BRAO fünf Jahre bzw. nach § 51b Abs. 5 WPO und § 66 StBG sieben Jahre aufzubewahren. Die Dauer der Aufbewahrung der Handakte wird sich in der Praxis jedoch an den Verjährungsfristen für Regressansprüche orientieren müssen. *Fiala/von Walter*, DStR 1998, 694, 694.

[342] Die Handakten sind nach VII Nr. 2 Abs. 2 BOPsych bzw. § 24 Abs. 1 S. 1 BOPäd fünf Jahre aufzubewahren.

[343] Vgl. BT-Drs. 12/4993, S. 31; Henssler/Prütting-*Stobbe*, BRAO, § 50 Rn. 5.

[344] *Fiala/von Walter*, DStR 1998, 694, 698.

[345] Siehe z. B. den Vorschlag *Kochs* (o. Fn. 174), der den Mediator zur Anfertigung eines Protokolls verpflichten will.

nung von Verhandlungen besteht auch bei der anwaltlichen Vertretung einseitiger Parteiinteressen nicht.[346]

Der Anspruch auf Herausgabe umfasst nicht die vom Geschäftsbesorger zum eigenen Gebrauch angefertigten Aufzeichnungen oder Notizen.[347] Für den Steuerberater ist dies in § 66 Abs. 2 S. 2 StBG klarstellend geregelt, ergibt sich jedoch allgemein aus § 667 Alt. 2 BGB. Dem liegt die Annahme zugrunde, dass der Auftraggeber die ihm gebührenden Vorteile aus dem Geschäft erhalten soll, nicht jedoch die bloßen Arbeitspapiere, die nicht unmittelbar der Erfüllung der vertraglichen Pflichten dienen, sondern den Beauftragten erst in die Lage versetzen sollen, seinen Vertragspflichten nachkommen zu können.[348] Dies gilt insbesondere für Aufzeichnungen über persönliche Eindrücke des Mediators oder Hintergrundinformationen,[349] da deren Kenntnisnahme durch die Mediationsparteien nicht erforderlich ist, sondern häufig sogar nachteilig für den Erfolg der Mediation sein kann.

Sofern der Mediator aber zum Beispiel ein offizielles Mediationsprotokoll erstellt oder eine Agenda mit dem Ziel anfertigt, die Mediation mit den Parteien anhand dieser Agenda durchzuführen, sind diese Urkunden nach § 667 Alt. 2 BGB herauszugeben.

(2)   Anspruchsinhaber

Auftraggeber des Mediators sind die Mediationsparteien.[350] Da die Leistung des Mediators nur gegenüber beiden Parteien gemeinschaftlich erfolgen kann, liegt ein Fall der Mitgläubigerschaft gemäß § 432 Abs. 1 S. 1 BGB vor. Dies betrifft vor allem die Hauptleistungspflicht des Mediators, die Streitbeilegung zu fördern. Für die Herausgabeansprüche nach §§ 611, 675 Abs. 1, 667 BGB gilt dies jedoch nicht:

---

[346] Vgl. *Fiala/von Walter*, DStR 1998, 694, 698.
[347] BGHZ 60, 275, 292; Erman-*Ehmann*, BGB, § 667 Rn. 23; Zöller-*Geimer*, ZPO, § 422 Rn. 3. Vgl. auch *Feuerich/Weyland*, BRAO, § 50 Rn. 7.
[348] BGH, NJW 1988, 2607, 2607 (bzgl. der Arbeitsmittel eines Steuerberaters); Münchener Kommentar-*Seiler*, BGB, § 667 Rn. 15.
[349] Vgl. BGH, NJW 1983, 328, 329 (Einsicht in ärztliche Unterlagen); BGH, NJW 1990, 510, 511 (Einsicht in die Handakten des Rechtsanwalts); *Henssler*, NJW 1994, 1817, 1824 (ebenso).
[350] Die Mediationsparteien treten – wie oben unter 4 II. 1. b) dargelegt – im Außenverhältnis nicht als Gesellschaft bürgerlichen Rechts auf.

Der Anspruch aus §§ 611, 675 Abs. 1, 667 Alt. 1 BGB stellt einen Kondiktion-
sanspruch dar, der auf Rückgabe des zur Ausführung der Geschäftsbesorgung
Erhaltenen gerichtet ist.[351] Der Anspruch folgt aus der Zweckbindung der dem
Geschäftsbesorger zur Verfügung gestellten Sachen (und Rechte).[352] Da nach
Beendigung des Geschäftsbesorgungsverhältnisses dieser Zweck entfällt, sind
die Sachen zurückzugewähren. Daraus ergibt sich, dass der Geschäftsbesorger
eine erhaltene Sache an den Auftraggeber zurückzugeben hat, von dem er sie erhalten hat. Hat der Mediator zum Zwecke der Mediation z. B. eine Urkunde von
einer Mediationspartei erhalten, ist nur diese Partei berechtigt, die Urkunde nach
§ 611, 675 Abs. 1, 667 Alt. 1 BGB herauszuverlangen. Folglich besteht nach
§§ 422, 429 ZPO keine Pflicht, von nur einer Partei zur Verfügung gestellte Urkunden auf Antrag der anderen Partei vorzulegen.[353]

Etwas anderes gilt für den Anspruch aus §§ 611, 675 Abs. 1, 667 Alt. 2 BGB auf
Herausgabe dessen, was der Geschäftsbesorger im Rahmen der Geschäftsbesorgung von Dritten oder aus eigener Tätigkeit erlangt hat. Vorliegend sind vor allem die Aufzeichnungen des Mediators von Interesse.

Im Hinblick auf diese Dokumente ist wie folgt zu differenzieren: Sofern lediglich ein Original vorliegt, greift § 432 Abs. 1 BGB. Dies kann z.B. bei einer
Darstellung auf einem Flipchart der Fall sein, welche die Parteien gemeinsam
mit dem Mediator während der Mediation angefertigt haben. In diesem Fall
können die Mediationsparteien jeweils nur Leistung an alle oder die Hinterle-
gung fordern. Obwohl der Beweisführer hiernach nicht Leistung alleine an sich
selbst verlangen kann, sind die Voraussetzungen der §§ 422, 429 ZPO erfüllt, da
sich das Leistungsinteresse des Beweisführers auf die Nutzung der in der Urkunde enthaltenen Informationen beschränkt und dieses mit dem Anspruch der
anderen Mediationspartei nach §§ 611, 675 Abs. 1, 667 Alt. 1, 432 Abs. 1 BGB
nicht in Konflikt steht. Der Anspruch auf Leistung an alle ist insofern zumindest
mit einem Auskunftsanspruch vergleichbar, der dem Anspruchsinhaber ebenfalls

---

[351] Erman-*Ehmann*, BGB, § 667 Rn. 5.
[352] Vgl. Erman-*Ehmann*, BGB, § 667 Rn. 5; Bamberger/Roth-*Czub*, BGB, § 667 Rn. 1.
[353] Dies gilt erst recht für Unterlagen, die eine Partei allein dem Mediator vorgelegt hat, etwa
im Rahmen einer Einzelsitzung mit dem Mediator (sog. „caucus"). In diesem Fall hat die ü-
bergebende Partei nämlich die Zweckbindung der zur Verfügungstellung der Urkunde weiter
eingeschränkt.

nicht die alleinige Sachherrschaft verschafft und als Vorlageanspruch im Rahmen der §§ 422, 429 ZPO ausreicht.[354]

Erstellt der Mediator im Rahmen der Geschäftsbesorgung jedoch selbst Dokumente, ergibt sich aus der Beauftragung des Mediators durch beide Mediationsparteien, dass die Auftraggeber jeweils einen gesonderten Anspruch auf Herausgabe einer Originalfassung des Dokuments haben. Der Mediator hat also für jeden Auftraggeber ein Original anzufertigen. Dem Willen der Parteien entspricht es in der Regel nicht, dem Mediator zu gestatten, Dokumente über die Mediation nur an eine der sich streitenden Parteien herauszugeben. Da dies für den Mediator auch erkennbar ist, kann in der Regel ein gesonderter Herausgabeanspruch jeder Partei als konkludent vereinbart angesehen werden. Dies gilt jedoch nur dann, wenn der Mediator diese Ansprüche durch das Anfertigen zweier Originale erfüllen kann.

bb)   Der Herausgabeanspruch aus der Mediationsvereinbarung

Wie oben unter 4 II. 1. b) dargestellt, ist die Mediationsvereinbarung als Gesellschaftsvertrag gemäß § 705 BGB zu qualifizieren. Scheitert die Mediation, endet die Gesellschaft nach § 726 Alt. 2 BGB. In Ermangelung eines Gesellschaftsvermögens findet eine Auseinandersetzung nach § 730 BGB nicht statt. Nach § 732 S. 1 BGB sind die Mediationsparteien jeweils berechtigt, Gegenstände, die sie der Gesellschaft überlassen haben, (z. B. Urkunden) zurückzuverlangen. Auf diese Weise erhält jede Mediationspartei die Dokumente zurück, die sie selbst eingebracht hat. Ein Anspruch auf Herausgabe einer von der anderen Partei stammenden Urkunde besteht jedoch nicht.

cc)   Der Anspruch auf Einsicht in Urkunden gemäß § 810 BGB

(1)   Gegenstand

Der Anspruch aus § 810 BGB bezieht sich auf Urkunden im zivilprozessualen Sinn[355], die im Interesse des Antragstellers errichtet wurden, ein Rechtsverhältnis mit dem Anspruchsteller beurkunden oder Verhandlungen über ein Rechts-

---

[354] Vgl. Zöller-*Geimer*, ZPO, § 422 Rn. 2; Musielak-*Huber*, ZPO, § 422 Rn. 1.
[355] Erman-*Heckelmann*, BGB, § 810 Rn. 2; Münchener Kommentar-*Hüffer*, BGB, § 810 Rn. 3; vgl. auch Palandt-*Sprau*, BGB, § 810 Rn. 1.

geschäft unter Beteiligung des Anspruchstellers aufzeichnen, und richtet sich gegen den Besitzer der Urkunde.

Während offensichtlich ist, dass der Mediationsvergleich ein Rechtsgeschäft unter Beteiligung der Mediationsparteien beinhaltet, ist es fraglich, ob das Mediationsprotokoll Verhandlungen unter Beteiligung der anderen Mediationspartei enthält. Dies ist zweifelhaft, weil das Protokoll nur die Verhandlungen aufzeichnet, nicht jedoch selbst enthält. Unter § 810 Alt. 3 BGB fallen Schriftwechsel und zwischen den Parteien in Verhandlungen ausgetauschte Entwürfe.[356] Da jedoch auch ein Mediationsprotokoll geeignet sein kann, einen Vertragsabschluss nachzuweisen, und es sich auf ein Rechtsverhältnis unter Beteiligung der Mediationsparteien bezieht, die hier als Anspruchsteller in Betracht kommen, ist das Mediationsprotokoll ein tauglicher Anspruchsgegenstand nach § 810 Alt. 3 BGB.[357] Sofern das Mediationsprotokoll auch im Interesse des Anspruchstellers errichtet wurde, greift ohnehin § 810 Alt. 1 BGB. Jedenfalls gewährt § 810 BGB kein Einsichtsrecht in Aufzeichnungen über die Verhandlung, die sich ein Beteiligter zur Vorbereitung der Erstellung eines Verhandlungsprotokolls oder sonst für seine eigenen Zwecke angefertigt hat, wie zum Beispiel persönliche Notizen.[358]

Folglich kann sich aus § 810 BGB nur ein Anspruch auf Einsichtnahme in den Mediationsvergleich oder solche Aufzeichnungen oder Notizen ergeben, die nicht nur für private Zwecke, sondern auch im Interesse des Anspruchstellers errichtet worden sind, z. B. ein vom Mediator oder einer Mediationspartei angefertigtes „offizielles" Mediationsprotokoll. Der Anspruch ist stets insofern eingeschränkt, als er sich grundsätzlich nur auf Einsicht in die Originalurkunde richtet und in Abschriften nur, falls das Original nicht mehr vorhanden ist.[359]

---

[356] RGZ 152, 213, 217 (kein Einsichtsrecht in handschriftliche Notizen); KG, NJW 1989, 532, 533 (ebenso); Münchener Kommentar-*Hüffer*, BGB, § 810 Rn. 9; Palandt-*Sprau*, BGB, § 810 Rn. 9.
[357] Vgl. Staudinger-*Marburger*, BGB, § 810 Rn. 12, m. w. N., der ausführt, dass eine weite Auslegung geboten ist und § 810 insbesondere auf Urkunden anzuwenden ist, die sich auf ein Rechtsverhältnis unter Beteiligung des Anspruchstellers beziehen, auch wenn die Urkunde nicht unter die drei Alternativen des § 810 BGB gefasst werden kann.
[358] RGZ 152, 213, 217; KG, NJW 1989, 532, 533; Palandt-*Sprau*, BGB, § 810 Rn. 9; Münchener Kommentar-*Hüffer*, BGB, § 810 Rn. 9.
[359] Palandt-*Sprau*, BGB, § 810 Rn. 1; Münchener Kommentar-*Hüffer*, BGB, § 810 Rn. 3.

(2)   Rechtliches Interesse

Liegt ein tauglicher Anspruchsgegenstand vor, setzt § 810 BGB voraus, dass der Anspruchsteller ein rechtliches Interesse hat, eine in fremdem Besitz befindliche Urkunde einzusehen. Dies ist der Fall, wenn die Einsicht in die Urkunde geeignet ist, eine Rechtsposition des Anspruchstellers zu stärken, zu erhalten oder zu verteidigen.[360] Das rechtliche Interesse des Antragstellers muss schutzwürdig sein,[361] was beispielsweise zu verneinen ist, wenn die Vorlage der Urkunde lediglich der Ausforschung dient, d. h. wenn der Anspruchsteller keine plausiblen Gründe für einen Zusammenhang zwischen der Urkunde und seinem rechtlichen Interesse an deren Vorlage vorgetragen hat[362]. Das Interesse ist auch dann nicht schutzwürdig, wenn der Besitzer der Urkunde ein überwiegendes Geheimhaltungsinteresse hat.[363] Diese Einschränkung des weit gefassten Tatbestandes des § 810 BGB ist durch den Grundsatz von Treu und Glauben geboten.[364] Soweit die nicht beweisbelastete Prozesspartei im Besitz der Urkunde ist und der Anspruchsteller plausibel darlegt, dass sich die Urkunde zum Beweis anspruchsbegründender Tatsachen eignet, die nicht anders bewiesen werden können, sind die gegenläufigen Interessen an der Urkundenvorlage und der Geheimhaltung gegeneinander abzuwägen.[365]

Hierbei sind die in § 3 und § 4 beschriebenen konträren Interessen zu berücksichtigen. Da vorliegend die Herausgabe eines *nicht nur für eigene Zwecke* angefertigten Mediationsprotokolls in Rede steht, wird in der Regel ein Herausgabeanspruch zu bejahen sein. Die durch die Anfertigung eines Mediationsproto-

---

[360] BGH, NJW 1981, 1733, 1733; NJW-RR 1992, 1072, 1073; Erman-*Heckelmann*, BGB, § 810 Rn. 3; Münchener Kommentar-*Hüffer*, BGB, § 810 Rn. 10; Palandt-*Sprau*, BGB, § 810 Rn. 2.
[361] Münchener Kommentar-*Hüffer*, BGB, § 810 Rn. 11; Palandt-*Sprau*, BGB, § 810 Rn. 3. Vgl. Erman-*Heckelmann*, BGB, § 810 Rn. 3, der an die Erforderlichkeit der Einsichtnahme zur beabsichtigten Rechtsverfolgung anknüpfen will.
[362] RGZ 135, 188, 192; BGHZ 109, 260, 267; BGH, NJW-RR 1992, 1072, 1073; Münchener Kommentar-*Hüffer*, BGB, § 810 Rn. 11; Palandt-*Sprau*, BGB, § 810 Rn. 2.
[363] Münchener Kommentar-*Hüffer*, BGB, § 810 Rn. 11; Palandt-*Sprau*, BGB, § 810 Rn. 2 unter Verweis auf § 809 Rn. 11.
[364] Vgl. BGH, WM 1977, 781, 782 f.; Staudinger-*Marburger*, BGB, Vorbem zu §§ 809–811 Rn. 5.
[365] BGH, WM 1977, 781, 782 f.; OLG Düsseldorf, DB 1982, 2030, 2030 f.; Münchener Kommentar-*Hüffer*, BGB, § 810 Rn. 11; Palandt-*Sprau*, BGB, § 809 Rn. 11; Staudinger-*Marburger*, BGB, Vorbem zu §§ 809–811 Rn. 5.

kolls erfolgte Fixierung des Verhandlungsverlaufes, kann als Anzeichen eines Verzichts auf die Vertraulichkeit verstanden werden. Da es nicht um Aufzeichnungen über persönliche Eindrücke oder Strategien in Vorbereitung der Verhandlung geht, hat das Vertraulichkeitsinteresse regelmäßig zurückzustehen.[366] Dies gilt erst recht für einen schriftlichen Mediationsvergleich.

Liegt ein derartiges überwiegendes Interesse vor, hat die im Prozess beweispflichtige Mediationspartei einen Anspruch auf Einsicht in ein Mediationsprotokoll oder den Mediationsvergleich gegen den Besitzer der Urkunde. Als Besitzer kommen insbesondere die andere Mediationspartei und der Mediator in Betracht. Umstände, die das Recht eines an der Mediation unbeteiligten Dritten begründen könnten, gemäß § 810 BGB Einsicht in diese Urkunden zu verlangen, sind vorliegend nicht erkennbar.

b)   Die Bezugnahme auf eine Urkunde gemäß § 423 ZPO

Wenn kein materiell-rechtlicher Anspruch besteht, ist der Gegner des Beweisführers nach § 423 ZPO jedenfalls dann zur Vorlegung der Urkunde verpflichtet, wenn sich er sich selbst auf eine Urkunde als Beweismittel bezieht. Erwähnt er die Urkunde nur zur Ergänzung oder Erläuterung oder nimmt er auf ihren Inhalt Bezug, greift § 423 ZPO nicht.[367]

Im vorliegenden Zusammenhang dürfte § 423 ZPO von untergeordneter Bedeutung sein, da die Mediationspartei, welche die Vertraulichkeit der Mediation gewahrt sehen möchte, sich sicherlich nicht auf eine Urkunde beziehen wird, die Auskunft über die Geschehnisse der Mediation gibt.

3. Die allgemeine zivilprozessuale Pflicht zur Vorlegung einer Urkunde

a)   Urkunden im Besitz eines Dritten

Gemäß dem durch das Zivilprozessreformgesetz[368] neu gefassten § 142 Abs. 1 S. 1 ZPO, auf den § 429 S. 2 ZPO verweist, kann ein am Rechtsstreit unbeteilig-

---

[366] Dies gilt nicht, wenn das Mediationsprotokoll vom anwaltlichen Vertreter einer Mediationspartei für diese angefertigt wurde. In diesem Fall ist die anwaltliche Verschwiegenheitspflicht zu berücksichtigen und es bleibt bei den in § 5 I. 1. c) dd) genannten Voraussetzungen.
[367] Thomas/Putzo-*Reichold*, ZPO, § 423 Rn. 1; Musielak-*Huber*, ZPO, § 423 Rn. 1; Zöller-*Geimer*, ZPO, § 423 Rn. 1.
[368] Gesetz zur Reform des Zivilprozesses vom 27.7.2001, BGBl I, 1887.

ter Dritter durch das Gericht auch dann zur Vorlage einer Urkunde verpflichtet werden, wenn er gegenüber der beweispflichtigen Prozesspartei nach materiellem Recht nicht zur Herausgabe der Urkunde verpflichtet ist.[369] In einem Rechtsstreit zwischen den Mediationsparteien könnte hiernach z. B. der Mediator zur Vorlage einer Urkunde verpflichtet werden, auch wenn er materiellrechtlich nicht zur Herausgabe verpflichtet ist. Davon könnten auch persönliche Notizen des Mediators betroffen sein.

In der Gesetzesbegründung heißt es:

„Aus Gründen der Prozessökonomie kann der Beweisführer künftig unabhängig vom Bestehen eines materiell-rechtlichen Anspruchs den Urkundsbeweis durch einen Antrag auf Anordnung der Urkundsvorlegung antreten. Das Gericht hat dem Gesuch zu entsprechen, wenn es davon überzeugt ist, dass die Urkunde sich im Besitz des Dritten befindet, die Tatsache, die durch die Vorlegung der Urkunde bewiesen werden soll, erheblich ist und der Inhalt der Urkunde zum Beweis dieser Tatsache geeignet erscheint."

Diese Ausführung überzeugt nicht. Als Grund für die Pflicht Dritter zur Vorlage von Urkunden stützt sich die Gesetzesbegründung auf die Prozessökonomie, obwohl eine fundamentale Änderung des Zivilprozessrechts in Rede steht, die auf den Ausgang des Verfahrens Einfluss haben kann. Zudem ist es bedenklich, mit dieser Begründung Dritten, die am Verfahren unbeteiligt und daher auch nicht zur Prozessförderung angehalten sind, eine allgemeine Vorlagepflicht aufzuerlegen.[370]

Diese Kritik ändert jedoch die Gesetzeslage nicht. Im Fall einer gerichtlichen Anordnung gemäß §§ 429 Hs. 2, 142 Abs. 1 S. 1 ZPO ist der Mediator verpflichtet, eine in seinem Besitz befindliche Urkunde, die zum Beweis entscheidungserheblicher Tatsachen geeignet ist und auf die sich eine Partei bezogen hat, vorzulegen, es sei denn, § 142 Abs. 2 S. 1 ZPO steht entgegen. Kommt er dieser Pflicht nicht nach, kann das Gericht – gegebenenfalls nach einem Zwi-

---

[369] Begründung des Entwurfes des Zivilprozessreformgesetzes v. 24.11.2000, BT-Drs. 14/4722, S. 78 f. und 92. Vgl. auch Thomas/Putzo-*Reichold*, ZPO, § 429 Rn. 3; Musielak-*Huber*, ZPO, § 428 Rn. 5; Zöller-*Geimer*, ZPO, § 429 Rn. 1.
[370] Vgl. Musielak-*Huber*, ZPO, § 428 Rn. 5.

schenstreit nach §§ 387 ff. ZPO – gemäß §§ 142 Abs. 2 S. 2, 390 ZPO ein Ord-
nungsgeld verhängen.

Nach § 142 Abs. 2 S. 1 ZPO besteht die Vorlagepflicht nicht, sofern der Dritte
zur Verweigerung des Zeugnisses berechtigt ist. Nach richtiger Auffassung ist
der Mediator zur Verweigerung des Zeugnisses nach § 383 Abs. 1 Nr. 6 Alt. 1
ZPO berechtigt und damit nicht zur Vorlage einer in seinem Besitz befindlichen
Urkunde verpflichtet. Falls kein Zeugnisverweigerungsrecht besteht, etwa weil
der Mediator nicht gewerblich tätig ist, von seiner Verschwiegenheitspflicht entbunden wurde oder der Anspruch sich gegen eine am Prozess unbeteiligte Mediationspartei richtet, schließt § 142 Abs. 2 S. 1 ZPO die Vorlagepflicht auch dann
aus, wenn sie dem Dritten unzumutbar ist. Ob die Vorlagepflicht zumutbar ist,
hängt von den Umständen des Einzelfalls ab. Jedoch lassen sich einige allgemeine Erwägungen anstellen:

Soweit sich der Anspruch gegen den Mediator richtet, was häufig der Fall sein
wird, ist zu berücksichtigen, dass der Mediator selbst – wie oben in § 3 IV. und
IV. dargelegt – schutzwürdige Interessen daran hat, nicht an der zivilprozessualen Beweiserhebung mitwirken zu müssen. Insbesondere die Gefahr, durch die
Mitwirkung an der Beweisaufnahme als parteiisch wahrgenommen zu werden,
kann für den Mediator zu Nachteilen führen. Im Fall des anwaltlichen Mediators
hat das Gericht zudem zu berücksichtigen, dass auch ein Geheimhaltungsinteresse im Zusammenhang mit dem Grundrecht auf effektive Rechtsverteidigung
besteht.[371] Das Recht des Betroffenen findet seine Entsprechung im Recht des
Rechtsanwalts auf freie Berufsausübung gemäß Art. 12 Abs. 1 GG.[372] Da die
Tätigkeit eines Rechtsanwaltes als Mediator als Berufsausübung zu qualifizieren
ist (s.o. § 5 I. 1. a)), ist der Schutzbereich von Art. 12 Abs. 1 GG berührt, wenn
der anwaltliche Mediator zur Vorlage einer Urkunde verpflichtet wird.

Jedenfalls führen die unter § 3 III. und IV. beschriebenen Interessen der Allgemeinheit an der Sicherung der Vertraulichkeit dazu, dass die Schwelle der Un-
zumutbarkeit sinkt. Letztlich ausschlaggebend dürfte jedoch die Art der vorzu-
legenden Urkunde sein. Soweit eine Vorlagepflicht nach § 429 ZPO besteht, al-

[371] *Konrad* NJW 2004, 710, 711 ff., m. w. N.
[372] *Konrad* NJW 2004, 710, 711 ff., m. w. N. Zum Schutz der Vertrauenssphäre zwischen
Anwalt und Mandant gemäß Art. 12 Abs. 1 GG *Henssler*, NJW 1994, 1817, 1819 ff.

so im Fall eines offiziellen Mediationsprotokolls, das in der Regel gemäß dem Mediatorvertrag und § 810 BGB herauszugeben ist, kommt § 142 Abs. 1 ZPO ohnehin keine entscheidende Bedeutung zu. Geht es aber um höchstpersönliche Aufzeichnungen des Mediators oder einer Mediationspartei, die nur eigenen Zwecken dienen sollen, spricht viel dafür, dass die Vorlage der Urkunde unzumutbar ist.

b)   Urkunden im Besitz des Gegners

Fraglich ist, ob aus § 142 Abs. 1 S. 1 ZPO eine allgemeine Pflicht der nicht beweispflichtigen Partei zur Vorlage von Urkunden folgt, die auch dann greift, wenn die Voraussetzungen der §§ 422, 423 ZPO nicht vorliegen. Im Unterschied zur Vorlagepflicht Dritter bestehen keine Mechanismen zur Erzwingung der Vorlage einer Urkunde im Besitz des Gegners. Allerdings kann und wird das Gericht die Nichtvorlage der Urkunde im Rahmen von § 286 Abs. 1 ZPO würdigen, sodass die nicht beweisbelastete Partei der Anordnung nachzukommen hat, um eine für sie nachteilige Beweiswürdigung abzuwenden.

Anders als bei der Vorlagepflicht Dritter besteht keine Zumutbarkeitseinschränkung. Das Gericht hat jedoch bei der Ausübung des ihm gemäß § 142 Abs. 1 S. 1 ZPO zustehenden Ermessens und schließlich bei der Beweiswürdigung nach § 286 ZPO die gegensätzlichen Interessen an der Vorlage einerseits und der Geheimhaltung einer Urkunde andererseits zu berücksichtigen.[373] Von entscheidender Bedeutung ist hierbei, ob Ausgangspunkt der Abwägung eine allgemeine zivilprozessuale Pflicht zur Vorlage von Urkunden ist oder ob es vielmehr bei dem Grundsatz bleibt, dass Urkunden nur bei Bestehen eines materiellrechtlichen Anspruchs oder eigener Bezugnahme vorzulegen sind.

Bereits nach altem Recht wurde teilweise eine allgemeine zivilprozessuale Pflicht der Parteien zur Vorlage entscheidungserheblicher Urkunden angenommen.[374] Diese zu weit gehende Ansicht kann nicht mehr auf § 273 Abs. 2 Nr. 1

---

[373] Baumbach/Lauterbach-*Hartmann*, ZPO, § 142 Rn. 5; *Zekoll/Bolt*, NJW 2002, 3129, 3130 f. Vgl. auch den Bericht des Rechtsausschusses des Deutschen Bundestages v. 15.5.2001, BT-Drs. 14/6036, S. 120.
[374] Vgl. *Schlosser*, JZ 1991, 599, 606 ff.; Musielak-*Stadler*, ZPO, § 138 Rn. 11.

ZPO a. F. gestützt werden, der durch § 273 Abs. 2 Nr. 5 ZPO ersetzt wurde.[375] Eine allgemeine Vorlagepflicht könnte nunmehr allerdings aus § 142 Abs. 1 S. 1 ZPO folgen. Dem ist zu entgegnen, dass der Gesetzgeber weder eine „Ausforschung der von einer richterlichen Anordnung betroffenen Partei oder des Dritten" ermöglichen noch an dem bisher geltenden Grundsatz etwas ändern wollte, sondern beabsichtigte, die richterlichen Befugnisse „behutsam" zu erweitern.[376] Dies macht deutlich, dass die bisher in Rechtsprechung[377] und Literatur[378] herrschende Ansicht, der zufolge eine allgemeine zivilprozessuale Aufklärungspflicht der Prozessparteien nicht besteht, weiterhin Bestand hat.[379] Aufklärungspflichten betreffen typischerweise nicht nur den Zivilprozess, sondern bestehen unabhängig davon oder sind jedenfalls bereits im Vorfeld des Verfahrens erforderlich. Daher sind sie dem materiellen Recht zuzuordnen.[380] Die Begründung von originär zivilprozessualen Aufklärungspflichten bietet sich ausnahmsweise dort an, wo auch ein spezifisch zivilprozessualer Anknüpfungspunkt besteht, wie etwa die Bezugnahme auf eine Urkunde durch eine Prozesspartei im Sinne des § 423 ZPO.[381] Zudem entspräche eine derartig umfassende Vorlagepflicht nicht der kontradiktorischen Natur des Zivilprozesses, in dem sich die Parteien

---

[375] Diese Ansicht verkennt den eingeschränkten Sinn und Zweck des § 273 Abs. 2 Nr. 1 ZPO a. F., der das Gericht nicht zur Amtsermittlung, sondern nur zur Verfahrensbeschleunigung unter Beachtung des Verhandlungsgrundsatzes befähigen sollte. Zu Sinn und Zweck des § 273 ZPO a. F. und dessen – insbesondere aus der Verhandlungsmaxime folgende – Grenzen *Münchener Kommentar-Prütting*, ZPO, § 273 Rn. 2.

[376] Vgl. Bericht des Rechtsausschusses des Deutschen Bundestages (o. Fn. 373), S. 120. Damit hat er sich der Forderung *Gottwalds* widersetzt, der eine allgemeine Aufklärungspflicht der Parteien vorgeschlagen hat. *Gottwald*, Gutachten A für den 61. DJT (1996), S. 15 ff.

[377] BGH, NJW 1958, 1491, 1491; NJW 1990, 3151, 3151.

[378] *Thomas/Putzo-Reichold*, ZPO, § 138 Rn. 12 a. E.; *Münchener Kommentar-Prütting*, ZPO, § 284 Rn. 17 und § 286 Rn. 128; *Arens*, ZZP 96 (1993), S. 1 ff.; *Prütting*, Gegenwartsprobleme, S. 137 ff.; *Rosenberg/Schwab/Gottwald*, ZPO, § 108 Rn. 8 (S. 740 f.); *Stein/Jonas-Leipold*, ZPO, § 138 Rn. 22 f.

[379] *Zekoll/Bolt*, NJW 2002, 3129, 3129; *Musielak-Stadler*, ZPO, § 138 Rn. 11, der darlegt, dass die Neufassung von § 142 ZPO lediglich eine Präzisierung und nicht die Einführung einer allgemeinen prozessualen Aufklärungspflicht darstellt; *Rosenberg/Schwab/Gottwald*, ZPO, § 108 Rn. 8 (S. 740 f.). A. A. *Konrad*, NJW 2004, 710,711; wohl auch *Münchener Kommentar-Peters*, ZPO-Reform, § 142 Rn. 2. Vgl. LG Ingolstadt, NZI 2002, 390, 390 (Anordnung der Vorlage eines Aktenordners), m. krit. Anm. *Uhlenbruck*, NZI 2002, 589, 589.

[380] Die Vorteile einer materiell-rechtlichen Einordnung von Aufklärungsansprüchen räumt sogar *Schlosser* ein. *Schlosser*, JZ 1991, 599, 606 f.

[381] Vgl. BGH, NJW 1989, 389; *Stein/Jonas-Leipold*, ZPO, § 138 Rn. 22; *Münchener Kommentar-Prütting*, ZPO, § 284 Rn. 17.

als Gegner gegenüberstehen, die grundsätzlich nicht dazu verpflichtet sind, die Sache des Gegners zu unterstützen.[382]

Vor diesem Hintergrund leuchtet es ein, dass die §§ 422, 423 ZPO durch das Zivilprozessreformgesetz nicht geändert worden sind. Ferner wäre es gesetzessystematisch verfehlt, die Möglichkeiten der vorrangig in den §§ 355 ff. ZPO geregelten Beweisaufnahme durch § 142 Abs. 1 S. 1 ZPO, der den Regelungen über die Verfahrensmodalitäten der mündlichen Verhandlung zugehört, in einem wesentlichen Aspekt erheblich auszudehnen. In Anbetracht dieser Gründe verbietet es sich, aus § 142 Abs. 1 S. 1 ZPO zu schließen, der Gesetzgeber wolle die Prozessparteien mit einer allgemeinen zivilprozessualen Aufklärungspflicht, insbesondere zur Vorlage von Urkunden, belegen. Folglich hat das Gericht bei der Ausübung des Ermessens zu berücksichtigen, dass durch die Anordnung nach § 142 Abs. 1 S. 1 ZPO nur ausnahmsweise von dem Grundsatz, dass die gegnerische Partei Urkunden nur nach Anordnung gemäß § 425 ZPO vorzulegen hat, abgewichen werden darf.[383] Insbesondere zur Verfahrensbeschleunigung, also unter der Voraussetzung, dass das Gericht von einer Vorlagepflicht nach den §§ 422, 423 ZPO ausgeht, ist eine Anordnung nach § 142 Abs. 1 S. 1 ZPO zulässig. Über derartige Fälle hinaus ist zweifelhaft, ob das Gericht eine Anordnung nach § 142 Abs. 1 S. 1 ZPO treffen kann, wenn ein Antrag der beweispflichtigen Partei gemäß § 425 ZPO abzulehnen wäre. Die Anordnung der Vorlage von persönlichen Aufzeichnungen einer Partei kommt hier wohl nicht in Betracht. Unter Berücksichtigung des geringen Beweiswertes derartiger persönlicher Notizen dürfte ein überwiegendes Interesse der beweispflichtigen Partei auch angesichts des informationellen Selbstbestimmungsrechts nach Art. 1 Abs. 1 i. V. m. 2 Abs. 1 GG der anderen Partei ausscheiden.[384]

Abschließend ist festzuhalten, dass § 142 Abs. 1 ZPO – anders als § 144 Abs. 1 ZPO – die Erforderlichkeit eines Beweisantrages unberührt lässt. Das Gericht

---

[382] So zu Recht Münchener Kommentar-*Prütting*, ZPO, § 284 Rn. 17 und § 286 Rn. 128.

[383] Vgl. Münchener Kommentar-*Peters*, ZPO, §§ 142–144 Rn. 10 (zur Rechtslage vor der ZPO-Reform). Dementsprechend stellt *Konrad* fest, dass § 142 Abs. 1 S. 1 ZPO der einschränkenden Auslegung bedarf. *Konrad*, NJW 2004, 710, 711. Zum Parallelproblem bei § 144 vgl. BGHZ 5, 302, 307; Zöller-*Greger*, ZPO, § 144 Rn. 2.

[384] Zu den aus Ausforschungsverbot, Bezugnahmeerfordernis und Geheimhaltungsinteressen der anderen Partei folgenden Einschränkungen des § 142 Abs. 1 S. 1 ZPO *Zekoll/Bolt*, NJW 2002, 3129, 3130.

kann zwar die Vorlage einer Urkunde anordnen, ist aber auf einen Parteiantrag angewiesen, um die förmliche Beweisaufnahme durchführen zu können.

4. Folgen der Nichtvorlegung

Legt der Gegner des Beweisführers eine Urkunde nicht vor, obwohl er dazu durch eine gerichtliche Anordnung gemäß § 425 ZPO oder § 426 S. 4 ZPO verpflichtet ist, oder gelangt das Gericht zur Überzeugung, der Gegner habe nicht sorgfältig nach dem Verbleib der Urkunde geforscht, so kann nach § 427 ZPO eine vom Beweisführer beigebrachte Abschrift der Urkunde als richtig angesehen werden oder, falls eine solche Abschrift nicht beigebracht ist, die Behauptung des Beweisführers über den Inhalt der Urkunde als bewiesen angenommen werden.

Wenn eine Anordnung nach § 142 Abs. 1 S. 1 ZPO ergeht, stellt sich die Frage, ob § 427 ZPO entsprechend anzuwenden ist.[385] Eine unmittelbare Anwendung scheidet aufgrund der systematischen Stellung des § 427 ZPO aus. Anders als § 371 Abs. 3 ZPO, der sich auch auf §§ 371 Abs. 2, 144 ZPO bezieht, findet sich ein entsprechender Verweis auf § 142 Abs. 1 ZPO bei § 427 ZPO nicht. Die analoge Anwendung kann zu erheblichen Nachteilen für die nicht beweispflichtige Partei – bis hin zum Prozessverlust – führen. Derartige Nachteile sind grundsätzlich nur dann gerechtfertigt, wenn ein Vorlageanspruch besteht. Soweit sich das Gericht bei der Ausübung seines Ermessens im Rahmen des § 142 Abs. 1 S. 1 ZPO an die oben dargelegten Grundsätze hält, eine Anordnung also nur in seltenen Ausnahmefällen trifft, erscheint eine analoge Anwendung vertretbar. Dies steht im Einklang mit der allgemeinen Meinung, nach der die Grundsätze der Beweisvereitelung auf das gesamte Beweisrecht anzuwenden sind.[386]

Festzuhalten bleibt, dass das Gericht bei direkter und entsprechender Anwendung verpflichtet ist, den Vortrag und die Ergebnisse der Beweiserhebung frei nach § 286 Abs. 1 ZPO zu würdigen, und nur falls es dabei zu keinem eindeuti-

---

[385] Siehe Thomas/Putzo-*Reichold*, ZPO, § 142 Rn. 5; *Zekoll/Bolt*, NJW 2002, 3129, 3130. Ähnlich Münchener Kommentar-*Peters*, ZPO, §§ 142–144 Rn. 12.
[386] BGH, NJW 1986, 59, 60 f.; Zöller-*Greger*, ZPO, § 286 Rn. 14a; Musielak-*Foerste*, ZPO, § 286 Rn. 62.

gen Ergebnis kommt, die in § 427 ZPO vorgesehenen Fiktionen anwenden kann.[387]

Richtet sich die Anordnung an einen Dritten und legt dieser die Urkunde trotz der Anordnung nicht vor, so kommen im Fall der Anordnung gemäß § 142 Abs. 1 S. 1 ZPO gemäß § 142 Abs. 2 S. 2 ZPO die Zwangsmittel des § 390 ZPO zur Anwendung. Im Übrigen ist der Beweisführer genötigt, den Dritten auf Herausgabe der Urkunde zu verklagen, § 429 S. 1 ZPO. Im Rahmen der Beweiswürdigung sind aber aus der Nichtvorlage regelmäßig keine Schlüsse zum Nachteil der einen oder anderen Partei zu ziehen. Wegen des Verweises auf das Zeugnisverweigerungsrecht in § 142 Abs. 2 S. 1 ZPO gelten im Fall der Nichtentbindung des Mediators von seiner Verschwiegenheitspflicht durch die nicht beweisbelastete Partei auch hier die Grundsätze der Beweisvereitelung wie bereits in § 9 III. 6. beschrieben.

5. Zwischenergebnis

Falls sich Urkunden im Besitz der beweisbelasteten Partei befinden, kann diese die Urkunden ohne weiteres dem Gericht zum Zweck der Beweiserhebung vorlegen. Dritte oder die nicht beweisbelastete Partei haben Urkunden grundsätzlich nur dann vorzulegen, wenn ein materiell-rechtlicher Anspruch des Antragstellers auf Herausgabe der Urkunde besteht. Die nicht beweisbelastete Partei hat eine Urkunde auch dann vorzulegen, wenn sie sich auf die Urkunde als Beweismittel bezogen hat.

Die Mediationsparteien haben aus dem Geschäftsbesorgungsvertrag einen Anspruch gegen den Mediator auf Herausgabe der an den Mediator zum Zweck der Mediation übergebenen Dokumente sowie der vom Mediator für sie angefertigten Dokumente. Dies gilt z. B. für ein Mediationsprotokoll, eine Mediationsagenda oder Aufzeichnungen auf Flipcharts, soweit der Mediator diese Dokumente auch für die Parteien angefertigt hat. Ein Herausgabeanspruch kann sich ferner aus § 810 BGB ergeben, der sich gegen den Mediationsbeteiligten richtet, in dessen Besitz sich die Urkunde befindet. Notizen aus der Mediation, die nur zum eigenen Gebrauch angefertigt wurden, sind hiervon allerdings nicht umfasst.

---

[387] Münchener Kommentar-*Prütting*, ZPO, § 286 Rn. 89.

Nur in Ausnahmefällen kommt eine Anordnung des Gerichts von Amts wegen in Betracht, die den Mediator und die im Prozess nicht beweisbelastete oder gänzlich am Prozess unbeteiligte Mediationspartei verpflichtet, eine Urkunde vorzulegen. Falls ein materiell-rechtlicher Herausgabeanspruch besteht, kann das Gericht zur Verfahrensbeschleunigung von Amts wegen die Vorlage einer Urkunde anordnen. Grundsätzlich hat das Gericht aber vorrangig darauf hinzuwirken, dass die Parteien sachdienliche Anträge stellen. Falls kein materiell-rechtlicher Herausgabeanspruch besteht, scheidet eine gerichtliche Anordnung in der Regel aus, die persönliche Aufzeichnungen des Mediators oder der Mediationspartei betrifft.

V.   Beweis durch Augenschein

1. Grundsätzliches

Die Einnahme des Augenscheins umfasst unmittelbare Sinneswahrnehmungen des Gerichts zum Zweck der Beweisaufnahme und kann sich auf Personen, Sachen oder Vorgänge jeglicher Art beziehen.[388] Vorliegend kommt der Augenscheinsbeweis bei Ton- oder Filmaufnahmen von der Mediation in Betracht. Gemäß § 371 Abs. 1 S. 2 ZPO sind auch elektronisch gespeicherte Dokumente, wie z. B. das in einer Word-Datei gespeicherte Mediationsprotokoll, Gegenstand des Beweises durch Augenschein.

Der Beweis durch Augenschein wird gemäß § 371 Abs. 1 S. 1 ZPO durch die Bezeichnung des Gegenstandes und durch die Angabe der zu beweisenden Tatsache angetreten. Elektronische Dateien sind dem Gericht zu übermitteln, § 371 Abs. 1 S. 2 ZPO. Ist der Gegenstand des Augenscheins im Besitz der beweispflichtigen Mediationspartei, ist diese nicht daran gehindert, dem Gericht die Augenscheinseinnahme durch Vorlage des Gegenstandes zu ermöglichen. Befindet sich das Objekt allerdings im Besitz der anderen Partei, ist deren Mitwirkung bei der Einnahme des Augenscheins erforderlich (dazu sogleich unter Ziffer 2.). Zudem kann das Gericht die Einnahme des Augenscheins gemäß § 144 Abs. 1 S. 1 ZPO anordnen.

---

[388] Vgl. etwa Zöller-*Greger*, ZPO, § 371 Rn. 1.

2. Pflicht zur Mitwirkung

Da nach zutreffender Ansicht eine allgemeine zivilprozessuale Mitwirkungs-pflicht der nicht beweispflichtigen Partei nicht besteht,[389] ist diese im Grundsatz nur dann verpflichtet, an der Augenscheinseinnahme mitzuwirken, insbesondere das Augenscheinsobjekt vorzulegen, wenn die Voraussetzungen der §§ 371 Abs. 2 S. 2, 422, 423 ZPO erfüllt sind. Soweit ein Augenscheinsobjekt im Besitz eines Dritten ist, besteht gemäß §§ 371 Abs. 2 S. 2, 429 S. 1, 422 ZPO eine Pflicht des Dritten zur Duldung der Augenscheinsvornahme bei Bestehen eines entsprechenden materiell-rechtlichen Anspruches. Daher kann auf die obigen Ausführungen unter Ziffer IV. 2. zu den §§ 422 ff. ZPO verwiesen werden. Allerdings kann sich aus § 810 BGB, der sich nur auf Urkunden bezieht, kein Einsichtsrecht bezüglich eines Augenscheinsobjekts ergeben.[390]

Zudem kann das Gericht die Vorlage eines Augenscheinsobjekts gemäß § 144 Abs. 1 S. 2 ZPO anordnen. Insofern kann auf Ziffer IV. 2. verwiesen werden.

3. Folgen der Weigerung

Der durch das Zivilprozessreformgesetz eingeführte § 373 Abs. 3 ZPO bestimmt, dass das Gericht die Behauptungen des Beweisführers als bewiesen ansehen kann, sofern die andere Partei die zumutbare Einnahme des Augenscheins vereitelt. Damit ist der allgemeine Gedanke der Beweisvereitelung ausdrücklich auch in Bezug auf die Augenscheinseinnahme anwendbar. Dies war bereits bisher vom Grundsatz her anerkannt.[391] Im Unterschied zu § 427 ZPO kommt § 373 Abs. 3 ZPO auch im Fall der Anordnung nach § 144 Abs. 1 ZPO unmittelbar zur Anwendung, da § 371 Abs. 2 S. 1 ZPO auf § 144 ZPO verweist. Auf die Ermessensausübung des Gerichts finden dieselben restriktiven Grundsätze wie im Fall der Anordnung der Vorlage einer Urkunde Anwendung (s. o. unter Ziffer IV. 2. 3.). Ist die Vorlageanordnung danach zulässig, ist die Anwendung des § 371 Abs. 3 ZPO gerechtfertigt.

---

[389] Siehe oben Ziffer IV. 3. Zum Augenschein etwa Thomas/Putzo-*Reichold*, ZPO, Vor § 371 Rn. 2; Baumbach/Lauterbach-*Hartmann*, ZPO, Übers § 371 Rn. 5.
[390] Vgl. Palandt-*Sprau*, BGB, § 810 Rn. 1.
[391] Siehe etwa Münchener Kommentar-*Damrau*, ZPO, § 371 Rn. 7 f. m. w. N.

Im Hinblick auf die Interessenabwägung unter Berücksichtigung des allgemeinen Interesses an der Vertraulichkeit der Mediation kann hier auf das zur Beweisvereitelung unter Ziffer III. 6. Gesagte verwiesen werden.

VI. Parteivernehmung

1. Grundsätzliches

Die Parteivernehmung der nicht beweispflichtigen Partei findet statt auf Antrag des Beweisführers gemäß § 445 Abs. 1 ZPO. Die Parteivernehmung der beweispflichtigen Partei setzt nach § 447 ZPO einen Parteiantrag und das Einverständnis der anderen Partei voraus. Die Vernehmung einer der Parteien kann auch von Amts wegen nach § 448 ZPO angeordnet werden. Die Parteivernehmung kommt als subsidiäres Beweismittel nur in Betracht, wenn keine anderen Beweismittel – wie beispielsweise die Zeugenaussage des Mediators, schriftliche Aufzeichnungen, Ton- bzw. Filmaufnahmen – zur Verfügung stehen.

2. Pflicht zur Mitwirkung

Wie § 446 ZPO erkennen lässt, besteht keine durchsetzbare Pflicht der nicht beweispflichtigen Partei, sich vernehmen zu lassen. Die Vernehmung der beweispflichtigen Partei setzt nach § 447 ZPO das Einverständnis beider Parteien voraus. Dementsprechend kann das Gericht eine Partei auch nicht zur Teilnahme an der Vernehmung zwingen. Allerdings kann sich aus den möglichen Folgen der Weigerung einer Partei, sich durch das Gericht vernehmen zu lassen, eine mittelbare Aussagepflicht ergeben.

3. Folgen der Weigerung

Lehnt die beweispflichtige Partei es ab, sich vernehmen zu lassen, obwohl andere Beweismittel nicht vorliegen, kann sie den Beweis nicht erbringen und verliert u. U. deshalb den Prozess. Falls die nicht beweisbelastete Partei ihre Vernehmung nach § 445 ZPO ablehnt, hat das Gericht nach § 446 ZPO unter Berücksichtigung sämtlicher Umstände des Einzelfalls zu bestimmen, ob eine behauptete Tatsache als bewiesen anzusehen ist. Das Gericht hat insbesondere zu prüfen, ob die sich weigernde Partei triftige Gründe für ihre Weigerung ins Feld führt.[392] Im Hinblick auf die Interessenabwägung unter Berücksichtigung des allgemeinen Interesses an der Vertraulichkeit der Mediation kann hier auf das zur Beweisvereitelung unter Ziffer III. 6. Gesagte verwiesen werden. Im Ergebnis kommt eine Anwendung des § 446 ZPO zum Nachteil der nicht beweispflichtigen Partei nur dann in Betracht, wenn eine Verletzung der Verschwiegenheitspflicht nach den Ausführungen in § 5 I. 1. c) dd) gerechtfertigt wäre.

Dies gilt nach § 453 Abs. 2 ZPO auch, falls die nicht beweispflichtige Partei die Aussage oder den Eid verweigert. Bleibt die zu vernehmende Partei im Vernehmungstermin aus, hat das Gericht gemäß § 454 Abs. 1 ZPO unter Berücksichtigung sämtlicher Umstände, insbesondere der für das Ausbleiben angegebenen Gründe, zu entscheiden, ob die Aussage als verweigert gilt und damit die §§ 453 Abs. 2, 446 ZPO gelten.

VII. Beweis durch Sachverständigengutachten

Der Beweis durch Sachverständigengutachten wird die Vertraulichkeit der Mediation regelmäßig nicht gefährden. Zu den typischen Aufgaben des Sachverständigen zählt es, Erfahrungssätze zu vermitteln, Schlussfolgerungen aus Erfahrungssätzen oder Sachkunde zu ziehen oder Tatsachen festzustellen, soweit dazu besondere Sachkunde erforderlich ist.[393] Keine dieser Tätigkeiten ist geeignet, Mediationsinformationen in den Prozess einzuführen. Die Feststellung von Tatsachen durch einen Sachverständigen setzt nämlich voraus, dass ein entsprechendes Bezugsobjekt zur Verfügung steht. Dieses ist nach den Regelungen zur Zeugenaussage oder Vorlage von Urkunden oder Augenscheinsobjekten in den Prozess einzuführen.

Denkbar ist jedoch, dass der Mediator als sachverständiger Zeuge geladen wird. Dies kann etwa den als Mediator tätigen Diplompsychologen betreffen, der über die Geschäftsfähigkeit einer der Prozessparteien während der Mediation aussagen soll. Soweit die Vernehmungsperson allerdings über von ihr wahrgenommene Tatsachen aussagt, ist sie als Zeuge anzusehen, auch wenn die Wahrnehmung besondere Sachkunde erfordert.[394] Nach § 414 ZPO gelten in diesem Fall die §§ 373 ff. ZPO. Der als sachverständiger Zeuge vernommene Mediator kann

---

[392] Thomas/Putzo-*Reichold*, ZPO, § 446 Rn. 1.
[393] *Rosenberg/Schwab/Gottwald*, ZPO, § 120 Rn. 1 (S. 837).
[394] Thomas/Putzo-*Reichold*, ZPO, § 414 Rn. 1.

also auch gemäß § 383 Abs. 1 Nr. 6 ZPO das Zeugnis verweigern. Insofern wird an dieser Stelle auf die Ausführungen in Ziffer III. über den Zeugenbeweis verwiesen.

VIII. Beweisverwertungsverbote

Fraglich ist, ob rechtswidrig erlangte Beweismittel zum Beweis von Mediationsinformationen verwertet werden können. Diese Frage stellt sich etwa, wenn der zeugnisverweigerungsberechtigte Mediator entgegen § 383 Abs. 3 ZPO zur Aussage veranlasst wurde oder wenn die während der Mediation stattfindenden Gespräche heimlich entgegen § 201 Abs. 1 Nr. 1 StGB[395] auf Tonband aufgezeichnet oder protokolliert wurden.

Nach § 201 Abs. 1 Nr. 1 StGB ist die Anfertigung heimlicher Tonbandaufnahmen grundsätzlich unzulässig, und zwar auch soweit es sich um rein geschäftliche Angelegenheiten handelt.[396] Dieses Verbot ist von den Zivilgerichten zu respektieren, die folglich an der Verwertung einer derartigen Tonbandaufnahme grundsätzlich gehindert sind.[397] Ausnahmsweise kann die Aufnahme aber nach § 34 StGB gerechtfertigt und somit die Verwertung zulässig sein. Dies ist nach einer umfassenden Interessenabwägung zu beurteilen, bei der insbesondere der Grad der Vertraulichkeit des Gesprächs, das Gewicht des Beweisinteresses und die Größe der Beweisnot zu berücksichtigen sind.[398] Eine Rechtfertigung nach § 34 StGB kommt insbesondere zum Beweis von während der Mediation vorgefallenen, rechtswidrigen Erklärungen (oder Handlungen) – wie zum Beispiel Drohungen oder Beleidigungen – gegenüber dem Täter in Betracht.[399] Allgemein zur Verfolgung zivilrechtlicher Ansprüche scheidet eine Rechtfertigung

---

[395] Zu den Voraussetzungen des § 201 Abs. 1 Nr. 1 StGB etwa Schönke/Schröder-*Lenckner*, StGB, § 201 Rn. 4 ff.
[396] Ebenso BGH, NJW 1988, 1016, 1017. Vgl. auch BVerfGE 34, 238, 245; BGHZ 27, 284 ff.; 73, 120, 123; NJW 1982, 277, 277 f.; Zöller-*Greger*, ZPO, § 286 Rn. 15b; Musielak-*Huber*, ZPO, § 286 Rn. 6 f.
[397] Zuletzt BGH, NJW 1988, 1016, 1017 f. Vgl. auch Münchener Kommentar-*Prütting*, ZPO, § 284 Rn. 67 m. w. N.
[398] BGHZ 27, 284, 289 ff.; NJW 1982, 277, 278; Schönke/Schröder-*Lenckner*, § 201 Rn. 31; *Tröndle/Fischer*, StGB, § 201 Rn. 7.
[399] BGHZ 27, 284, 288 ff.; BGH, NJW 1982, 277, 288; Schönke/Schröder-*Lenckner*, § 201 Rn. 31.

aber aus.[400] Der BGH führt insofern aus: „Das allgemeine private Interesse, sich über den Inhalt eines Gespräches ein Beweismittel für eine mögliche Auseinandersetzung zu verschaffen und dieses dann in einem etwaigen Prozess zu verwenden, um zivilrechtliche Ansprüche durchzusetzen, reicht dazu nicht aus."[401]

Nach der Rechtsprechung des BGH greifen diese für heimliche Tonbandaufnahmen entwickelten Grundsätze nicht im Fall eines unbemerkt angefertigten Gesprächsprotokolls.[402] Diese Grundsätze bieten keinen Schutz vor der Wiedergabe eines vertraulichen Gespräches anhand eines heimlich geführten Protokolls.[403] Ein Beweisverwertungsverbot besteht also nicht, wenn eine Mediationspartei ein von ihr oder dem Mediator[404] angefertigtes Mediationsprotokoll vorlegt. Auf die Auswirkungen einer entgegenstehenden Vereinbarung wird nachfolgend unter § 10 eingegangen.

Verletzt das Gericht seine Pflicht gemäß § 383 Abs. 3 ZPO, den Mediator nicht zu befragen, sofern er zur Verweigerung des Zeugnisses berechtigt wäre, ist seine Aussage dennoch verwertbar.[405]

IX. Exkurs: Der Öffentlichkeitsgrundsatz

Die Vertraulichkeit der Mediation ist durch den Öffentlichkeitsgrundsatz gefährdet. Ist eine Gerichtsverhandlung öffentlich, besteht die Gefahr, dass nicht nur die Prozessbeteiligten, sondern auch unbeteiligte Dritte Kenntnis von Mediationsinformationen erlangen.

Die Verhandlung vor den ordentlichen Gerichten in Zivil- und Strafsachen ist gemäß § 169 S. 1 GVG öffentlich. Dieser Grundsatz soll die öffentliche Kontrolle ermöglichen und dadurch staatliche Willkür verhindern.[406] Da die Vorschriften über die Öffentlichkeit dem allgemeinen Interesse dienen, sind sie der

---

[400] BGHZ 27, 284, 290; NJW 1982, 277, 278; NJW 1988, 1016, 1018; Schönke/Schröder-*Lenckner*, § 201 Rn. 31.
[401] BGH, NJW 1988, 1016, 1018.
[402] BGHZ 80, 25, 42.
[403] BGHZ 80, 25, 42; Münchener Kommentar-*Prütting*, ZPO, § 284 Rn. 72; Zöller-*Greger*, ZPO, § 286 Rn. 15b.
[404] Bezüglich des Urkundsbeweises mittels eines Mediationsprotokolls sind allerdings die unter § 9 IV. beschriebenen Einschränkungen zu beachten.
[405] BGH, NJW 1990, 1734, 1735 (bei Zweifeln an der Wirksamkeit der Entbindung von der Verschwiegenheitspflicht); Musielak-*Huber*, ZPO, § 383 Rn. 9.
[406] Münchener Kommentar-*M. Wolf*, GVG, § 169 Rn. 1 ff.

Parteidisposition entzogen.[407] Ausnahmen vom Öffentlichkeitsgrundsatz ergeben sich abschließend aus den §§ 170 ff. GVG. Im Mediationskontext sind die folgenden Ausnahmen von Interesse:

Schließt sich an eine Familienmediation eine familienrechtliche Streitigkeit an, ist die Öffentlichkeit gemäß § 170 S. 1 GVG grundsätzlich kraft Gesetz ausgeschlossen. Im Übrigen kann das Gericht die Öffentlichkeit nach § 171b GVG ausschließen, wenn Umstände aus dem persönlichen Lebensbereich eines Prozessbeteiligten zur Sprache kommen. Damit sind Umstände aus der privaten Lebenssphäre gemeint, die zur Verwirklichung der Menschenwürde gewährleistet werden muss und die außenstehenden Dritten nicht ohne weiteres zugänglich ist.[408]

Auch soweit die Voraussetzungen des § 172 GVG vorliegen, kann das Gericht die Öffentlichkeit ausschließen. Dies ist der Fall, soweit ein Geschäfts-, Betriebs-, Erfindungs- oder Steuergeheimnis i. S. d. § 172 Nr. 2 GVG vorliegt oder gemäß § 172 Nr. 3 GVG ein privates Geheimnis durch einen strafrechtlich zur Verschwiegenheit verpflichteten Zeugen oder Sachverständigen erörtert werden soll. Letzteres ist der Fall, wenn der nach § 203 Abs. 1 StGB zur Verschwiegenheit verpflichtete Mediator als Zeuge über ein privates Geheimnis i. S. d. § 172 Nr. 3 GVG aussagen soll. Wie bei § 171b GVG ist jedoch Voraussetzung, dass das Geheimnis den privaten Lebensbereich betrifft.

Abgesehen von § 170 S. 1 GVG im Hinblick auf die Familienmediation sind die genannten Ausnahmen nicht geeignet, allgemein zu verhindern, dass Mediationsinformationen Dritten zur Kenntnis gelangen, die aufgrund des Öffentlichkeitsgrundsatzes berechtigt sind, einer Gerichtsverhandlung beizuwohnen. Nur sofern Mediationsinformationen unter eine der genannten Ausnahmen fallen, was typischerweise nicht der Fall ist, kann das Gericht die Öffentlichkeit ausschließen.

---

[407] *Kissel*, GVG, § 169 Rn. 19; Münchener Kommentar-*M. Wolf*, GVG, § 169 Rn. 24. Allerdings kann das Gericht, sofern beide Parteien zustimmen, gemäß § 128 Abs. 2 S. 1 ZPO die Durchführung eines schriftlichen Verfahrens anordnen. Auch soweit die Parteien einvernehmlich ein schriftliches Verfahren beantragen, steht die Entscheidung im Ermessen des Gerichts. Der Grundsatz der Mündlichkeit kann nur bis zur nächsten Sachentscheidung des Gerichts durchbrochen werden. Musielak-*Stadler*, ZPO, § 128 Rn. 17.
[408] *Kissel*, GVG, § 171b Rn. 3; Münchener Kommentar-*M. Wolf*, GVG, § 171b Rn. 9.

Im Grundsatz ist also davon auszugehen, dass zur Sicherung der Vertraulichkeit der Mediation keine Möglichkeit besteht, die Öffentlichkeit der zivilprozessualen Verhandlung einzuschränken.

§ 10 Vertraulichkeitsschutz durch Prozessvertrag

Wie bereits ausgeführt, ist es üblich, dass vor Beginn der Mediation die Parteien sowohl miteinander als auch mit dem Mediator eine Vertraulichkeitsvereinbarung schließen.[409] Diese Vereinbarungen begründen typischerweise nicht nur materiell-rechtliche Schweigepflichten, sondern verbieten auch die Einbringung von Mediationsinformationen in einen Zivilprozess. Vor diesem Hintergrund stellt sich die Frage, wie diese Vertraulichkeitsvereinbarungen zivilprozessrechtlich zu behandeln sind.

I. Grundsätzliches

1. Rechtsnatur der Vertraulichkeitsvereinbarung

Eine Vereinbarung, welche die Gestaltung des Zivilprozesses zum Gegenstand hat, ist unabhängig davon, ob dem Vertrag verpflichtende oder verfügende Wirkung beizumessen ist, als Prozessvertrag zu qualifizieren.[410] Eine a. A. will zwischen prozessrechtlichen Verfügungsverträgen und materiell-rechtlichen Verpflichtungsverträgen differenzieren.[411] Es ist jedoch kein Grund ersichtlich, verpflichtende Verträge zwingend dem materiellen Privatrecht zuzuordnen,[412] da Verpflichtungs- und Verfügungsverträge grundsätzlich rechtlich nicht unter-

---

[409] Dazu oben § 5 II. und 4 II.

[410] *Hellwig*, Systematik, S. 77 ff.; Münchener Kommentar-*Lüke*, ZPO, Einl. Rn. 284, 289; *Rosenberg/Schwab/Gottwald*, ZPO, § 66 Rn. 2 (S. 420); Stein/Jonas-*Leipold*, ZPO, Vor § 128 Rn. 160, 162, 237; *Schwab*, FS Baumgärtel, S. 503, 511 f.; Thomas/Putzo-*Putzo*, Einl III Rn. 6; *Wagner*, Prozessverträge, S. 11 ff., 46 f.; *ders.*, NJW 2001, 1398, 1399.

[411] *Baumgärtel*, Prozesshandlung, S. 268 ff., 272; *Grunsky*, Grundlagen des Verfahrensrechts, § 23 II. (S. 208, 210); *Schiedermair*, Vereinbarungen, S. 95 ff.; Zöller-*Greger*, ZPO, Vor § 128 Rn. 26, der zwischen Prozessverträgen mit verfügendem Charakter und Prozessvereinbarungen mit verpflichtender Wirkung unterscheidet. Einen Überblick über den Streitstand geben *Teubner/Künzel*, MDR 1988, 720, 722 f; *Wagner*, Prozessverträge, S. 11 ff.

[412] Ebenso *Wagner*, Prozessverträge, S. 37. Bei rechtsgebietsübergreifender Betrachtung zeigt die Anerkennung öffentlich-rechtlicher Verpflichtungsverträge, dass Verpflichtungsverträge nicht zwingend dem Privatrecht zugeordnet werden müssen. Zur Rechtsnatur öffentlich-rechtlicher Verträge *Lange*, NVwZ 1983, 313, 316; *Meyer/Borgs-Meyer*, VwVfG, § 54 Rn. 52, 60; *Salzwedel*, Öffentlich-rechtlicher Vertrag, S. 79 f.

schiedlich zu behandeln sind.[413] Sowohl verpflichtende als auch verfügende Verträge mit Primärwirkung auf dem Gebiet des Zivilprozesses müssen den Regelungen des allgemeinen Vertragsrechts und den zwingenden Wertungen des Zivilprozessrechts genügen.[414] Folglich sind Vertraulichkeitsvereinbarungen, soweit sie die Mediationsbeteiligten verpflichten, Prozesshandlungen nicht vorzunehmen, als Prozessvertrag zu qualifizieren.

Eine Unterart des Prozessvertrages sind Beweismittelverträge, die die Nutzung bestimmter Beweismittel modifizieren.[415] Soweit die Vertraulichkeitsvereinbarung die Benennung des Mediators als Zeugen oder den Beweis durch aus der Mediation stammende Urkunden, Tonträger oder sonstige Gegenstände verbietet, kann sie als Beweismittelvertrag bezeichnet werden.[416] Demgegenüber disponieren die Parteien mit einem Geständnisvertrag über ihre Befugnis zum Vortrag und Bestreiten von Tatsachen.[417] Obwohl die Vertraulichkeitsvereinbarung sich nicht auf ein Geständnis bezieht, kann sie als eine Art Geständnisvertrag verstanden werden, soweit sie den Vortrag von Tatsachen aus der Mediation verbietet. Diese terminologische Schieflage wird hier in Kauf genommen, da sich der Begriff des Geständnisvertrages für alle Verträge, die sich auf die Zulässigkeit des Tatsachenvortrages beziehen, eingebürgert hat.[418]

2. Unterscheidung von materiell-rechtlichen und prozessrechtlichen Vertragsbestandteilen

Sofern ein Vertrag – wie die hier in Rede stehende Vertraulichkeitsvereinbarung – sowohl materiell-rechtliche als auch prozessuale Rechtsfolgen enthält, kann – ausgehend von der These, dass für die rechtliche Einordnung einer Vereinbarung ihr Inhalt ausschlaggebend ist – eine Einordnung je nach dem Gegenstand einzelner Vertragsbestimmungen erfolgen. Es besteht kein Grund, eine Vereinbarung, die sich aus prozessualen und materiell-rechtlichen Bestandteilen zu-

---

[413] *Wagner*, Prozessverträge, S. 38, der die entscheidende Trennlinie zwischen einseitigen Prozesshandlungen und zweiseitigen Prozessverträgen sieht. Vgl. auch Münchener Kommentar-*Lüke*, ZPO, Einl. Rn. 284.
[414] Näher dazu sogleich in Ziffer 3.
[415] *Wagner*, Prozessverträge, S. 609.
[416] *Wagner*, Prozessverträge, S. 685. Vgl. auch *Walter*, ZZP 103 (1990), 141, 167. Allgemein zum Begriff des Beweismittelvertrags *Wagner*, Prozessverträge, S. 683 ff.
[417] *Wagner*, Prozessverträge, S. 611.
[418] Vgl. *Wagner*, Prozessverträge, S. 610 ff.

sammensetzt, einheitlich entweder dem materiellen oder prozessualen Recht zuzuordnen. Anders als bei einem Vertrag mit verwaltungsrechtlichen und zivilrechtlichen Bestimmungen besteht das Problem nicht, dass vertragliche Rechte
je nach Einordnung in einem anderen Rechtsweg durchgesetzt werden müssen.
Die unterschiedliche Qualifikation einzelner vertraglicher Regelungen führt
auch nicht dazu, dass Wertungszusammenhänge zwischen diesen Regelungen
außen vor bleiben.[419] Dies ergibt sich aus dem § 139 BGB zugrunde liegenden
Gedanken, wonach im Zweifel von einem Konnex zwischen zwei analytisch
trennbaren Teilen eines Rechtsgeschäfts auszugehen ist, der die Nichtigkeit des
gesamten Geschäfts rechtfertigt.[420] Vorliegend können die den Zivilprozess betreffenden Bestandteile der Vertraulichkeitsvereinbarung separat untersucht
werden.

3. Wirksamkeitsvoraussetzungen

Nach ständiger Rechtsprechung des BGH können sich zukünftige Prozesspartei-
en „zu jedem Verhalten verpflichten, das möglich ist und weder gegen ein gesetzliches Verbot noch gegen die guten Sitten verstößt."[421] Was der BGH in dieser griffigen – wenn auch verkürzten – Formel ausdrückt, steht im Einklang mit
der allgemeinen Ansicht, die bei der Wirksamkeitsprüfung von Prozessverträgen
neben den Vorschriften der ZPO die Regeln des materiellen Rechts – direkt oder
entsprechend – anwendet, sofern letztere nicht in Widerspruch zu den Wertungen der ZPO stehen.[422] Die Vertreter einer entsprechenden Anwendung verstehen die relevanten Vorschriften über die Inhaltskontrolle als „allgemeine
Schranken der Privatautonomie".[423] Insbesondere die §§ 134, 138, 305 ff. BGB
sind daher auf Beweismittelverträge anzuwenden.

---

[419] *Henckel*, Prozessrecht und materielles Recht, S. 39; *Wagner*, Prozessverträge, S. 45.

[420] *Wagner*, Prozessverträge, S. 45.

[421] BGHZ 28, 45, 48 f.; 38, 254, 258; BGH, NJW 1982, 2072, 2073; 1986, 198, 198; 1990, 441, 443.

[422] *Eickmann*, Beweisverträge im Zivilprozess, S. S. 28; Stein/Jonas-*Leipold*, ZPO, Vor § 128 Rn. 236 ff.; *Teubner/Künzel*, MDR 1988, 720, 722; Zöller-*Greger*, ZPO, Vor § 128 Rn. 27 und 32. Ausführliche Darstellungen der Problematik finden sich bei *Eickmann*, Beweisverträ-ge im Zivilprozess, S. 16; *Schiedermair*, Vereinbarungen, S. 136 ff., 145 ff.; *Wagner*, Pro-zessverträge, S. 278 ff.

[423] *Eickmann*, Beweisverträge im Zivilprozess, S. 28; *Teubner/Künzel*, MDR 1988, 720, 722.

Eine Prozessvereinbarung hat sich also einerseits im Rahmen des nach den Bestimmungen der ZPO Zulässigen zu bewegen (dazu sogleich unter Ziffer II.) und unterliegt andererseits den allgemeinen Schranken der Privatautonomie (dazu unter Ziffer III.).

II. Aus der ZPO folgende Wirksamkeitsgrenzen

Bei der Frage, ob eine Vereinbarung nach den Vorschriften der ZPO zulässig ist, ist zwischen der Disposition über parteiliche Rechte einerseits und der Modifikation von Verfahrensregeln der ZPO andererseits zu unterscheiden.

1. Disposition über Rechte der Parteien

Richterliche Befugnisse werden durch einen vorprozessual geschlossenen Geständnis- oder Beweismittelvertrag, der nur die den Parteien durch die ZPO ohnehin eingeräumten Befugnisse betrifft, nicht stärker begrenzt, als es auch durch einverständliche Handlungen während des Prozesses möglich wäre. Für einen derartigen Vertrag ist eine besondere Ermächtigungsgrundlage nicht erforderlich, da nicht von bestehendem Recht abgewichen, sondern nur der durch das Gesetz eingeräumte Handlungsspielraum wahrgenommen wird.[424]

a)   Geständnisvertrag: Kein Vortrag von Mediationsinformationen

Wie bereits in § 9 I. erörtert, sind die Parteien berechtigt, Tatsachen nicht vorzutragen, obwohl sie den Streitgegenstand betreffen. Dies gilt auch für Mediationsinformationen, sodass die in der Vertraulichkeitsvereinbarung geregelte Verpflichtung, keine Mediationsinformationen vorzutragen, eine Disposition der (künftigen) Prozessparteien über ihnen durch die ZPO gewährte Rechte darstellt.

Dem ist entgegengehalten worden, Prozessverträge, welche die Befugnis der Parteien beschränken, Tatsachen vorzutragen, verstießen gegen das § 138 Abs. 1 ZPO zu entnehmende Gebot, den streitgegenständlichen Sachverhalt der Wahrheit entsprechend aufzuklären.[425] Wie oben dargelegt, lassen die §§ 138 Abs. 3, 288 ff., 399, 404 Abs. 4 ZPO jedoch erkennen, dass das Ziel des Zivilprozesses nicht die Feststellung des „wahren Sachverhalts" ist. Daher kann auch § 138

---

[424] Vgl. *Wagner*, Prozessverträge, S. 52 ff., 686.
[425] *Bernhardt*, JZ 1963, 245, 246 f.; *Cahn*, AcP 198 (1998), 35, 51, 69 ff.; *Olzen*, ZZP 98 (1985), 403, 415 ff.; *Scherer*, DRiZ 1996, 58, 61 f.; *Weyers*, FS Esser, S. 193, 200 ff.

Abs. 1 ZPO nicht entnommen werden, dass die Parteien schlechthin daran gehindert sind, andere als der Wahrheit entsprechende Informationen vorzutragen. Zwar kann die Vertraulichkeitsvereinbarung die Parteien verpflichten, nur auf der Grundlage des vor der Mediation bestehenden Erkenntnisstands vorzutragen, obwohl ihnen im Zuge der Mediation die wahre Tatsachenlage bekannt geworden ist. Wie oben festgestellt, verstößt gerade dies nicht gegen die Wahrheitspflicht, zumal die Vertraulichkeitsvereinbarung keine Verpflichtung zu bewusst falschem Vortrag begründet, sondern die Parteien lediglich im Prozess auf ihre vor der Mediation bestehenden Verteidigungsmöglichkeiten beschränken soll.

Auch die pauschale Behauptung, einer derartigen Vereinbarung könnten nur unlautere Zwecke zugrunde liegen,[426] ist gerade in Anbetracht der vorliegend zu untersuchenden Vertraulichkeitsvereinbarungen verfehlt.[427] Der Zweck des Zivilprozesses ist es, der von den Parteien im Rahmen ihrer materiell-rechtlichen Dispositionsbefugnis geschaffenen Rechtslage zur Durchsetzung zu verhelfen.[428] Dies schließt die Berücksichtigung von wirksam geschlossenen Vertraulichkeitsvereinbarungen ein. Dementsprechend wird die Zulässigkeit von Geständnisverträgen von der h. M. anerkannt.[429]

b)   Beweismittelbeschränkung: Keine Beweismittel aus der Mediation

Die Vertraulichkeitsvereinbarung kann die Parteien auch verpflichten, keine Beweisanträge unter Bezugnahme auf aus der Mediation stammende Beweismittel zu stellen. Da es den Parteien – wie unter § 9 II. dargelegt – frei steht, Beweisanträge zu stellen (oder davon abzusehen), bewegt sich die Disposition hierüber im Rahmen des den Parteien nach der ZPO zustehenden Freiraums und verstößt insbesondere nicht gegen § 138 Abs. 1 ZPO.[430] Auch der zuweilen geäußerte Vorwurf, Beweismittelverträge widersprächen dem Prinzip der freien richterlichen Beweiswürdigung nach § 286 Abs. 1 S. 1 ZPO,[431] geht vorliegend

[426] *Olzen*, ZZP 98 (1985), 403, 418 f.; *Weyers*, FS Esser, S. 193, 203.
[427] *Wagner* NJW 2001, 1398, 1399.
[428] *Wagner*, NJW 2001, 1398, 1399.
[429] BGHZ 38, 254, 258 (Vereinbarung, sich nicht auf eine Aufrechnung zu berufen); *Baumgärtel*, Prozesshandlung, S. 254; *Eickmann*, Beweisverträge, S. 59 ff., 72; *Schiedermair*, Vereinbarungen, S. 79 ff.; *Wagner*, Prozessverträge, S. 610 ff., 640 ff.
[430] *Wagner*, NJW 2001, 1398, 1399, m. w. N. zur Gegenmeinung.
[431] Vgl. etwa RGZ 96, 57, 59; LG Köln, MDR 1960, 846 m. zust. Anm. *E. Schneider* (Vereinbarung, das für ein Sachverständigengutachten erforderliche Aufmaß selbst zu erstellen);

ins Leere, da die Parteien dem Gericht nicht vorschreiben, wie das Ergebnis der Beweisaufnahme zu würdigen ist, sondern sich nur in Einklang mit dem Verhandlungsgrundsatz über den Umfang der Beweisaufnahme verständigen.[432] Gegen die Wirksamkeit einer solchen Bindung könnte jedoch das öffentliche Interesse an einer ökonomischen Verfahrensdurchführung sprechen.[433] Falls eine Partei dem Beweisantrag des Gegners den Beweismittelvertrag entgegenhält, ist das Gericht gezwungen, über das Bestehen der Vertraulichkeitsvereinbarung Beweis zu erheben, was zu einer Verzögerung des Verfahrens führen kann.[434] Dass andererseits aber durchaus schutzwürdige Interessen der Parteien bestehen, Beweismittelverträge bindend abschließen zu können, liegt gerade im Fall der Mediation auf der Hand.[435] Ein Beweismittelvertrag begründet einen schützenswerten Vertrauenstatbestand für die begünstigte Partei,[436] dessen Durchsetzung zu den originären Aufgaben der Zivilgerichte zählt. Außerdem sind die Parteien häufig selbst an einem möglichst schnellen Verfahren interessiert, um Transaktionskosten einzusparen.[437] Angesichts dieses Interesses der Parteien und der Tatsache, dass eine wirksame Beweismittelbeschränkung auch zu einer Verkürzung der Beweisaufnahme führen kann, erscheint die Befürchtung, der Staat habe für wesentliche Mehrkosten aufzukommen, die durch die notwendige Beweiserhebung über die Wirksamkeit des Beweismittelvertrags entstehen, in der Regel als unbegründet.

OLG Köln, VersR 1997, 597, 597 (Vereinbarung über Vernichtung einer Urkunde; Baumbach/Lauterbach-*Hartmann*, ZPO, Anh. § 286 Rn. 5; *Eickmann*, Beweisverträge, S. 70.

[432] *Baumgärtel*, Prozesshandlung, S. 254 f.; *Eickmann*, Beweisverträge, S. 70; *Wagner*, Prozessverträge, S. 640 f.

[433] *Schlosser*, Einverständliches Parteihandeln, S. 86, 89.

[434] So etwa *Weyers*, FS Esser, S. 193, 202. Vgl. auch *Schlosser*, Einverständliches Parteihandeln, S. 86, 89 unter Bezugnahme auf die Entscheidung des LG Köln, MDR 1960, 846.

[435] *Schlosser*, Einverständliches Parteihandeln, S. 86, gibt als Beispiel das legitime Interesse der Parteien, das Prozessrisiko durch Beschränkung auf bestimmte Beweismittel zu verringern. Auch für die hier zu untersuchende Konstellation besteht ein gerechtfertigtes Interesse, durch eine rechtsbeständige Vertraulichkeitsvereinbarung das erforderliche Mediationsklima herzustellen.

[436] So im Fall der Mediation, wenn die Parteien Informationen nur mit Rücksicht auf die Vertraulichkeit eingebracht haben.

[437] Für den hier zu untersuchenden Fall ist schon allein deshalb kein ins Gewicht fallender Mehraufwand zu erwarten, da der Mediatorvertrag, die Mediationsvereinbarung und gegebenenfalls gesonderte Vertraulichkeitsvereinbarungen in der Regel schriftlich getroffen werden und somit verhältnismäßig leicht überprüfbar sind.

Im Anwendungsbereich des Verhandlungsgrundsatzes bejahen die Rechtsprechung und Literatur daher nahezu einhellig die Möglichkeit bindender Beweismittelvereinbarungen, soweit dadurch nicht in Rechte des Gerichts eingegriffen wird.[438]

2. Disposition über Rechte des Gerichts

Wenn die Parteien vereinbaren, dass aus der Mediation stammende Beweismittel nicht genutzt werden dürfen, stellt sich die weitergehende Frage, ob das Gericht aufgrund der Vertraulichkeitsvereinbarung daran gehindert ist, die Beweiserhebung von Amts wegen auf diese Beweismittel zu erstrecken.

Die dem Gericht von der ZPO eingeräumten Rechte, die Erhebung von Beweisen von Amts wegen anzuordnen, erstrecken sich nicht auf die Anordnung der Vernehmung eines Zeugen. Hierfür ist der Beweisantritt durch eine Partei gemäß § 373 ZPO erforderlich.[439] In Bezug auf den Urkundsbeweis verleiht § 142 Abs. 1 S. 1 ZPO dem Gericht lediglich die Befugnis, die Vorlage einer Urkunde anzuordnen. Es bleibt also trotz der Möglichkeit, von Amts wegen die Vorlage einer Urkunde anzuordnen, dabei, dass die förmliche Beweiserhebung eines Parteiantrages nach den §§ 420 ff. ZPO bedarf.[440] Demgegenüber erlaubt § 144 Abs. 1 ZPO sowohl die Anordnung der Vorlage des betreffenden Gegenstandes (S. 2) als auch die Anordnung der Augenscheinseinnahme bzw. die Begutachtung durch einen Sachverständigen (S. 1). Ebenso gestattet es § 448 ZPO dem Gericht, die Parteivernehmung anzuordnen.

---

[438] RGZ 96, 57, 59; 160, 241, 243; BGHZ 109, 19, 28 f.; BGH, DB 1973, 1451, 1451; Baumbach/Lauterbach-*Hartmann*, ZPO, Einf § 284 Rn. 3; *Grunsky*, Grundlagen des Verfahrensrechts, § 23 II. 1. (S. 208); Münchener Kommentar-*Prütting*, ZPO, § 286 Rn. 159; Musielak-*Foerste*, ZPO, § 286 Rn. 16; *Rosenberg/Schwab/Gottwald*, ZPO, § 66 Rn. 6 (S. 421); *Schlosser*, Einverständliches Parteihandeln, S. 83 f.; Stein/Jonas-*Leipold*, ZPO, § 286 Rn. 133; Thomas/Putzo-*Reichold*, ZPO, § 284 Rn. 5 und Vor § 284 Rn. 41; Zöller-*Greger*, ZPO, Vor § 284 Rn. 2b.

[439] Der Zeugenbeweis untersteht vollständig dem Parteiwillen. Vgl. § 399 ZPO. § 358a ZPO kommt insofern keine selbständige Bedeutung zu, da insbesondere im Falle des § 358a Nr. 3 ZPO das schriftsätzliche Beweisangebot (Benennung des Zeugen) durch eine Partei vorausgesetzt wird. Nach § 358a ZPO reicht der bloße schriftsätzliche Beweisantrag aus, obwohl grundsätzlich ein Beweisantrag erst mit Antragstellung im mündlichen Verfahren als gestellt gilt. Vgl. etwa Musielak-*Stadler*, ZPO, § 358a Rn. 3.

[440] Baumbach/Lauterbach-*Hartmann*, ZPO, § 142 Rn. 1.

Die überwiegende Literatur begnügt sich mit pauschalen Verweisen auf die Unzulässigkeit von Beweismittelvereinbarungen, soweit Rechte des Gerichts betroffen sind.[441] Eine genauere Betrachtung hat methodisch davon auszugehen, dass weder der öffentlich-rechtliche Charakter der ZPO stets rechtfertigt, dem Zivilprozessrecht zwingenden Charakter zuzuschreiben, noch die Verhandlungsmaxime immer ergibt, dass zivilprozessuale Normen disponibel sind.[442] Klar ist nur, dass jede Einschränkung der in der ZPO ausdrücklich festgeschriebenen Befugnisse des Gerichts durch die Parteien einer Ermächtigungsgrundlage bedarf.[443] Da eine Bestimmung, die es den Parteien ausdrücklich gestattet, die richterlichen Befugnisse im Zusammenhang mit der Beweiserhebung einzuschränken, nicht vor liegt, kann allenfalls die Auslegung der Befugnisnormen selbst die Zulässigkeit das Gericht bindender Beweismittelverträge ergeben.[444]

Die Beweisaufnahme erfolgt grundsätzlich gemäß den Parteianträgen, ist also dem Parteiwillen unterstellt; nur ausnahmsweise erhebt das Gericht Beweis von Amts wegen.[445] Diese Ausnahme stellt keine Durchbrechung der Maßgeblichkeit des Parteiwillens in der Beweisaufnahme dar, sodass das Gericht bei der Beweisaufnahme von Amts wegen den Parteiwille, der in der Form eines Beweismittelvertrags zum Ausdruck kommen kann, bei der Ermessensausübung zu berücksichtigen hat. Folgerichtig ist auch der durch eine Partei gestellte Beweisantrag in der Ermessensentscheidung des Gerichts zu berücksichtigen.[446]

---

[441] *Baumgärtel*, Prozesshandlung, S. 254 f.; Musielak-*Foerste*, ZPO, § 286 Rn. 16; *Rosenberg/Schwab/Gottwald*, ZPO, § 66 Rn. 8 (S. 421); Stein/Jonas-*Leipold*, ZPO, § 286 Rn. 133; a. A. Baumbach/Lauterbach-*Hartmann*, ZPO, Einf § 284 Rn. 33; *Schlosser*, Einverständliches Parteihandeln, S. 24 ff., 68 ff.; Thomas/Putzo-*Reichold*, ZPO, Vor § 284 Rn. 41. Schwierigkeiten bei der Bestimmung des Meinungsstandes bereitet die uneinheitliche Terminologie. Vgl. *Schlosser*, Einverständliches Parteihandeln, S. 23 f. Verschiedentlich werden zwar Beweismittelverträge für zulässig erachtet, aber eine Bindung des Gerichts verneint. An anderer Stelle ist gerade die mangelnde Bindung des Gerichtes gemeint, wenn von unzulässigen Beweismittelverträgen die Rede ist.
[442] Stein/Jonas-*Leipold*, ZPO, Vor § 128 Rn. 236; *Wagner*, Prozessverträge, S. 57 ff. Vgl. auch *Schiedermair*, Vereinbarungen, S. 46 ff., 55.
[443] *Wagner*, Prozessverträge, S. 64 f.
[444] *Wagner*, Prozessverträge, S. 64 f.
[445] Vgl. Münchener Kommentar-*Peters*, ZPO, § 144 Rn. 2; Zöller-*Greger*, ZPO, § 144 Rn. 2.
[446] Vgl. BGHZ 110, 363, 365 f.; BGH, NJW-RR 1987, 1381, 1382; *Wagner*, NJW 2001, 1398, 1399, der allerdings zu weit geht und die §§ 142, 144, 448, 273 Abs. 2 ZPO entgegen dem Gesetzeswortlaut für vertraglich abdingbar hält.

Das Argument, die Beweiserhebung von Amts wegen diene der Sachaufklärung,[447] führt nicht zu durchgreifenden Bedenken gegen diese Annahme. Die Feststellung, dass die Beweiserhebung von Amts wegen der Sachaufklärung dient, ist insofern von geringer Aussagekraft, als jede Beweiserhebung der Sachaufklärung dient. Entscheidend ist jedoch, dass die Sachaufklärung – ebenso wie die Wahrheitspflicht nach § 138 Abs. 1 ZPO – durch die Verhandlungs- und Dispositionsmaxime begrenzt wird.[448]

Allerdings dienen die §§ 142 Abs. 1, 144 Abs. 1, 448 ZPO der Prozessbeschleunigung und der Ökonomie des staatlichen Arbeitsaufwandes, indem sie einen förmlichen Parteiantrag entbehrlich machen.[449] Soweit das mit dem Beweismittelvertrag verfolgte Interesse der Parteien mit diesem Interesse des Staats ausnahmsweise kollidiert, kann dies jedenfalls nicht dazu führen, dass die Parteien den Justizapparat zur Wahrung ihrer Interessen missbrauchen, indem sie die Beweisaufnahme „aufblähen",[450] z. B. indem sie sachnähere Beweismittel ausschließen. Alles andere würde der mit den §§ 142 Abs. 1, 144 Abs. 1, 448 ZPO verfolgten Intention des Gesetzgebers widersprechen. Auch der Verweis *Wagners* auf andere Mittel, mit denen das Gericht verschleppenden Prozesstaktiken begegnen könne,[451] greift nicht durch, da der Gesetzgeber ausdrücklich die Beweiserhebung von Amts wegen als Mittel zur Wahrung der Prozessökonomie bestimmt hat.

Da eine die Befugnis des Gerichts bindend ausschließende Vertraulichkeitsvereinbarung aus diesen Gründen ausgeschlossen ist, besteht auch keine allgemein gültige Antwort auf die Frage nach der Möglichkeit einer vertraglichen Einschränkung der Befugnisse des Gerichts zur Beweisaufnahme von Amts wegen. Vielmehr hat das Gericht im Rahmen der Ermessensausübung stets eine Abwägung vorzunehmen, bei der die Vertraulichkeitsvereinbarung zu berücksichtigen ist. In der Regel wird diese Abwägung dazu führen, dass das Gericht entgegen

---

[447] Damit argumentieren Stein/Jonas-*Leipold*, ZPO, § 142 Rn. 1; vgl. Zöller-*Greger*, ZPO, § 142 Rn. 1.
[448] Stein/Jonas-*Leipold*, ZPO, § 142 Rn. 2, m. w. N.
[449] Vgl. *Hahn*, Materialien II/1, S. 215 f; *Schlosser*, Einverständliches Parteihandeln, S. 25; *Wagner*, Prozessverträge, S. 689.
[450] *Schlosser*, Einverständliches Parteihandeln, S. 25 f.; dem folgend *Grunsky*, Grundlagen des Verfahrensrechts, § 42 III. 3. (S. 447). Vgl. auch *Wagner*, Prozessverträge, S. 690.
[451] *Wagner*, Prozessverträge, S. 691.

dem Parteiwillen keine Beweiserhebung von Amts wegen durchführt. Die Parteien können somit nicht für jeden Einzelfall vorhersehen, ob das Gericht trotz der Vertraulichkeitsvereinbarung Beweis von Amts wegen erhebt. Dies ist zugunsten eines angemessenen Ausgleichs der Interessen der Prozessvertragsparteien und des Staates in Kauf zu nehmen.

3. Der zivilprozessuale Untersuchungsgrundsatz

Insbesondere aufgrund der weiten Verbreitung familienrechtlicher Mediation ist damit zu rechnen, dass die Parteien sich auch in vom Untersuchungsgrundsatz beherrschten Verfahren auf Vertraulichkeitsvereinbarungen berufen werden. Gilt der Untersuchungsgrundsatz, wie im Familienrecht nach §§ 612 Abs. 4, 616, 617, ZPO, 621a ZPO i. V. m. 12 FGG, können die Parteien nicht gewisse Beweismittel durch Vertrag ausschließen.[452] Wäre dies möglich, könnten die Parteien zwingende Vorschriften des Familienrechts, wie zum Beispiel § 1566 BGB, der eine Scheidung erst nach einem Jahr Getrenntleben zulässt, dadurch umgehen, dass zum Beweis des Gegenteils geeignete Beweismittel vertraglich ausgeschlossen werden.[453]

Für den Bereich des zivilrechtlichen Untersuchungsgrundsatzes können die Parteien also nicht über Beweismittel disponieren und so das Gericht daran hindern, Beweis von Amts wegen zu erheben.

III. Allgemeine Schranken der Privatautonomie

1. Der Bestimmtheitsgrundsatz

a) Grundsätzliches

Der Bestimmtheitsgrundsatz lässt sich für das Zivilprozessrecht aus §§ 40 Abs. 1, 1029 Abs. 1 ZPO ableiten, die voraussetzen, dass sich Gerichtsstand- bzw. Schiedsvereinbarungen auf Rechtsstreitigkeiten beziehen, die einem bestimmten Rechtsverhältnis entspringen. Allgemein ist der Verzicht auf prozessuale Rechte zulässig, wenn das betroffene Recht bestimmt oder bestimmbar

---

[452] *Wagner*, Prozessverträge, S. 688, m. w. N.
[453] *Wagner*, Prozessverträge, S. 688.

ist.[454] Bei der Bestimmung des Vortrags oder der Beweismittel, die durch eine Vertraulichkeitsvereinbarung ausgeschlossen sind, tritt das Problem auf, dass die Vereinbarung sich nicht notwendigerweise nur auf den Rechtsstreit zwischen den Mediationsparteien mit demselben Streitgegenstand bezieht, sondern sich auf andere Rechtsstreitigkeiten erstrecken kann. *Schiedermair* führt aus:

> *„Die Parteien könnten einen Vertrag schließen, dass bei allen künftigen Rechtsstreitigkeiten bestimmte Beweismittel ausgeschlossen sein sollten [...]. Schon das Ergebnis zeigt, dass dies wohl schwerlich so sein kann."*[455]

Fraglich ist, ob diese These zutrifft.

b) Die Wertungen der §§ 40 Abs. 1, 1029 Abs. 1 ZPO

Wendete man das in den §§ 40 Abs. 1, 1029 Abs. 1 ZPO geregelte Bestimmtheitserfordernis[456] unverändert auf die Vertraulichkeitsvereinbarung an, wäre diese nur zulässig, wenn sie sich auf prozessuale Befugnisse in einer bestimmten Rechtsstreitigkeit beschränkt, beispielsweise auf den Prozess zwischen den Mediationsparteien mit demselben Streitgegenstand wie die Mediation. Die Regelungen der §§ 40 Abs. 1, 1029 Abs. 1 ZPO auf Beweismittelbeschränkungen unverändert anzuwenden, geht jedoch zu weit.[457]

§ 40 Abs. 1 ZPO trägt der besonderen Bedeutung des Gerichtsstands für die Durchsetzung der Rechte der Parteien Rechnung.[458] In vergleichbarer Weise soll § 1029 Abs. 1 ZPO den ungewollten Verzicht auf den Justizgewährungsanspruch – der einen besonders gravierenden Einschnitt in die Rechte einer Partei

---

[454] *Baumgärtel*, Prozesshandlung, S. 190, 213 f.; *Eickmann*, Beweisverträge im Zivilprozess, S. 13, 23; *Schiedermair*, Vereinbarungen, S. 73 f. A. A. *Wagner*, Prozessverträge, S. 173 f., der den Bestimmtheitsgrundsatz neben den allgemeinen Schranken der Privatautonomie für entbehrlich hält.

[455] Vereinbarungen, S. 73 f.

[456] § 1029 Abs. 1 ZPO n. F. erwähnt das Bestimmtheitserfordernis lediglich als Definitionsmerkmal. Das Bestimmtheitserfordernis bleibt jedoch bestehen. *Wagner*, Prozessverträge, S. 593.

[457] *Wagner*, Prozessverträge, S. 174; wohl auch *Grunsky*, Grundlagen des Verfahrensrechts, § 23 II. (S. 208 f.).

[458] § 40 Abs. 1 ZPO dient dazu, der „willkürlichen Aufhebung des allgemeinen Gerichtsstands" Einhalt zu gebieten. *Hahn*, Materialien II/1, S. 161. Die besondere Stellung der Prorogation wird in dem grundsätzlichen Verbot nach § 38 ZPO deutlich.

darstellt – verhindern.[459] Demgegenüber führt die anlässlich der Mediation vereinbarte Beweismittelbeschränkung nur dazu, dass durch die Mediation keine neuen Beweismittel entstehen. Die Parteien stellen sich also durch eine vertrauliche Mediation nicht schlechter, als sie ohne die Mediation stünden.

Des Weiteren ist kein Grund ersichtlich, an die Fassung der Beweismittelbeschränkung derartig restriktive Bedingungen zu knüpfen. Der Bestimmtheitsgrundsatz ist nicht erforderlich, um zu verhindern, dass die Parteien sich zu weitgehend verpflichten. Schon durch § 138 Abs. 1 BGB ist sichergestellt, dass die Entschlussfreiheit der Parteien nicht durch einen Beweismittelvertrag unzulässig eingeschränkt wird.[460] Daher können die §§ 40 Abs. 1, 1029 Abs. 1 ZPO nicht ohne weiteres analog auf Vertraulichkeitsvereinbarungen angewendet werden.[461]

Andererseits müssen sich Prozessverträge auf bestimmte oder bestimmbare prozessuale Rechte beziehen, um praktikable Ergebnisse zu erzielen.[462] Insofern kann der Rechtsgedanke der §§ 40 Abs. 1, 1029 Abs. 1 ZPO herangezogen werden[463], die das allgemeine Bestimmtheitserfordernis für zwei Vertragstypen, die zu gravierenden Einschnitten in die prozessualen Rechte des Betroffenen führen, zur Wahrung der Vertragsgerechtigkeit verschärfen. Wie jeder Gegenstand einer Verfügung[464] hat auch die Verfügung über prozessuale Rechte dem Bestimmtheitsgrundsatz zu genügen. Da auch die Verpflichtung zum Verzicht auf prozessuale Rechte – wie eine Verfügung selbst – vom Gericht unmittelbar zu berücksichtigen ist und damit eine weitere Handlung, die das betroffene Recht bestimmen kann, nicht erforderlich ist, gilt dies auch für Verpflichtungsverträge.[465]

---

[459] Musielak-*Voit*, ZPO, § 1029 Rn. 16.
[460] Vgl. *Wagner*, Prozessverträge, S. 174.
[461] Im Ergebnis ebenso *Grunsky*, Grundlagen des Verfahrensrechts, § 23 II. (S. 208 f.); *Wagner*, Prozessverträge, S. 174. Vgl. auch BGH, NJW 1986, 198, 198 (die Frage offen lassend).
[462] Im Ergebnis ebenso *Baumgärtel*, Prozesshandlung, S. 190; *Eickmann*, Beweisverträge, S. 23; *Schiedermair*, Vereinbarungen, S. 73. A. A. *Wagner*, Prozessverträge, S. 174 f.
[463] *Schiedermair*, Vereinbarungen, S. 74.
[464] Münchener Kommentar-*Roth*, BGB, § 398 Rn. 67.
[465] Anders *Wagner*, Prozessverträge, S. 174, der aus der Anerkennung von prozessualen Verpflichtungsverträgen schließt, dass das Bestimmtheitserfordernis auf Prozessvereinbarungen nicht anwendbar ist.

c)   Der Vergleich mit der Abtretung zukünftiger Forderungen

Soweit die Zulässigkeit von Beweismittelverträgen in Frage steht, ist der Bestimmtheitsgrundsatz häufig vor dem Hintergrund der Abtretung zukünftiger
Forderungen erörtert worden.[466] Die hier zu untersuchende Vereinbarung über
den Verzicht auf prozessuale Rechte ist mit der Abtretung mehrerer, künftig entstehender Forderungen einer bestimmten Art zu vergleichen. In ähnlicher Weise
betrifft der Verzicht das Recht, in zukünftigen Verfahren bestimmte Tatsachen
vorzutragen und bestimmte Beweismittel zu verwenden.

Die Abtretungen von zukünftigen Forderungen einer bestimmten Art hat der
BGH als mit dem Bestimmtheitsgrundsatz vereinbar erachtet, sofern die abgetretenen Forderungen entstehen können und zum Zeitpunkt ihrer Entstehung eindeutig individualisierbar sind.[467] Den hierin zum Ausdruck kommenden Wertungen zufolge verstoßen Vertraulichkeitsvereinbarungen nicht gegen den Bestimmtheitsgrundsatz, da die Entstehung eines Rechtsstreits möglich und das
Recht, auf das die Mediationsparteien verzichtet haben, durch den Mediations-
bezug im Zeitpunkt seiner Entstehung auch eindeutig individualisierbar ist. Die
Zulässigkeit der Abtretung zukünftig entstehender Forderungen wird auch durch
die Ungewissheit über die Person des Schuldners zur Zeit der Abtretung nicht
berührt.[468] Übertragen auf den Verzicht auf prozessuale Rechte heißt dies, dass
es nicht erforderlich ist, den Prozessgegner zum Zeitpunkt der Verzichtsverein-
barung zu kennen.[469] Damit stehen Vertraulichkeitsvereinbarungen in der hier zu
untersuchenden Art im Einklang mit dem Bestimmtheitsgrundsatz.

2. Die Grenzen der §§ 305 ff. BGB

Die Vorschriften des BGB über Allgemeine Geschäftsbedingungen sind auf
Beweismittelbeschränkungen grundsätzlich anwendbar. Der Qualifizierung eines Vertrages als Allgemeine Geschäftsbedingungen i. S. d. § 305 Abs. 1 BGB

---

[466] *Baumgärtel*, Prozesshandlung, S. 190; *Eickmann*, Beweisverträge, S. 23; *Schiedermair*,
Vereinbarungen, S. 73. Vgl. *Wagner*, Prozessverträge, S. 175.
[467] BGHZ 7, 365, 369 ff.; BGH, NJW 1965, 2197, 2198; NJW 1988, 3204, 3205; Palandt-
Heinrichs, BGB, § 398 Rn. 11, 14, m. w. N.
[468] Palandt-*Heinrichs*, BGB, § 398 Rn. 11 unter Verweis auf BAG, NJW 1967, 751, 752.
[469] Die Rechte des Schuldners einer abgetretenen Forderung werden ebenso wenig berührt wie
diejenigen des Prozessgegners der Partei, die auf einprozessuales Recht verzichtet hat.

steht sein prozessrechtlicher Gegenstand nicht entgegen.[470] Allerdings finden die §§ 305 ff. BGB gemäß § 310 Abs. 4 S. 1 BGB keine Anwendung auf gesellschaftsrechtliche Verträge. Da die Mediationsvereinbarung zwischen den Mediationsparteien eine Gesellschaft bürgerlichen Rechts entstehen lässt, finden die Vorschriften der §§ 305 ff. BGB insofern keine Anwendung.[471] Des Weiteren sind die §§ 305 ff. BGB auf Regelungen, die das Verhältnis zwischen den Konfliktparteien betreffen, regelmäßig auch deshalb nicht anwendbar, weil formularmäßige Mediationsvereinbarungen zumeist durch den Mediator bzw. die die Mediation durchführende Institution und damit nicht durch eine „Vertragspartei" i. S. d. § 305 Abs. 1 S. 1 BGB gestellt werden.[472]

Soweit die §§ 305 ff. BGB anwendbar sind - also im Hinblick auf den Mediatorvertrag und die Mediationsvereinbarung, soweit man diese als atypisches Schuldverhältnis nach § 311a BGB begreift und sie durch eine Vertragspartei gestellt werden - und sich ein Mediationsbeteiligter in der Vertraulichkeitsvereinbarung verpflichtet, den Mediator nicht als Zeugen zu benennen, könnte dies gegen § 309 Nr. 12 a) BGB verstoßen, der es untersagt, in Allgemeinen Geschäftsbedingungen die Beweislast zum Nachteil des anderen Vertragsteils zu ändern.

Entsprechend seinem Zweck ist § 309 Nr. 12 a) BGB als umfassendes Verbot sämtlicher Regelungen zu verstehen, welche die Beweisposition der anderen Partei verschlechtern.[473] Das Argument, ein Beweisvertrag betreffe nicht die Beweislast selbst, sondern berühre diese lediglich mittelbar und sei daher nicht

---

[470] *Wagner*, Prozessverträge, S. 131, m. w. N. in Fn. 357 (noch zu § 1 Abs. 1 AGBG).
[471] Siehe oben § 5 II. 1. b). Ebenso *Hutner*, SchiedsVZ 2003, 226, 231 f. Verträge auf dem Gebiet des Gesellschaftsrechts unterliegen einer spezifischen gesellschaftsrechtlichen Inhaltskontrolle, die vorliegend jedoch nicht einschlägig ist, da sie vorwiegend Verträge im Hinblick auf Publikumsgesellschaften betrifft. Vgl. Wolf/Horn/Lindacher-*Horn*, AGBG, § 23 Rn. 81 ff. (noch zu § 23 AGBG)
[472] Etwas anderes ergibt sich nur in den Fällen des § 310 Abs. 3 Nr. 1 BGB (Verbraucherverträge).
[473] BT Drucks. 7/3919 S. 38 f. Dem folgend etwa BGHZ 99, 374 ff. mit zust. Anm. von *Wolf*, JZ 1987, 727 f.; BGH, NJW 1986, 2574 f.; Erman-*Roloff*, BGB, § 309 Rn 147; Wolf/Horn/Lindacher-*Wolf*, AGBG, § 11 Nr. 15 Rn. 4 (noch zu § 11 Nr. 15 AGBG). Vgl. jedoch BGHZ 102, 41, 46 f.

an § 309 Nr. 12 a) BGB, sondern an § 307 BGB zu messen, geht fehl.[474] Von einem rein begrifflichen Standpunkt aus betrachtet, wird die Beweislast durch einen Beweismittelvertrag zwar nicht verändert, denn sowohl der Träger der subjektiven als auch die Richtung der objektiven Beweislast bleiben unberührt.[475] Im Lichte einer rechtspraktischen – weil Umgehungsmöglichkeiten verhindernden – und zweckentsprechenden[476] Anwendung des § 309 Nr. 12 a) BGB ist die Beschränkung der Möglichkeit der Beweisführung jedoch als eine Änderung der Beweislast zu verstehen und damit in Allgemeinen Geschäftsbedingungen unwirksam.[477]

Allerdings sind die Verteidigungsmöglichkeiten beider Parteien durch die Vertraulichkeitsvereinbarung gleichermaßen betroffen, sodass hier die Beweislast nicht zum Nachteil einer Partei i. S. d. § 309 Nr. 12 a) BGB geändert wird. Zudem führt die vereinbarungsgemäß vertrauliche Mediation nicht dazu, dass die vor der Mediation bestehenden Beweismittel nicht mehr genutzt werden können, sondern verhindert lediglich, dass neue Beweismittel entstehen. Daher verstößt die Vertraulichkeitsvereinbarung nicht gegen § 309 Nr. 12 a) BGB.

3. Die Schranken der §§ 134, 138 BGB

In Anbetracht der weiten Fassung der Beweismittelbeschränkung, die sich auf eine Vielzahl von Rechtsstreitigkeiten beziehen kann, ist besonders zu prüfen, ob die Entschlussfreiheit der Vertragsparteien nicht unzulässig eingeschränkt ist. Ein nach § 138 Abs. 1 BGB sittenwidriger Knebelungsvertrag liegt vor, wenn eine Partei die wirtschaftliche Bewegungsfreiheit der anderen Partei derart begrenzt, dass diese ihre Selbständigkeit verliert.[478] Die wirtschaftliche Bewegungsfreiheit kann auch durch Prozessverträge eingeschränkt werden.[479] Davon

---

[474] Staudinger-*Coester-Waltjen*, AGBG, § 11 Nr. 15 Rn. 4 (noch zu § 11 Nr. 15 AGBG); Münchener Kommentar-*Basedow*, BGB, § 309 Nr. 12 BGB Rn. 5. Vgl. auch BGHZ 102, 41, 46 f.; OLG Karlsruhe, BB 1983, 725;

[475] Vgl. Wolf/Horn/Lindacher-*Wolf*, AGBG, § 11 Nr. 15 Rn. 3, m. w. N. (noch zu § 11 Nr. 15 AGBG).

[476] Der Wille des Gesetzgebers ging ausdrücklich auch auf die Verhinderung unzumutbarer Beweisanforderungen. BT Drucks. 7/3919, S. 38.

[477] Palandt-*Heinrichs*, BGB, § 309 Rn. 100.

[478] BGHZ 44, 158, 161; 83, 313, 316; Palandt-*Heinrichs*, BGB, § 138 Rn. 39; Soergel-*Hefermehl*, BGB, § 138 Rn. 117.

[479] *Wagner*, Prozessverträge, S. 159 f. Vgl. auch Soergel-*Hefermehl*, BGB, § 138 Rn. 132.

kann jedoch vorliegend in Ansehung der Tatsache, dass durch die Vertraulich-keitsvereinbarung lediglich das Entstehen neuen Beweismaterials verhindert wird, keine Rede sein. Die Beweislage und damit auch die Freiheit der Partei, Klage zu erheben, wird durch Durchführung der Mediation nicht verschlechtert, d. h. die Mediationsparteien sind nach Durchführung der Mediation nicht schlechter gestellt als vorher.

Zu demselben Ergebnis gelangt man, wenn man den Beweismittelvertrag mit dem vorprozessualen Rechtsmittelverzicht[480] oder einer Schiedsvereinbarung[481] vergleicht. Im ersten Fall wird auf sämtliche Einwände gegen das erstinstanzli-che Urteil verzichtet, im letzteren auf den Zugang zum ordentlichen Rechtsweg. Demgegenüber werden durch einen Beweismittelvertrag lediglich Beweismittel in einem engen Rahmen ausgeschlossen. Die Möglichkeit, Klage zu erheben und den Instanzenweg zu beschreiten, wird durch die Beweismittelbeschränkung nicht eingeschränkt. Auch soweit der Gegenstand und Angriffs- sowie Verteidi-gungsmittel betroffen sind, werden die Parteien durch eine Beweismittelverein-barung im Vergleich zu ihren Möglichkeiten vor der Mediation nicht einge-schränkt.

Neben einer Inhaltskontrolle privatrechtlicher Verträge gemäß §§ 134, 138 BGB – und gegebenenfalls nach den §§ 305 ff. BGB – wird die Vertragsgerechtigkeit vor allem durch die Regeln über das Zustandekommen von Verträgen und den freien Wettbewerb gewährleistet.[482] Somit ergeben sich keine weiteren Be-schränkungen für Beweismittelverträge.

4. Sonstige zwingende materiell-rechtliche Vorschriften

Ferner ist zu prüfen, inwieweit das Recht der Parteien, den Streitstoff mittels ei-ner Vertraulichkeitsvereinbarung einzuschränken, durch das Verbot, über den Umweg des Prozessrechts zwingende materiell-rechtliche Bestimmungen zu umgehen, begrenzt ist. Beispielsweise könnte der Käufer einer Sache durch die Vertraulichkeitsvereinbarung daran gehindert sein, Tatsachen vorzutragen, wel-

---

[480] Baumbach/Lauterbach-*Albers*, ZPO, § 514 Rn. 1, m. w. N.
[481] Schiedsvereinbarungen sind selbst dann wirksam, wenn eine Partei größeren Einfluss auf die Zusammensetzung des Schiedsgerichts hat. Soergel-*Hefermehl*, BGB, § 138 Rn. 132. Vgl. jedoch BGHZ 44, 158, 161 (zur einseitigen Ernennung eines gemeinsamen Treuhänders).
[482] *Wagner*, Prozessverträge, S. 161. § 242 BGB wird zur Inhaltskontrolle von Individualver-trägen nicht herangezogen. *Wagner*, Prozessverträge, S. 160.

che die Arglist des Verkäufers und damit gemäß § 444 BGB die Unwirksamkeit einer vertraglichen Haftungsbegrenzung begründen.

Das Zivilrecht kennt zahlreiche zwingende Rechtsnormen, wie etwa die §§ 134, 138, 202, 276 Abs. 3, 305 ff. BGB, von denen durch Vertrag nicht abgewichen werden kann. Allerdings hat der Gesetzgeber bis auf wenige Ausnahmen – wie etwa in den §§ 612 Abs. 4, 616 Abs. 1, 617 ZPO in Familiensachen – davon abgesehen, diesen zwingenden materiell-rechtlichen Vorschriften entsprechende zivilprozessuale Regelungen gegenüberzustellen. Demnach steht es dem Anspruchsinhaber frei, von der Durchsetzung seiner Ansprüche aus zwingendem Recht abzusehen. Folgerichtig ist es den Parteien auch möglich – wie etwa §§ 276 Abs. 3, 533 BGB zeigen –, nach Entstehung des Anspruchs über diesen durch einen Erlassvertrag nach § 397 BGB zu disponieren.[483] Eine Disposition der Parteien über die Urteilsgrundlage ist also nicht bereits deshalb unzulässig, weil sie die Durchsetzung zwingender Ansprüche verhindert. Daraus ergibt sich zwanglos, dass die Parteien durch aktuell einverständliches Handeln im Prozess über Ansprüche verfügen können, die in ihrer Entstehung durch zwingendes Recht gesichert sind.

Diese Erwägungen greifen jedoch nicht, sofern die Parteien durch eine außerprozessuale Vereinbarung ihre prozessualen Rechte so beschränken, dass ein Anspruch zwar nicht in seiner zukünftigen Entstehung gehindert wird, aber seine prozessuale Durchsetzung *ex ante* – also vor Anspruchentstehung – unmöglich gemacht wird. Sofern Prozessverträge genau dieses Ziel verfolgen, sind sie ohne weiteres unwirksam.[484] Wenn ein Prozessvertrag nicht eine derartige Umgehung bezweckt, lässt sich häufig bei Vertragsschluss nicht ausschließen, dass die Vereinbarung der Durchsetzung eines zwingenden Anspruchs entgegensteht. Von einer Unwirksamkeit derartiger Prozessverträge auszugehen, soweit nur die Möglichkeit einer Anspruchsverhinderung besteht, ginge angesichts des berechtigten Interesses, das im Hinblick auf Prozessvereinbarungen bestehen kann, zu

---

[483] Dies gilt ausnahmsweise dann nicht, wenn Ansprüche unverzichtbar sind. So etwa in den Fällen der §§ 1360a, 1614, 1615 BGB, 4 Abs. 4 TVG, 2 Abs. 2 BbesG, 12 EFZG, 13 BUrlG. Vgl. dazu Palandt-*Heinrichs*, BGB, § 397 Rn. 7. Selbst wenn ein Anspruch unverzichtbar ist, besteht jedoch kein Zwang, den Anspruch durchzusetzen.
[484] *Grunsky*, Grundlagen des Verfahrensrechts, § 16 III. (S. 159); Stein/Jonas-*Leipold*, ZPO, Vor § 128 Rn. 244; *Wagner*, Prozessverträge, S. 112 f.

weit.[485] Insbesondere zweiseitige Vereinbarungen, die keine der Parteien benachteiligen, wie Vertraulichkeitsvereinbarungen im Zusammenhang mit der Mediation, sind als wirksam anzuerkennen. Darüber hinaus finden Prozessverträge ihre Grenze im Ordre Public.[486] Vorliegend sind jedoch keine durch den Ordre Public gesetzten Grenzen ersichtlich, die der Wirksamkeit der Vertraulichkeitsvereinbarung entgegenstehen könnten.

IV. Rechtfertigung der Vertragverletzung

Besteht eine wirksame vertragliche Verpflichtung, haben die Vertragsparteien dieser nachzukommen. Dass Vertraulichkeitsvereinbarungen der Mediationsbeteiligten auch insoweit wirksam sind, als sie den Zivilprozess betreffen, ist vorstehend geprüft worden. Nach materiellem Recht können Vertragsverletzungen ausnahmsweise gerechtfertigt sein. Dies ist vorliegend im Hinblick auf die Rechtfertigung der Verletzung der vertraglichen Verschwiegenheitspflicht gemäß § 34 StGB festgestellt worden.[487]

Soweit man die prozessvertraglichen Bestimmungen einer Vertraulichkeitsvereinbarung gleichsam als „Verlängerung" der materiell-rechtlichen Regelungen in den Zivilprozess hinein versteht, entfallen die prozessualen Einschränkungen automatisch, wenn die Verletzung der materiell-rechtlichen Verschwiegenheitspflicht durch Mediationsbeteiligten, gerechtfertigt ist. Dieses Kunstgriffes bei der Auslegung der Vertraulichkeitsvereinbarung bedarf es jedoch nicht, da – wie bei den Wirksamkeitsvoraussetzungen – im Hinblick auf die Rechtfertigung der Verletzung von Prozessverträgen die materiell-rechtlich anwendbaren Regelungen herangezogen werden können. Auch die Verletzung eines öffentlich-rechtlichen Vertrages kann nach privat- bzw. strafrechtlichen Grundsätzen gerechtfertigt sein.[488]

Die Heranziehung der materiell-rechtlichen Rechtfertigungsgründe folgt auch aus dem Grundsatz der Einheit der Rechtsordnung.[489] Was nach einer Teil-

---

[485] *Wagner*, Prozessverträge, S. 113.
[486] Baumbach/Lauterbach-*Hartmann*, ZPO, Einl III Rn. 11.
[487] S. o. § 5 II. 2. dd) und § 6 II. 2. e), jeweils unter Verweis auf § 5 I. 1. c).
[488] Vgl. Stelkens/Bonk/Sachs-*Bonk*, VwVfG, § 62 Rn. 22.
[489] Vgl. BVerfGE 88, 273 ff.; Schönke/Schröder-*Lenckner*, StGB, Vor §§ 32 ff., Rn. 27; *Tröndle/Fischer*, StGB, Vor § 32 Rn. 2; Münchener Kommentar-*Grothe* , BGB, § 227 Rn. 1 Palandt-*Heinrichs*, BGB, § 228 Rn. 2. Siehe ferner die Nachweise bei Fn. 65.

rechtsordnung gerechtfertigt ist, kann grundsätzlich in anderem Zusammenhang nicht verboten sein. Nur soweit sich aus dem Zweck einer Teilrechtsordnung eine andere Schutzrichtung eines Verbotes ergibt, kann die Rechtswidrigkeit einer Handlung anders zu beurteilen sein.[490] Dies ist vorliegend nicht der Fall.

Ebenso wie im Zivilrecht, wo neben den §§ 226 ff. BGB auf § 34 StGB zurückgegriffen wird, finden im Zivilprozessrecht in Ermangelung spezieller Regelungen die allgemeinen Regelungen des Vertragsrechts[491], einschließlich strafrechtlicher Rechtfertigungsgründe, Anwendung. Die ZPO enthält kaum Regelungen zu Prozessverträgen, insbesondere sagt sie nichts zur Rechtfertigung der Verletzung eines Prozessvertrages. Da die ZPO keine Wertungen erkennen lässt, die der Rechtfertigung der Verletzung eines Prozessvertrages zur Wahrung eines überwiegenden Interesses entgegenstehen, ist eine durch die Vertraulichkeitsvereinbarung gebundene Prozesspartei ausnahmsweise dann berechtigt, ihrer prozessualen Verpflichtung nicht nachzukommen, wenn ein Rechtfertigungsgrund nach § 34 StGB vorliegt. Im Hinblick auf die in Betracht kommenden Rechtfertigungsgründe kann auf die obigen Ausführungen unter § 5 I. 1. c) verwiesen werden.

V. Rechtsfolgen

Nach allgemeiner Ansicht sind Prozessverträge im Primärprozess zu berücksichtigen.[492] Soweit das Prozessrecht den Parteien die Möglichkeit gibt, vertraglich auf das Verfahren einzuwirken, folgt die Maßgeblichkeit von Prozessvereinba-

---

[490] Münchener Kommentar-*Grothe*, BGB, § 227 Rn. 1; Schönke/Schröder-*Lenckner*, Vor §§ 32 ff. Rn. 27.

[491] *Wagner*, Prozessverträge, S. 278 ff.

[492] RGZ 102, 217, 222; 123, 84, 85; *Baumgärtel*, Prozesshandlung, S. 204, 211 (nur verfügende Verträge); *Eickmann*, Beweisverträge, S. 29; *Grunsky*, Grundlagen des Verfahrensrechts, § 23 II. 2. (S. 211); Münchener Kommentar-*Lüke*, ZPO, Einl. Rn. 288; *Rosenberg/Schwab/Gottwald*, ZPO, § 66 Rn. 6 (S. 421); *Schiedermair*, Vereinbarungen, S. 99 (nur verfügende Verträge); *Schlosser*, Einverständliches Parteihandeln, S. 62; *Schwab*, FS Baumgärtel, S. 503, 509 f.; Stein/Jonas-*Leipold*, ZPO, Vor § 128 Rn. 246; *Teubner/Künzel*, MDR 1988, 720, 724; Zöller-*Greger*, ZPO, Vor 128 Rn. 26 (nur verfügende Verträge); *Wagner*, Prozessverträge, S. 233 ff. Im Fall einer Verpflichtung zur Vornahme einer Handlung kann der Prozessvertrag teilweise nicht im Primärprozess berücksichtigt werden, wie etwa im Fall der Verpflichtung, Berufung einzulegen. In diesen Fällen sind Schadensersatzansprüche in einem Sekundärprozess geltend zu machen. *Wagner*, Prozessverträge, S. 233 ff., 237. Da es vorliegend um die Unterlassung von Prozesshandlungen geht, bestehen insofern keine Probleme.

rungen unmittelbar aus der Verpflichtung des Gerichts, das objektive Recht zu beachten.[493] Damit ist klar, dass die Vertraulichkeitsvereinbarung im Primärprozess der Mediationsparteien Anwendung findet. In Streit steht jedoch die Art und Weise der Berücksichtigung von Prozessverträgen.

Ausgehend von der durch *Schiedermair* begründeten Lehre[494], die zwischen verfügenden Prozessverträgen und verpflichtenden Verträgen des materiellen Rechts unterscheidet, billigt eine verbreitete Ansicht nur Verfügungsverträgen eine unmittelbare prozessuale Wirkung zu[495] und setzt bei Verpflichtungsverträgen voraus, dass die begünstigte Partei die Vereinbarung einredehalber geltend macht.[496] Eine Pflicht, Prozessverträge einredehalber geltend zu machen, ist jedoch nicht sachgerecht.

Zur Begründung der Einredetheorie ist vorgetragen worden, die Hinnahme des vertragswidrigen Verhaltens stelle die stillschweigende Annahme eines Angebots zum Abschluss eines Aufhebungsvertrages dar.[497] Davon abgesehen, dass

---

[493] *Wagner*, Prozessverträge, S. 233.

[494] *Schiedermair*, Vereinbarungen, S. 99 ff., 125 ff., der allerdings selbst nur prozessrechtliche Verfügungsverträge anerkennt, die dann aber per Einrede geltend zu machen sind.

[495] Was unter der teilweise anzutreffenden Aussage zu verstehen ist, das Gericht sei zur Prüfung von Amts wegen verpflichtet, bleibt unklar. Diese Pflicht kennt die ZPO im Rahmen des Verhandlungsgrundsatzes nur ausnahmsweise, insbesondere im Bereich der positiv normierten Zulässigkeitsvoraussetzungen der Klage, wie z. B. in §§ 56 Abs. 1, 88 Abs. 2 ZPO. Dies gilt grundsätzlich auch für die übrigen Zulässigkeitsvoraussetzungen. *Rosenberg/Schwab/Gottwald*, ZPO, § 77 Rn. 45 (S. 493); *Thomas/Putzo-Reichold*, ZPO, Vor § 253 Rn. 12. Die gerichtliche Prüfung von Amts wegen bedeutet zwar keine Amtsermittlung, entzieht den Parteien jedoch die Herrschaft über das Verfahren insofern, als sie nicht über die Zulässigkeitsvoraussetzungen einer Prozesshandlung disponieren können. Münchener Kommentar-*Lindacher*, ZPO, § 56 Rn. 2; *Rosenberg/Schwab/Gottwald*, ZPO, § 77 Rn. 46 ff. (S. 493 f.); *Thomas/Putzo-Reichold*, ZPO, Vor § 253 Rn. 12. Dies ist vorliegend jedoch bereits deshalb unangemessen, da es nicht um die Zulässigkeit der Klage geht, sondern um die Zulässigkeit von Tatsachenvortrag und Beweisanträgen, die – wie oben dargelegt – auch nach Abschluss einer Vereinbarung der Parteiherrschaft unterliegen. Vgl. zum Ganzen *Wagner*, Prozessverträge, S. 245 f.

[496] RGZ 102, 217, 222 f.; 159, 186, 190; BGHZ 10, 22, 23 ff.; 28, 45, 52; NJW 1985, 189, 189; NJW-RR 1989, 802, 802; Baumbach/Lauterbach-*Hartmann*, ZPO, Grundz. § 128 Rn. 50; § 269 Rn. 10; *Baumgärtel*, Prozesshandlung, S. 264; *Schwab*, FS Baumgärtel, S. 503; Stein/Jonas-*Leipold*, ZPO, Vor § 128 Rn. 247; *Teubner/Künzel*, MDR 1988, 720, 724. Zum Ganzen *Wagner*, Prozessverträge, S. 215 f.

[497] *Baumgärtel*, Prozesshandlung, S. 265; *Teubner/Künzel*, MDR 1988, 720, 725.

diese Annahme häufig mit der Rechtsgeschäftslehre unvereinbar sein dürfte[498], ist sie zur Begründung der Einredetheorie untauglich, da sie nicht zum Erfordernis einer Einrede führt, sondern die Ablehnung eines Angebots voraussetzt.[499] Doch auch die Rechtfertigung des Einredeerfordernisses als Konsequenz des - mangels Verfügung - Fortbestehens der Befugnis, vermag nicht zu überzeugen. Anders als bei materiell-rechtlichen Verpflichtungen, die erst nach gerichtlicher Überprüfung in einem *gesonderten Verfahren* zwangsweise durchgesetzt werden können und damit den Berechtigten bis dahin in seiner Verfügungsmacht über den Gegenstand der Verpflichtung frei lassen, kann die Wirksamkeit der Vertraulichkeitsverpflichtung ohne weiteres von dem Gericht des anhängigen Rechtsstreits geprüft werden. Bejaht das Gericht die Wirksamkeit und liegen keine materiell-rechtlichen Einwendungen oder Einreden vor, die dem Unterlassungsanspruch entgegengehalten werden, besteht kein Grund, die Befugnis zu entsprechendem Tatsachenvortrag und entsprechenden Beweisanträgen über die Konstruktion einer Einrede weiterhin aufrechtzuerhalten, um dieser Befugnis sodann mittels der Einrede entgegenzutreten.[500]

Eine Prozesshandlung ist folglich nicht nur dann als unzulässig zurückzuweisen, wenn die Befugnis dazu aufgrund einer prozessvertraglichen Verfügung nicht mehr besteht, sondern auch dann, wenn die Prozesshandlung nach der Überzeugung des Gerichts die Verletzung eines prozessualen Verpflichtungsvertrages darstellt.[501] Daraus folgt, dass das Gericht Mediationsinformationen, die eine Partei vorgetragen hat, und aus der Mediation stammende Beweismittel nicht berücksichtigen darf, wenn es davon überzeugt ist, dass eine wirksame Vertraulichkeitsvereinbarung vorliegt.[502]

---

[498] Hiernach wäre jedenfalls Geschäftswille und Erklärungsbewusstsein erforderlich. Zudem ist zweifelhaft, inwiefern dem bloßen Schweigen einer Partei dieser Erklärungsgehalt zugemessen werden kann.

[499] *Wagner*, Prozessverträge, S. 234.

[500] Vgl. *Schlosser*, Einverständliches Parteihandeln, S. 56 f., der das Abstraktionsprinzip, also die Unterscheidung zwischen Verpflichtungs- und Verfügungsgeschäft, gänzlich aus dem Prozessrecht verbannen will; *Wagner*, Prozessverträge, S. 234, 247 ff.

[501] Münchener Kommentar-*Lüke*, ZPO, Einl. Rn. 289, der von „verfügungsähnlicher Wirkung" spricht; *Schlosser*, Einverständliches Parteihandeln, S. 54 ff.; *Wagner*, Prozessverträge, S. 234.

[502] *Hartmann*, in Haft/Schlieffen, Handbuch Mediation, § 27 Rn. 34; *Wagner*, NJW 2001, 1398, 1399 f. Vgl. auch *Wagner*, Prozessverträge, S. 640 (Tatsachenvortrag), 685 (Beweisantrag).

Soweit man das Gericht für verpflichtet hält, die Vertraulichkeitsvereinbarung zu berücksichtigen, sofern entsprechende Tatsachen vorgetragen sind, kann die Nichtberücksichtigung als gerichtlicher Verfahrensfehler gemäß § 295 ZPO qualifiziert werden.[503] Rügt die nicht beweispflichtige Partei die Nichtberücksichtigung der Vertraulichkeitsvereinbarung durch das Gericht nicht rechtzeitig, gilt der Verfahrensfehler als geheilt.

§ 11 Zusammenfassung

I. Vertraulichkeitsschutz durch die ZPO

Die Vertraulichkeit der Mediation ist im Zivilprozess durch das Zeugnisverweigerungsrecht des Mediators geschützt. Der Mediator kann unabhängig von seinem Beruf das Zeugnis nach § 383 Abs. 1 Nr. 6 Alt. 1 ZPO verweigern. Dies gilt nicht, falls der Mediator nicht gewerblich tätig wird oder er durch beide Parteien von seiner Verschwiegenheitspflicht entbunden wird. Soweit nur eine Partei den Mediator von seiner Verschwiegenheitspflicht entbindet, sind die Grundsätze der Beweisvereitelung anzuwenden. In der Regel kann der die Vertraulichkeit der Mediation wahrenden Partei aber kein missbilligenswertes Verhalten vorgeworfen werden.

Bei praktischer Betrachtung ist die Vertraulichkeit der Mediation durch den Urkundsbeweis nur dann gefährdet, wenn ein Mediationsbeteiligter ein nicht nur eigenen Zwecken dienendes Mediationsprotokoll angefertigt hat. Aus dem Geschäftsbesorgungsvertrag ist der Mediator mangels abweichender Vereinbarung nämlich verpflichtet, das Mediationsprotokoll jeweils an beide Parteien herauszugeben. Darüber hinaus sind die Mediationsparteien nach § 810 BGB auch jeweils berechtigt, die Vorlage des Mediationsvergleiches und eines Mediationsprotokolls vom Besitzer der Urkunde herauszuverlangen. Dasselbe gilt entsprechend für die Herausgabe eines Augenscheinsobjekts, etwa einer Tonbandaufnahme von der Mediation.

Das Gericht kann ferner die Vorlage einer Urkunde oder eines Augenscheinsobjektes von Amts wegen anordnen. Eine eigenständige zivilprozessuale Vorlagepflicht besteht jedoch grundsätzlich nicht, sodass die Vorlageanordnung ohne

[503] *Wagner*, Prozessverträge, S. 250 f.

Parteiantrag nur ausnahmsweise in Betracht kommt, wenn trotz fehlender Anträge ein überwiegendes Interesse an der prozessualen Verwertung der Urkunde oder des Augenscheinsobjektes besteht. Der Mediator ist zur Vorlage aber nur dann verpflichtet, wenn er nicht zur Verweigerung des Zeugnisses berechtigt ist.

Vermag die beweispflichtige Partei den Beweis nicht anders zu führen, kann sie nach § 445 ZPO die Vernehmung des Gegners beantragen. Nach § 447 ZPO kann auch die beweispflichtige Partei selbst vernommen werden, wenn eine Partei dies beantragt und die andere Partei damit einverstanden ist. Zwar kann keine Partei zur Parteivernehmung gezwungen werden. Weigert sich die nicht beweispflichtige Partei, sich vernehmen zu lassen, kann das Gericht die zu beweisende Tatsache jedoch gemäß § 446 ZPO als erwiesen ansehen. Aufgrund des Interesses an der Vertraulichkeit der Mediation ist zu erwarten, dass das Gericht regelmäßig nicht zu dem Ergebnis gelangt, dass die Weigerung unberechtigt ist.

Der Beweis durch Sachverständigengutachten ist nicht geeignet, die Vertraulichkeit der Mediation zu gefährden, da er die Verfügbarkeit von Mediationsinformationen voraussetzt. Sofern der Mediator als sachverständiger Zeuge aussagen soll, gelten die Ausführungen zum Zeugenbeweis.

II. Schutzlücken

Dieser der ZPO immanente Vertraulichkeitsschutz weist allerdings einige Schutzlücken auf: Vor Eintritt in die Beweisaufnahme kann die Vertraulichkeit der Mediation bereits dadurch geschützt werden, dass der Vortrag von Mediationsinformationen bzw. deren Berücksichtigung durch das Gericht verhindert wird. Gelingt dies, stellen sich die nachgelagerten Fragen im Hinblick auf die Beweiserhebung nicht mehr. Durch die ZPO sind die Parteien aber nicht daran gehindert, Mediationsinformationen vorzutragen.

Sofern die Beweisaufnahme betroffen ist, besteht aus Sicht der Parteien keine Gewähr dafür, dass der Mediator auch von seinem Zeugnisverweigerungs*recht* Gebrauch macht. Sagt der Mediator trotzdem aus, ist seine Aussage auch dann verwertbar, wenn eine Verschwiegenheitspflicht nach § 203 Abs. 1 Nr. 3 StGB besteht. Zudem ist es nicht mit Sicherheit voraussehbar, ob die Gerichte ein berufsunabhängiges Zeugnisverweigerungsrecht des Mediators nach § 386 Abs. 1 Nr. 6 Alt. 1 ZPO anerkennen. Aus der Perspektive des Mediators ist zu bemerken, dass sein Interesse, nicht vor Gericht aussagen zu müssen, verletzt wird, falls die Parteien ihn gemeinsam von der Verschwiegenheitspflicht befreien. In diesem Fall ist er nämlich nach § 385 Abs. 2 ZPO zur Aussage verpflichtet.

Sofern der Mediator oder eine Partei ein Mediationsprotokoll anfertigt, kann die beweispflichtige Partei das Protokoll im Prozess als Urkunde entweder selbst vorlegen oder die Vorlage beantragen. Da jedenfalls ein Vorlageanspruch nach §§ 422 ZPO, 810 BGB besteht, ist das Mediationsprotokoll – soweit es nicht lediglich zu privaten Zwecken angefertigt wurde – vorzulegen und kann vom Gericht verwertet werden.

Falls der Gegner der beweispflichtigen Partei sich weigert, sich vernehmen zu lassen oder den Mediator von seiner Verschwiegenheitspflicht zu entbinden, und dafür keinen triftigen Grund angibt, kann das Gericht unter Berücksichtigung der Umstände des Einzelfalls die behauptete Tatsache als erwiesen ansehen, falls es bei der umfassenden Beweiswürdigung nach § 286 ZPO zu keinem eindeutigen Ergebnis gelangt. Dies gilt in ähnlicher Weise auch dann, wenn eine Partei sich weigert, den Mediator von seiner Verschwiegenheitspflicht zu befreien.

III. Vertraglicher Vertraulichkeitsschutz

Diese Schutzlücken können durch Vertraulichkeitsvereinbarungen geschlossen werden. Soweit die Parteien mittels einer Vertraulichkeitsvereinbarung über ihre prozessualen Rechte disponieren oder Verfahrensregeln der ZPO modifizieren, handelt es sich um einen Prozessvertrag. Diese prozessvertraglichen Bestandteile der Vertraulichkeitsvereinbarungen verstoßen weder gegen die ZPO noch gegen die allgemeinen Schranken des Privatrechts und sind daher wirksam.

Die Vertraulichkeitsvereinbarung bindet jedenfalls die Parteien und hindert diese, Mediationsinformationen vorzutragen und Beweisanträge unter Bezugnahme auf aus der Mediation stammende Beweismittel zu stellen. Auf diese Weise kann sich auch der Mediator vertraglich absichern, nicht als Zeuge benannt zu werden. Des Weiteren ist auch das Gericht verpflichtet, im Rahmen der Ermessensausübung bei der Beweiserhebung von Amts wegen die Vertraulichkeitsvereinbarung zu berücksichtigen. Nur falls ausnahmsweise das öffentliche Interesse an der Verfahrensbeschleunigung das Interesse an der Aufrechterhaltung der Vertraulichkeitsvereinbarung überwiegt, ist das Gericht berechtigt, insofern Beweis von Amts wegen zu erheben. Damit schneiden Vertraulichkeitsvereinbarungen auch den Einwand der Beweisvereitelung ab.

Sofern das Gericht davon überzeugt ist, dass eine Vertraulichkeitsvereinbarung wirksam geschlossen wurde und weiterhin fortbesteht, hat es dagegen verstoßende Prozesshandlungen ohne weiteres abzulehnen, ohne dass es der Erhebung einer Einrede bedarf.

5. Kapitel DIE SICHERUNG DER VERTRAULICHKEIT IM US-AMERIKANISCHEN ZIVILPROZESS

§ 12 Vorbemerkung

I. Grundsätzliches

In den USA findet schon seit geraumer Zeit eine vertiefte juristische Auseinandersetzung mit dem Thema Mediation statt. Diese spiegelt die praktische Bedeutung wider, die alternativen Konfliktbeilegungsmethoden und insbesondere der Mediation als deren wichtigste Variante in den USA zukommt. Dies ist vor allem auf das Bedürfnis zurückzuführen, alternative Konfliktbeilegungsmethoden zur zügigen und kosteneffektiven Beilegung von Konflikten und damit zur Entlastung US-amerikanischer Gerichte einzusetzen.

Die juristische Auseinandersetzung mit der Vertraulichkeitsproblematik beschränkt sich auf die Sicherung der Vertraulichkeit in gerichtlichen Verfahren. Dabei kollidiert das Interesse an der Vertraulichkeit mit dem Recht der Gerichte, sich „every man's evidence" zu verschaffen, einem tragenden Grundsatz des US-amerikanischen Prozessrechts. Die Problematik der Offenbarung von Mediationsinformationen außerhalb gerichtlicher Verfahren ist hingegen kaum Gegenstand juristischer Erörterungen. Die im deutschen Recht bestehenden berufsrechtlichen Verschwiegenheitspflichten des Mediators finden im US-amerikanischen Recht keine Entsprechung[504], sodass Verschwiegenheitspflichten grundsätzlich vertraglich zu begründen sind.[505] Daher wird vorliegend der Schwerpunkt auf die Sicherung der Vertraulichkeit in gerichtlichen Verfahren gelegt. Diesbezüglich haben sich im US-Recht differenzierte Strukturen entwickelt, die als Ausgangspunkt für die in § 16 zu ziehenden Schlussfolgerungen dienen können.

---

[504] Wie in Deutschland ist die Tätigkeit des Mediators selbst nicht durch Berufsrecht geregelt. Selbst wenn der Mediator Rechtsanwalt ist, wird die Tätigkeit des Mediators als gesonderte, von der rechtsanwaltlichen Tätigkeit zu unterscheidende Tätigkeit betrachtet.

[505] Vgl. § 8 UMA, Reporters' Notes b., S. 36 (Nachweis oben bei Fn. 10): „It is a matter of party choice through private contract." Allerdings besteht zumindest die Möglichkeit, dass bundesstaatliches Recht Vertraulichkeitspflichten auch außerhalb gerichtlicher Verfahren vorsieht. Vgl. etwa Tex. Civ. Prac. & Rem. Code, Sec. 154.073 (a).

In Ziffer II. dieser Vorbemerkung wird zunächst die Entwicklung der Gesetzgebung dargestellt. § 13 befasst sich mit den verschiedenen Instrumenten, die zur Sicherung der Vertraulichkeit nach US-amerikanischem Recht zur Verfügung stehen. Unter § 14 wird der Uniform Mediation Act (UMA) vorgestellt, ein Modellgesetz, das die in den USA gemachten Erfahrungen umsetzt. § 15 fasst die Ergebnisse zusammen.

II. Entwicklung der Gesetzgebung

Die US-amerikanische Verfassung weist die Gesetzgebungskompetenz grundsätzlich den Bundesstaaten zu.[506] Dem Bund stehen nur die abschließend in Art. I § 8 der US-amerikanischen Verfassung aufgelisteten Gesetzgebungsfelder offen.[507] Da für die Sicherung der Vertraulichkeit der Mediation keine allgemeinen abweichenden Regelungen getroffen sind, entstammen die vertraulichkeitsschützenden Bestimmungen grundsätzlich dem einzelstaatlichen Recht. Nur in Ausnahmefällen besteht eine Gesetzgebungskompetenz des Bundes.

1. Gesetze der Bundesstaaten

Bereits in der ersten Hälfte des 20. Jahrhunderts haben die US-amerikanischen Bundesstaaten die Mediation zur Beilegung von arbeitsrechtlichen Streitigkeiten[508] und Scheidungsfällen[509] gesetzlich vorgeschrieben. Folglich wurden Bestimmungen zum Schutz der Vertraulichkeit zuerst für die Mediation arbeits- und familienrechtlicher Streitigkeiten erlassen.[510] Beispielsweise wurde im Bundesstaat New Hampshire die Vertraulichkeit der Mediation arbeitsrechtlicher

---

[506] Das zehnte Amendment der US-amerikanischen Verfassung bestimmt: „The powers not delegated to the United States by the Constitution, nor prohibited by it to the States, are reserved to the States respectively, or to the people."

[507] Vgl. *Blumenwitz*, Einführung in das anglo-amerikanische Recht, S. 47.

[508] Siehe etwa 29 U.S.C.A. 171 (West 1998) (erlassen in 1947); Cal. Lab. Code § 65 (West 2000) (erlassen in 1939); Conn. Gen. Stat. Ann. §§ 31-96, 31-100 (West 1997 & Supp. 2001) (erlassen in 1949); N.C. Gen. Stat. § 95-36 (West 2000) (erlassen in 1949); N.Y. Stat. Lab. Law § 754 (West 1988) (als § 753 1937 erlassen).

[509] Siehe etwa Or. Rev. Stat. § 107.600 (1999) (erlassen in 1963). Ebenso Cal. Civ. Proc. Code § 1747 (West Supp. 2001) (Die in 1955 erlassene Bestimmung wurde 1994 aufgehoben. Eine vergleichbare Regelung findet sich nun in Cal. Fam. Code § 1818 (West 1994).).

[510] *Note*, 98 Harv. L. Rev. 441, 441 (1984).

Streitigkeiten bereits 1917 gesetzlich geregelt.[511] Das Gesetz sah das Tätigwerden eines „labor commissioners" vor, dessen Aufgabe es war, auf eine „friedvolle Anpassung" in Streitigkeiten zwischen Arbeitgeber und Arbeitnehmer hinzuwirken.[512] Informationen, die aus einem solchen Verfahren stammen, dürfen nicht vor Gericht als Beweismaterial zugelassen werden.[513]

Später wurde Mediation auch zur Beilegung von Streitigkeiten auf anderen Gebieten eingesetzt, und es wurden entsprechende vertraulichkeitsschützende Regelungen erlassen.[514] Viele Bundesstaaten erließen in den achtziger Jahren gesetzliche Bestimmungen, um die Vertraulichkeit der während der Mediation stattfindenden Kommunikation zu gewährleisten.[515]

Heute haben sowohl alle US-amerikanischen Bundesstaaten – mit Ausnahme von Mississippi – als auch der District of Columbia und Puerto Rico vertraulichkeitsschützende Bestimmungen erlassen.[516] Trotzdem ist in vielen Bundesstaaten die Vertraulichkeit der Mediation nicht umfassend geschützt, da der durch die vorhandenen Regelungen gewährte Schutz sich häufig nur auf be-

---

[511] N.H. Rev. Stat. Ann. § 273:18 (Lexis 1999). Das Gesetz wurde im Hinblick auf einen konkreten Fall erlassen, in dem die Offenlegung von Informationen aus einem mediationsähnlichen Verfahren drohte. *White Mountain Freezer Co. v. Murphy*, 101 A. 357 (N.H. 1917).

[512] „[The labor commissioner] is not to hear and decide controversies between employers and employees, but to endeavor to bring about an amicable adjustment."

[513] N.H. Rev. Stat. Ann. § 273:18 lautet: „Neither the proceedings, nor any part thereof, before the labor commissioner by virtue of the foregoing provisions of this subdivision shall be received in evidence for any purpose in any judicial proceeding before any other court or tribunal."

[514] Siehe etwa Conn. Gen. Stat. Ann. § 54-56m (West Supp. 2001) (Die in 1982 erlassene Vorschrift sieht die Mediation in strafrechtlichen Fällen vor.); N.Y. Stat. Jud. Law § 849-b(6) (West 1992) (Das 1981 in Kraft getretene Gesetz regelt die Mediation nachbarschaftsrechtlicher Streitigkeiten.); 5 U.S.C.A. §§ 571–583 (West 1996 & Supp. 2001) (Die 1990 in Kraft getretene Regulation bestimmt den Vertraulichkeitsschutz der Mediation verwaltungsrechtlicher Streitigkeiten unter Bundesbehörden.).

[515] Siehe etwa Colo. Rev. Stat. § 13-22-307 (West 1997 & Supp. 2000) (in Kraft getreten 1983); Fla. Stat. Ann. § 44.201 (5) (West 2001) (in Kraft getreten 1986); Mich. Comp. Laws Ann. § 552.513 (3) (West 2000) (in Kraft getreten 1982); N.Y. Stat. Jud. Law, § 849-b (West 1992) (in Kraft getreten 1981); Okla. Stat. tit. 12, § 1805 (West 1993 & Supp. 2000) (in Kraft getreten 1983). Andere Bestimmungen ordneten schon vor den achtziger Jahren Vertraulichkeitsschutz an: Mo. Code Ann. § 40-3-116 (1997) (in Kraft getreten 1963); N.Y. Stat. Civ. Serv. § 205 (4) (b) (West 1999 & Supp. 2001) (in Kraft getreten 1971).

[516] Zusammenstellungen der durch die Bundesstaaten erlassenen vertraulichkeitsschützenden Regelungen finden sich bei *Golann*, Mediating Legal Disputes, S. 369; *Kentra*, 1997 B.Y.U.L. Rev. 715, 757 ff. (1997); *Krohnke*, 17 Alternatives to High Cost Litigation 1 (1998); *Rogers/McEwan*, Mediation, Appendix B.

stimmte staatliche Mediationsprogramme erstreckt, während andere Mediationsprogramme keinen Vertraulichkeitsschutz genießen.[517] Fünfundzwanzig Bundesstaaten hatten bis August 2001 Bestimmungen erlassen, welche die Vertraulichkeit der Mediation unabhängig von der Trägerorganisation schützen.[518]

2. Gesetze des Bundes

Der Gesetzgebungskompetenz des Bundes unterfallen insbesondere die den Bundesgerichten angegliederten Mediationsprogramme, die sog. „court-annexed mediations". Die Bundesgerichte haben beginnend in den siebziger Jahren mit ADR-Techniken experimentiert.[519] Der „Alternative Dispute Resolution Act of 1998" ermächtigt die Bundesgerichte, in sog. „local court rules", die Vertraulichkeit von *court-annexed mediations* anzuordnen. Nach 28 U.S.C. § 652 (d) sollen die Gerichte in *court rules* die Vertraulichkeit der Verfahren zur außergerichtlichen Streitbeilegung regeln und die Preisgabe von jeglicher Kommunikation zur Streitbeilegung verbieten.

Abgesehen hiervon hat der Bund durch den „Administrative Dispute Resolution Act"[520] und den „Administrative Dispute Resolution Act of 1996"[521] die Schlichtung von Streitigkeiten zwischen Bundesbehörden durch Mediation vorgesehen.[522] Hinsichtlich dieser Mediationsverfahren sieht 5 U.S.C. § 574 einen umfassenden Vertraulichkeitsschutz vor. Darüber hinaus existieren einige wenige gesetzliche Bestimmungen, welche die Vertraulichkeit der Mediation in Einzelfällen gewährleisten.[523]

---

[517] Siehe etwa Ark. Stat. Ann. § 11-2-204 (Michie 1999) (Vertraulichkeitsschutz hinsichtlich der Mediation arbeitsrechtlicher Streitigkeiten durch den „Arkansas Mediation and Conciliation Service"); Mass. Gen. Law, Chapter 150, § 10A (Lexis 1999 & Supp. 2001) (Vertraulichkeitsschutz hinsichtlich gewisser arbeitsrechtlicher Streitigkeiten); Minn. Stat. § 518.619 (West 2000) (Vertraulichkeitsschutz für Sorgerechtsstreitigkeiten).

[518] UMA, Prefatory Note 4, m. w. N.

[519] *Ehrhardt*, 60 La. L. R. 91, 93 (1999); *Plapinger/Stienstra*, ADR, S. 3, 4.

[520] Der „Administrative Dispute Resolution Act" ist in den 5 U.S.C.A §§ 571–583 (West 1996 & Supp. 2001) kodifiziert. Siehe dazu *Marksteiner*, 14 Ohio St. J. on Disp. Resol. 89, 99 ff. (1998).

[521] Pub. L. No. 104-320, § 9, 110 Stat. 3870, 3872 (kodifiziert in Einzelbestimmungen der Kapitel 5, 10, 28, 29, 31 und 41 U.S.C.A.).

[522] Vgl. *Litt*, 78 Tex. L. Rev. 1015, 1017 (2000).

[523] 7 U.S.C.A. § 5101 (c) (3) (D) (West 1999 & Supp. 2001), der den Bundesstaaten vorschreibt, dass die Vertraulichkeit der von den „State Agricultural Loan Mediation Programs"

§ 13 Die Sicherung der Vertraulichkeit nach geltendem Recht

Zur Sicherung der Vertraulichkeit der Mediation im Zivilprozess steht eine Vielzahl an rechtlichen Instrumenten zur Verfügung. Manche dieser Instrumente sind nur auf *court-annexed mediations* (dazu unter Ziffer II.) anwendbar, während andere allgemein auf Mediationsverfahren Anwendung finden (dazu sogleich unter Ziffer I.).

I. Allgemein anwendbare Regelungen

Während die Vertraulichkeit von *court-annexed mediations* insbesondere durch *local court rules* geschützt wird, sind zur Sicherung der Vertraulichkeit anderer Mediationsverfahren die allgemeinen gesetzlichen Bestimmungen heranzuziehen. Diese sehen zur Sicherung der Vertraulichkeit verschiedene rechtliche Mechanismen vor.

1. Mediation privileges

a) Allgemeines

Privileges sind umfassende Auskunftsverweigerungsrechte, die es dem Berechtigten erlauben, in allen Stadien zivilprozessrechtlicher Verfahren, d. h. in der *pleading*-Phase, der *pre-trial discovery* und der Hauptverhandlung, dem sog. *trial*, die Auskunft zu verweigern.[524]

---

durchgeführten Mediationsverfahren gewährleistet sein muss; 20 U.S.C.A. § 1415 (e) (2) (G) (West 2000 & Supp. 2001), der den Bundesstaaten vorschreibt, dass die Mediation von Streitigkeiten über Ausbildungsförderung behinderter Studenten vertraulich zu gestalten ist. Vgl. ferner 2 U.S.C.A. § 1416 (b) (West 1997); 3 U.S.C.A. § 456 (b) (West 1997); 29 U.S.C.A. 722 (c) (4) (G) (West 1999 & Supp. 2001).

[524] Nach Abschluss der *pleading*-Phase, die im Wesentlichen aus dem Austausch der Klageschrift und der Klageerwiderung besteht, beginnt die *pre-trial discovery*. Während der *discovery* haben die Parteien Gelegenheit, den Streitstoff umfassend zu erforschen. Federal Rules of Civil Procedure (FRCivP) 26 und vergleichbare Bestimmungen der Bundesstaaten erlauben es den Parteien während der *discovery*, die Herbeischaffung aller auch nur entfernt relevanter Informationen von der anderen Partei und sogar von nicht am Prozess beteiligten Dritten zu verlangen. Wird das Verfahren nach Abschluss der *discovery* nicht vorzeitig beendet, schließt sich der *trial* an, in dem die Parteien ihre Sicht des Falles der *jury* präsentieren. Die *jury* ist für die Entscheidung über Tatsachenfragen zuständig, während der Richter über die streitigen Rechtsfragen entscheidet. Allgemein zum US-amerikanischen Zivilprozess *Schack*, US-amerikanisches Zivilprozessrecht.

Der Berechtigte kann auch andere daran hindern, Auskunft zu erteilen, soweit durch ein *privilege* geschützte Informationen betroffen sind.[525] Es spielt dabei keine Rolle, ob die Auskunft in Form eines Dokuments oder einer Zeugenaussage verlangt wird.[526] Man kann also von einem umfassenden Beweiserhebungsverbot sprechen. *Privileges* schützen typischerweise vertrauliche Beziehungen, wie zum Beispiel das Verhältnis zwischen Anwalt und Mandant oder Arzt und Patient.[527] Aufgrund des umfassenden Schutzes kommt dem *privilege*, das durch *common law* oder durch eine gesetzliche Regelung begründet sein kann, eine Schlüsselrolle bei der Sicherung der Vertraulichkeit der Mediation zu.

b)   Gesetzliche mediation privileges

Zahlreiche Bundesstaaten haben gesetzliche *mediation privileges* unterschiedlichster Ausprägung erlassen. Den Unterschieden im Einzelnen nachzugehen, würde zu weit führen. Daher werden nur die wesentlichsten Unterschiede erörtert.

aa)   Anwendungsbereich

Das *mediation privilege* bezieht sich, anders als das Anwalt-Mandant- oder das Arzt-Patient-*privilege*, nicht auf ein rechtlich etabliertes Berufsbild und kann nicht auf entsprechendem Berufsrecht aufsetzen.[528] Daher kommt der Frage, welche Verfahren als Mediationsverfahren betrachtet werden, mithin auf welche Verfahren ein *mediation privilege* anwendbar ist, entscheidende Bedeutung zu.[529]

Häufig wird der Begriff der Mediation nicht näher definiert, was aufgrund der Schwierigkeiten von Literatur und Rechtsprechung, sich auf eine allgemein gül-

---

[525] Siehe etwa § 4 UMA, Reporters' Note 4. Allgemein zu *privileges* siehe *Note*, 98 Harv. L. Rev. 1450 (1985), m. w. N.

[526] Vgl. etwa 1 *McCormick* on Evidence, § 74, S. 275 ff.

[527] Vgl. *Upjohn v. U.S.*, 449 U.S. 383, 389 (1981) (ausführend, dass das *attorney-client privilege* dem Schutz der vertraulichen Beziehung des Rechtsanwaltes zu seinem Mandanten diene); *Jaffee v. Redmond*, 116 S. Ct. 1923 (1996) (davon ausgehend, dass *privileges* typischerweise vertrauliche Beziehungen schützen). Vgl. auch 12 Fed. Proc. L. Ed. §§ 33:275, 33:291.

[528] § 3 UMA, Reporters' Note 2, S. 8 f.; *Rogers/McEwan*, Mediation, S. 9–24.

[529] Näher zur Definition des Begriffes „Mediation" als Voraussetzung der Anwendung eines *mediation privilege Knoll*, 34 Tort & Insurance Law Journal 115, 116; *Ruiz*, 15 Ohio St. J. on Disp. Resol. 851 (2000).

tige und ausreichend enge Definition der Mediation zu einigen, zu Unklarheiten hinsichtlich des Anwendungsbereiches eines *privilege* führt.[530] Andere *privileges* sind lediglich auf bestimmte Mediationsprogramme anwendbar[531] oder setzen einen gewissen Trainingsstandard des Mediators voraus[532].

bb) Berechtigte

Einige Bestimmungen erlauben es alleine dem Mediator, sich auf das *privilege* zu berufen.[533] Gegen solche Regelungen spricht, dass sie den wohl wichtigsten Zweck eines *mediation privileges*, die Förderung der freien und offenen Kommunikation, nur eingeschränkt erfüllen. Denn die Parteien können den drohenden Missbrauch von Informationen durch die andere Partei nicht verhindern. Andere *mediation privileges* können nur von den Parteien geltend gemacht werden.[534] Dies lässt wiederum den Mediator schutzlos. Soweit *mediation privileges* die Berechtigten nicht bestimmen,[535] haben die Gerichte durch Auslegung zu ermitteln, wer sich auf das *privilege* berufen kann. Die Ergebnisse, zu denen die Gerichte gelangen, unterscheiden sich, je nachdem, was als Zweck des *privileges* angesehen wird. Einige Gerichte sind zu dem Schluss gekommen, dass das

---

[530] So etwa Ark. Code Ann. §16-7-206 (1999) (anwendbar auf „Konfliktbeilegungsprozesse"); Kan. Stat. Ann. § 60-452a (Supp. 1999) (anwendbar auf Kommunikation mit einer „neutral person conducting the proceeding"); La. Rev. Stat. Ann. § 9:4112 (West Supp. 2001) (allgemein auf "Mediation" anwendbar); Nev. Rev. Stat. Ann. § 48.109 (Lexis 2001) (sich auf eine "Mediationssitzung" beziehend); N.J. Rev. Stat. Ann. § 2A:23A-9 (2000) (anwendbar auf Schlichter, die ein "alternatives Streitbeilegungsverfahren" durchführen); N.D. Century Code § 31-04-11 (1997) (allgemein auf "Mediationsverfahren" anwendbar); S.D. Cod. Laws § 19-13-32 (Michie Supp. 2000) (ebenso). Vgl. *Rogers/McEwan*, Mediation, S. 9–24.
[531] Siehe etwa N.Y. Stat. Civ. Serv. § 205 (4) (b) (West 1999). Vgl. *Rogers/McEwan*, Mediation, S. 9–24; *Knoll*, 34 Tort & Insurance Law Journal 115, 116 ff.
[532] So etwa Mass. Stat. Ann. ch. 233 § 23C (West 2001); Neb. Rev. Stat. §§ 25-2913, 25-2903 (7), 25-2914 (1995); R.I. Gen. Laws 9-19-44 (a) (1997). Vgl. *Rogers/McEwan*, Mediation, S. 9–24.
[533] Colo. Rev. Stat. § 13-22-307 (a) (West 1997 & Supp. 2000); Iowa Code § 679C.3 (West 1998 & Supp. 2000); Kan. Stat. Ann. § 60-452 (a) (Supp. 1999); La. Rev. Stat. Ann. § 9:4112 (E) (West Supp. 2001); Ohio Rev. Stat. § 36.222 (3) (1999); Tex. Civ. Prac & Rem. Code § 154.073 (b) (West 1997); Wash. Rev. Code Ann. § 5.60.070 (2) (a) (West 1995).
[534] Nachweise bei § 4 UMA, Reporters' Note 4. a), S. 17 f.
[535] 710 Ill. Rev. Stat. § 20/6 (1998); Ind. Code § 20-7.5-1-13 (1987); Iowa Code §§ 679.12, 679C.2 (West 1998 & Supp. 2001); Ky. Rev. Stat. Ann. § 336.153 (Michie 1995); 26 Me. Rev. Stat. Ann. § 1026 (E) (1988); Mass. Gen. Laws ch. 150, § 10A (Lexis 1999 & Supp. 2001); Okla. Stat. Ann. tit. 12, § 1805 (West 1993); 42 Pa. Cons. Stat. Ann. § 5949 (West 2000).

für gerichtlich organisierte Mediationsverfahren geschaffene *privilege* ein Recht des Gerichts ist, auf das das Gericht verzichten kann[536], während andere die Ansicht vertreten, dass das *privilege* den Parteien dient und daher nur die Parteien auf das *privilege* verzichten können.[537]

cc) Ausnahmen

Hinsichtlich der Ausnahmen eines *privileges* sind zwei Ansätze denkbar. Zum einen können eng gefasste Ausnahmen enumerativ vorgesehen werden.[538] Derartige *privileges* werden als „absolute" *privileges* bezeichnet.[539] Allerdings erkennen die Gerichte auch bei derartigen *privileges* Ausnahmen an, wenn sie der Auffassung sind, dies sei nach den Umständen des Einzelfalls erforderlich.[540] Zum anderen können *mediation privileges*, wie teilweise von der Rechtsprechung gefordert,[541] Ausnahmen in Form einer Generalklausel vorsehen, der zufolge das *privilege* bei entgegenstehendem überwiegendem Interesse nicht anwendbar ist.[542] *Mediation privileges*, die eine solche Ausnahme vorsehen, werden als beschränkte *privileges* bezeichnet.[543] Auf die Erforderlichkeit von Ausnahmen im Einzelnen wird unter § 14 II. 5. eingegangen.

---

[536] *In Re Marriage of Rossom*, 178 Cal.App.3d 1094 (1986); *In Re Marriage of Biggum-Slayton*, 103 Cal.Rptr.2d 545, 659 (Cal.App. 2001).

[537] *People v. Snyder*, 129 Misc. 2d 137, 138 f.; 492 N.Y.S.2d 890, 892 (1985); *Fenton v. Howard*, 118 Ariz. 119, 1222 (1978) (separate Urteilsbegründung von *Judge Holohan*).

[538] Siehe etwa Iowa Code §§ 679C.2, 679C.3 (West 1998 & Supp. 2000); Kan. Stat. Ann. § 60-452a (b) (Supp. 1999); Or. Rev. Stat. §§ 36.220-36.222 (1999); Wyo. Stat. § 1-43-103 (c) (Lexis 1999).

[539] *Rufenacht*, 2000 J. Disp. Resol. 113, 128 (2000); *Conrad*, 74 N. D. L. Rev. 45, Fn. 3 (1998).

[540] *Olam v. Congress Mortg. Co.*, 68 F.Supp.2d 1110, 1129-1131 (N.D.Cal. 1999); *Allen v. Leal*, 27 F.Supp.2d 954 (S.D. Tex. 1998). Vgl. *Doe v. Nebraska*, 971 F.Supp. 1305 (D. Neb. 1997); *In re Waller*, 573 A.2d 780 (D.C. Ct. App. 1990); *McKinlay v. McKinlay*, 648 So.2d 806 (Fla. Dist. Ct. App. 1995).

[541] N.L.R.B. v. Joseph Macaluso, Inc., 618 F.2d 51; Port Arthur v. U. S., 517 F.Supp. 987, 1003 (1981).

[542] So etwa Ark. Code Ann. § 16-7-206 (c) (1999); La Rev. Stat. Ann. § 9:4112 (D) (West Supp. 2000); Ohio Rev. Code Ann. § 2317.023 (C) (4) (Anderson 1998); Wis. Stat. § 904.085 (4) (e) (West 2000); 5 U.S.C.A. § 574 (West 1996 & Supp. 2001).

[543] *Rufenacht*, 2000 J. Disp. Resol. 113, 128 (2000); *Ehrhardt*, 60 La. L. R. 91, 121 f. (1999).

c)   Common law mediation privilege

aa)   Grundsätzliches

Zwei Wege werden von der Rechtsprechung bei der Begründung eines *common law mediation privilege* eingeschlagen:

Die Rechtsprechung hat ein *mediation privilege* ausgehend von gesetzlichen Bestimmungen, die Mediationsprogramme begründen, anerkannt.[544] Kein Hinderungsgrund ist dabei, dass der Gesetzeswortlaut keinen Hinweis auf die Erforderlichkeit der Vertraulichkeit der Mediation enthält. In der Grundsatzentscheidung *N.L.R.B. v. Macaluso* hat der „Court of Appeals for the 9th Circuit" die Vertraulichkeit angeordnet und dies mit dem bei der Begründung des „Federal Mediation and Conciliation Service" durch 29 U.S.C. § 171 zum Ausdruck gekommenen Willen des Kongresses begründet: 29 U.S.C. § 171 setze ein *privilege* voraus, um die Effektivität von Mediationsverfahren im Bereich des Arbeitsrechts zu gewährleisten.[545] Diese Argumentation ist aber nicht auf Mediationsprogramme übertragbar, die nicht gesetzlich begründet wurden.[546] Dementsprechend sind die Gerichte bei nicht staatlichen Mediationsprogrammen bei der Anerkennung eines *common law mediation privilege* zurückhaltend.[547]

Der dogmatisch überzeugendere Ausgangspunkt bei der Prüfung eines bundesrechtlichen *common law privilege* ist FRE 501,[548] der die Bundesgerichte er-

---

[544] *Macaluso*, 618 F.2d 51; *Port Arthur v. U.S.*, 517 F.Supp. 987, 1003 Fn. 105 (1981) (die Vorladung eines Mediators des „Community Relations Service of the United States Department of Justice" zurückweisend); *cert. den.* 459 U.S. 159; *Elizabeth Forward School District v. Pennsylvania Labour Board*, 624 A.2d 215, 217-218 (Pa. Cmwlth. 1992) (ausführend, dass „die Bundesgerichte den vollständigen Ausschluss von Aussagen des Mediators als notwendig anerkannt haben, um ein effektives System arbeitsrechtlicher Mediation aufrechtzuerhalten."). Anders jedoch *In re Grand Jury Subpoena Dated December 17, 1996*, 148 F.3d 487 (5th Cir. 1998) (die Auffassung des *district court* zurückweisend, der ein bundesrechtliches *mediation privilege* hinsichtlich des „Texas Agricultural Mediation Program" angenommen hatte), *cert. den.; Moczygemba v. U.S.*, 526 U.S. 1040 (1999).
[545] *Macaluso*, 618 F.2d 51, 55 f.
[546] Ein *mediation privilege* in Ermangelung auslegungsfähiger, gesetzlicher Bestimmungen ablehnend *Shabazz v. Scurr*, 662 F. Supp. 90 (S.D. Iowa 1987); *Kientzy v. McDonnell Douglas Corp.*, 133 F.R.D. 570 (E.D. Mo. 1991), aff'd, 990 F.2d 1051 (8th Cir. 1993); *Smith v. Smith*, 154 F.R.D. 661 (N.D.Tex.1994).
[547] Vgl. *Green*, 2 Ohio St. J. on Disp. Resol. 1, 31 (1986).
[548] FRE 501 lautet auszugsweise: „Except otherwise required by the Constitution of the United States or provided by Act of Congress or in rules prescribed by the Supreme Court

mächtigt, anhand der Prinzipien des *common law* zu bestimmen, ob ein *privilege* anzuerkennen ist. FRE 501 enthält keinen Hinweis auf die materiellen Voraussetzungen eines *common law privilege*. Ursprünglich war erwogen worden, anstelle des heutigen FRE 501 eine Regelung zu erlassen, die neun *privileges* abschließend aufzählt.[549] In diesem Licht betrachtet, bringt die in FRE 501 enthaltene Ermächtigung zum Ausdruck, dass der Kongress einer flexiblen Regelung, die die Anerkennung neuer *privileges* ermöglicht, den Vorrang vor einer abschließenden Enumeration gab.[550] Einig ist sich die Rechtsprechung insoweit, als von der Ermächtigung zur Anerkennung neuer *privileges* zurückhaltend und unter Berücksichtigung der öffentlichen Interessen Gebrauch gemacht werden muss.[551]

bb)   Voraussetzungen

In der Grundsatzentscheidung *Jaffee v. Redmond* hat der „US Supreme Court" im Kontext eines Psychotherapeuten-Patient-*privilege* einen Standard für die Anerkennung von *common law privileges* etabliert.[552] Folgende Voraussetzungen müssen erfüllt sein:

---

pursuant to statutory authority, the privilege of a witness, person, government, state, or political subdivision thereof shall be governed by the principles of common law as they may be interpreted by the courts of the United States in the light of reason and experience."

[549] 3 *Weinstein's* Evidence § 501.02 (1) (a). Der Kongress lehnte jedoch die vom „US Supreme Court" vorgeschlagene Regelung ab.

[550] 3 *Weinstein's* Evidence § 501.02 (1) (a). Dennoch wird argumentiert, es spräche gegen die Anerkennung eines *mediation privilege*, dass ein solches nicht in der ursprünglichen Liste der neun *privileges* enthalten war. So *Ehrhardt*, 60 La. L. R. 91, 93 (1999), der ausführt, dass bisher lediglich ein nicht in der Liste der neun enthaltenes *privilege* von den Bundesgerichten anerkannt wurde. Vgl. auch *In re Grand Jury*, 103 F.3d 1140, 1151 (3rd Cir. 1997) (ein Eltern-Kind-*privilege* unter Verweis auf die abschließende Aufzählung der neun *privileges* ablehnend). Zur Zeit des Erlasses des FRE 501 war die Vertraulichkeit der Mediation jedoch nicht als problematisch erkannt worden. Der Kongress hat daher auch nicht den Erlass eines *mediation privilege* zunächst erwogen, um es dann abzulehnen. Daher ist es nicht gerechtfertigt, die ursprünglich vorgesehene Aufzählung als Argument gegen die Anerkennung eines *mediation privilege* zu verwenden.

[551] *Folb v. Motion Picture Indus. Pension & Health Plans*, 16 F.Supp.2d 1164, 1171, m. w. N.

[552] 518 U.S. 1 (1996). Zur Anwendung des *Jaffee*-Standards zur Prüfung eines *mediation privilege Ehrhardt*, 60 La. L. R. 91, 115 ff. (1999). Damit wurde der auf den Rechtsprofessor *John Henry Wigmore* zurückgehende *Wigmore*-Test abgelöst, der von den Gerichten des Bundes und der Einzelstaaten vor der Entscheidung des „US Supreme Courts" in einiger Regelmäßigkeit herangezogen wurde. Zu den Voraussetzungen des *Wigmore*-Test 8 *Wigmore* on Evidence § 2285. Vgl. *Macaluso*, 618 F.2d 51, 54 (ein *mediation privilege* anerkennend und

- Das geltend gemachte *privilege* geht auf die zwingende Notwendigkeit von Zuversicht („confidence") und Vertrauen zurück.

- Falls anerkannt, würde das *privilege* dem öffentlichen Interesse dienen.

- Der durch das *privilege* verursachte Verlust von Beweismaterial ist erträglich.

- Die Ablehnung eines bundesrechtlichen *privileges* würde zur Umgehung eines vergleichbaren *privileges* eines Einzelstaates führen.[553]

cc) Rechtsprechung

In den Entscheidungen Folb v. Motion Picture Indus. Pension & Health Plans[554] und Sheldone v. Pennsylvania Turnpike Com'n[555] sind diese Voraussetzungen als erfüllt angesehen und ein bundesrechtliches common law mediation privilege anerkannt worden.

In dem Fall *Folb v. Motion Picture Indus. Pension & Health Plans* hat ein kalifornischer *district court* die Ablehnung eines Antrags auf gerichtliche Anordnung der Vorlage von Mediationsdokumenten durch den *magistrate judge* bestätigt. In der arbeitsrechtlichen Streitigkeit vor dem *district court* hatte der Kläger die Vorlage von Dokumenten verlangt, die aus der Mediation eines Streits zwischen der Beklagten und einer anderen Angestellten stammten, deren Anschuldigungen die Beklagte veranlasst hatte, den Kläger zu entlassen. Der *district*

---

auf den *Wigmore*-Test verweisend); *U.S. v. Gullo,* 672 F.Supp. 99, 105 (W.D.N.Y. 1987) (einen vom *Wigmore*-Test abgeleiteten Abwägungsmechanismus anwendend und ein *mediation privilege* anerkennend); *In re Doe,* 711 F.2d 1187, 1193 (C.A.N.Y. 1983) (die Prüfung der Faktoren des *Wigmore*-Tests durch das Gericht führt zur Ablehnung des Psychotherapeut-Patient-*privilege*); *Kientzy v. McDonnell Douglas Corp.,* 133 F.R.D. 570, 571 (E.D. Mo. 1991), *aff'd,* 990 F.2d 1051 (8th Cir. 1993) (nach Anwendung des *Wigmore*-Tests ein *ombudsman privilege* annehmend); *Carman,* 114 F.3d 790, 794 (die Abwägung der Faktoren des *Wigmore*-Tests des Gerichts in *Kientzy* ablehnend); *Mattson v. Cuyuna Ore Co.,* 178 F.Supp. 653, 654 (D.C.Minn. 1959) (ein Ingenieur-Arbeitgeber-*privilege* zurückweisend); *In re Grand Jury Investigation,* 918 F.2d 374, 383 ff. (3rd Cir. 1990) (ein Pfarrer-Kommunikant-*privilege* anerkennend). Speziell im Hinblick auf das *mediation privilege* aus der Literatur etwa *Gibson,* 1992 J. Disp. Resol. 25, 34; *Kuester,* 16 Hamline J. of Law and Public Policy 573, 585 f. (1995); *Conrad,* 74 N. D. L. Rev. 45, 49 (1998); *Green,* 2 Ohio St. J. on Disp. Resol. 1, 31 (1986).
[553] 518 U.S. 1, 9 ff.
[554] 16 F.Supp.2d 1164 (1998).
[555] 104 F.Supp. 511 (2000).

court urteilte, dass ein *mediation privilege* anzuerkennen ist, hob aber die Verfügung des *magistrate judge* insoweit auf, als der Kläger nicht unmittelbar aus der Mediation stammende Informationen verlangte.[556]

In *Sheldone v. Pennsylvania Turnpike Com'n,* einer weiteren arbeitsrechtlichen Streitigkeit, beantragte der Beklagte eine gerichtliche Verfügung, um die Preisgabe von Mediationsinformationen in der *discovery*-Phase zu verhindern. Die Parteien des Rechtsstreites hatten vor dem gerichtlichen Verfahren versucht, den Konflikt mittels Mediation zu lösen. Das Gericht erließ die gerichtliche Verfügung antragsgemäß auf der Grundlage eines *common law mediation privilege.*[557]

Beide Entscheidungen gehen davon aus, dass ein *mediation privilege* für die Begründung von Zuversicht und Vertrauen erforderlich ist.[558] Diese Annahme wird jedoch nicht mit empirischen Daten begründet, sondern hauptsächlich mit dem Verweis auf frühere Entscheidungen der Bundesgerichte und die Literatur.[559] Trotz des Fehlens empirischer Daten ist den Entscheidungen zuzustimmen. Wie oben unter § 3 erläutert, setzt der langfristige Erfolg der Mediation als Konfliktbeilegungsmittel einen umfassenden Vertraulichkeitsschutz voraus.

Im Übrigen ist man sich weitgehend einig, dass Mediation, wie es in *Folb v. Motion Picture Indus. Pension & Health Plans* heißt, „wichtigen öffentlichen Zielen dient, da sie einverständliche Beziehungen zwischen Konfliktparteien fördert, Prozesskosten senkt und die überbeschäftigten Gerichte der Bundesstaaten und des Bundes entlastet und so die Qualität der Justiz hinsichtlich der Fälle, die nicht einvernehmlich beigelegt werden, verbessert".[560] Auch der durch das *mediation privilege* erlittene Verlust von Beweismaterial ist erträglich, da das durch die Mediation gewonnene Beweismaterial nicht existent wäre, wenn die

---

[556] *Folb*, 16 F.Supp. 1164, 1180.

[557] *Sheldone*, 104 F.Supp.2d 511, 518.

[558] *Folb*, 16 F.Supp.2d 1164, 1171 ff.; *Sheldone*, 104 F.Supp.2d 511, 512 f.

[559] Vgl. *Ehrhardt*, 60 La. L. R. 91, 119 (1999) (der ausführt, dass es am überzeugendsten wäre, auf empirische Daten zurückzugreifen); *Swindler & Berlin v. U.S.*, 524 U.S. 399 (1998) (die Bedeutung empirischer Daten betonend); *In re Sealed Case*, 148 F.3d 1073 (D.C. Cir. 1998) (ebenso).

[560] 16 F.Supp. 1164, 1177. Das Gericht weist Argumente, die sich gegen die Vertraulichkeit einvernehmlicher Konfliktbeilegung wenden, zurück. Die Argumente gegen außergerichtliche Einigungen gehen insbesondere zurück auf *Fiss*, 93 Yale L. J. 1073, 1075 f. (1984). Vgl. *Mehta*, 10 Geo. J. Legal Ethics 521, 522 f. (1997).

Mediation nicht durchgeführt worden wäre.[561] Der Vertraulichkeitsschutz verhindert demnach lediglich, dass die Mediation als eine Art *discovery*-Instrument zur Erlangung von Auskünften missbraucht wird.

In anderen Fällen haben Bundesgerichte jedoch häufig bezweifelt, ob ein bundesrechtliches *common law privilege* zur Förderung einvernehmlicher Streitbeilegung unter Zuhilfenahme eines neutralen Dritten anerkannt werden sollte.[562] Ein *common law mediation privilege* ist vorwiegend in arbeitsrechtlichen Streitigkeiten und im Hinblick auf staatliche Mediationsprogramme anerkannt worden.[563] Hinsichtlich privater Mediationsprogramme kann daher von der Anerkennung eines *common law mediation privilege* bislang nicht gesprochen werden.

dd)   Zwischenergebnis

Selbst wenn die Gerichte ein *common law mediation privilege* anerkennen,[564] bleiben viele Fragen zu den genauen Konturen des *privilege* ungeklärt. Beispielsweise wird in *Folb v. Motion Picture Indus. Pension & Health Plans* der Schutzumfang des *mediation privilege* auf Informationen beschränkt, die in der Mediationssitzung unter Anwesenheit des Mediators preisgegeben wurden.[565]

---

[561] *Jaffee*, 518 U.S.11, 12; *Folb*, 16 F.Supp.2d 1164, 1178; *Sheldone*, 104 F.Supp.2d 511, 515 („[U]nspoken ,evidence' will […] serve no greater truth-seeking function than if it had been spoken and privileged.").

[562] *Smith v. Smith*, 154 F.R.D. 661, 670 f., 674 (auf die Uneinigkeit hinweisend, die hinsichtlich des angemessenen Umfanges des Vertraulichkeitsschutzes besteht); *In re Grand Jury Proceedings Dated December 17, 1996*, 148 F.3d 487 (ohne Diskussion eines *common law privilege* ein *mediation privilege* in Anlehnung an eine gesetzliche Bestimmung ablehnend). Hinsichtlich der Anerkennung eines dem *mediation privilege* ähnlichen *ombudsman privilege* siehe etwa *Carman*, 114 F.3d 790, 793-794 (ein *ombudsman privilege* ablehnend); *Solorzano v. Shell Chemical Comp.*, 83 Fair Empl. Cas. (BNA) 1481 (*ombudsman privilege* nach FRE 501 ablehnend). Siehe jedoch *Shabazz v. Scurr*, 662 F.Supp. 90, 92 (S.D. Iowa 1987) (ein *privilege* des in einem Gefängnis tätigen *ombudsman* anerkennend).

[563] Die Mehrzahl der ein *mediation privilege* anerkennenden Urteile betreffen arbeitsrechtliche Streitigkeiten. Siehe etwa *Folb*, 16 F.Supp.2d 1164; *Sheldone*, 104 F.Supp.2d 511; *Macaluso*, 618 F.2d 51; *Kientzy*, 133 F.R.D. 570 (*ombudsman privilege*); *In re Tomlinson of High Point, Inc.*, 74 N.L.R.B. 681. Häufig ist auch ein *mediation privilege* für staatliche Mediationsprogramme anerkannt worden: *Lake Utopia*, 608 F.2d 928; *Clark*, 957 F.2d 745; *Port Arthur*, 517 F.Supp. 987, *cert. den.* 459 U.S. 159; *Elizabeth Forward School District*, 624 A.2d 215.

[564] *Folb*, 16 F.Supp.2d 1164, 1180; *Sheldone*, 104 F.Supp.2d 511, 517.

[565] 16 F.Supp.2d 1164, 1180.

Inwieweit auch andere Informationen, die im Zusammenhang mit der Mediation offen gelegt wurden, nicht von dem *privilege* erfasst werden, bleibt unklar. Ausführungen zu den durch das *mediation privilege* Berechtigten sowie zu möglichen Ausnahmen macht das Gericht nicht, da es lediglich über den ihm vorliegenden Einzelfall zu entscheiden hat.

Damit ein *mediation privilege* seinen Zweck erfüllen kann, ist es jedoch erforderlich, dass die Parteien mit einiger Sicherheit vorhersagen können, inwieweit Informationen von einem *privilege* umfasst sind.[566] Daher scheint eine gesetzliche Regelung, wie durch den UMA nahe gelegt, am ehesten geeignet, ein *mediation privilege* zu schaffen, das unter anderem den Anwendungsbereich, die Berechtigten und Ausnahmen in angemessener Genauigkeit festlegt.

2. Evidentiary exclusions

Evidentiary exclusions, die in der Regel Bestandteil der gesetzlichen Beweisregeln („*rules of evidence*") sind, aber auch Gegenstand des *common law* sein können, schließen gewisse Beweismittel von der Zulassung im *trial* aus. Während *privileges* einem Informationsverlangen auch während der *discovery* entgegengehalten werden können, begrenzen *evidentiary exclusions* den zulässigen Umfang der *discovery* nicht.[567]

FRE 408[568] schließt Beweismaterial, das sich auf Angebote zur Streitbeilegung und die in diesem Zusammenhang geführten Verhandlungen bezieht, von der Zulassung im *trial* aus. FRE 408 liegt die Annahme zugrunde, dass der Beweiswert von Streitbeilegungsangeboten gering ist, da sie eher den Wunsch nach einvernehmlicher Streitbeilegung ausdrücken als ein Eingeständnis der Haf-

---

[566] Siehe etwa *Jaffee*, 518 U.S. 1, 18; *Folb*, 16 F.Supp.2d 1164, 1180.

[567] Siehe etwa FrCivP 26 (b).

[568] FRE 408 (West 2000) lautet: „Evidence of (1) furnishing or offering or promising to furnish, or (2) accepting or offering or promising to accept, a valuable consideration in compromising or attempting to compromise a claim which was disputed as to either validity or amount, is not admissible to prove liability for or invalidity of the claim or its amount. Evidence of conduct or statements made in compromise negotiations is likewise not admissible. This rule does not require the exclusion of any evidence otherwise discoverable merely because it is presented in the course of compromise negotiations. This rule also does not require exclusion when the evidence is offered for another purpose, such as proving bias or prejudice of a witness, negativing a contention of undue delay, or proving an effort to obstruct a criminal investigation or prosecution."

tung.[569] Zudem soll FRE 408 die Parteien zu Einigungsgesprächen ermutigen.[570] Die meisten Bundesstaaten haben eine FRE 408 ähnelnde *evidentiary exclusion* in ihre *rules of evidence* aufgenommen.[571]

Außer dem Einigungsangebot und der erzielten Einigungen selbst sind nach FRE 408 Satz 2 jegliches, im Laufe der Einigungsgespräche stattgefundene Verhalten und sämtliche Aussagen, die während der Einigungsgespräche getätigt wurden, von der Zulassung im *trial* ausgenommen, sofern mit dem Verhalten oder der Aussage die Herbeiführung einer Einigung bezweckt wurde. Die Gerichte haben also zu prüfen, ob eine Aussage in hinreichender Weise mit den Einigungsverhandlungen verknüpft ist.[572] Daher sind nicht alle Aussagen, die während einer Mediation gemacht wurden, notwendigerweise Teil der Einigungsverhandlungen im Sinne des FRE 408.[573]

FRE 408 Satz 1 schließt Beweismaterial lediglich dann aus, wenn es angeboten wird, um die Begründetheit oder die Höhe eines Anspruches festzustellen. FRE 408 Satz 4 bestimmt, dass Beweismaterial, sofern es für andere Zwecke angeboten wird, grundsätzlich im *trial* zugelassen werden kann, insbesondere um die Voreingenommenheit eines Zeugen nachzuweisen, einem behaupteten Verzug entgegenzutreten oder um den Versuch der Behinderung strafrechtlicher Ermittlungen nachzuweisen.

In Anbetracht dieser Einschränkungen stellen *evidentiary exclusions* wie FRE 408 alleine kein wirksames Mittel zur Sicherung der Vertraulichkeit dar.

---

[569] FRE 408, Advisory Committee's Note (veröffentlicht in 2 *Weinstein's* Evidence § 408 App.02[2]).

[570] FRE 408, Advisory Committee's Note (veröffentlicht in 2 *Weinstein's* Evidence § 408 App.02[2]).

[571] 38 Bundesstaaten haben eine ähnliche Regelung erlassen (vgl. 6 *Weinstein's* Evidence, Table of State and Military Adaptions). Einige Bundesstaaten haben sogar Regelungen erlassen, die ausdrücklich auf Mediation anwendbar sind: Z. B. Haw. R. Evid. 408; Vt. R. Evid. 408.

[572] 2 *Weinstein's* Evidence § 408.05 [3]. Siehe auch *Rogers/McEwan*, Mediation, S. 9–07.

[573] Vgl. etwa die Ausführungen des Gerichts in *Thomas v. Resort Health Related Facility*, 539 F.Supp. 630, 638 (1982 E.D.N.Y.), nach denen ein einziges, unbedingtes Angebot nicht mit einem Kompromissversuch gleichgesetzt werden kann und daher FRE 408 nicht anwendbar ist. In ähnlicher Weise unterscheidet das Gericht in *U.S. v. 320.0 Acres of Land*, 605 F.2d 762 (5th Cir. 1979) zwischen dem lediglich theoretischen Nennen einer vernünftigen Kompromisssumme und ernsthaften Kompromissverhandlungen.

3. Protective orders

FRCivP 26 (b) und vergleichbare Regelungen der Bundesstaaten erlauben es den Parteien während der *discovery*, alle auch nur entfernt relevanten Informationen von der anderen Partei und sogar von prozessunbeteiligten Dritten zu verlangen.[574] Die Parteien führen die *discovery* selbständig durch. Auf Antrag einer Partei kann das Gericht jedoch nach FRCivP 26 (c)[575] eine Schutzverfügung (*protective order*) erlassen, um bestimmte Informationen von der *discovery* auszuschließen oder der *discovery* andere (beispielsweise zeitliche) Grenzen zu setzen. *Protective orders* können ein Mittel sein, um die Vertraulichkeit der Mediation gegen Auskunftsersuchen während der *discovery* zu schützen. Haben sich die Parteien eines Gerichtsverfahrens entweder vor oder während der *discovery* darauf geeinigt, bestimmte Informationen vertraulich zu behandeln, können sie gemeinsam bei Gericht den Erlass einer *protective order* beantragen, die die Vertraulichkeitsabrede umsetzt.[576] FRCivP 26 (c) erlaubt aber auch einen einseitigen Antrag auf Erlass einer Verfügung.[577]

---

[574] Siehe oben III. 1. a).

[575] FRCivP 26 (c) lautet: „Protective Orders. Upon motion by a party or by the person from whom discovery is sought, accompanied by a certification that the movant has in good faith conferred or attempted to confer with other affected parties in an effort to resolve the dispute without court action, and for good cause shown, the court in which the action is pending or alternatively, on matters relating to a deposition, the court in the district where the deposition is to be taken may make any order which justice requires to protect a party or person from annoyance, embarrassment, oppression, or undue burden or expense, including one or more of the following: (1) that the disclosure or discovery not be had; (2) that the disclosure or discovery may be had only on specified terms and conditions, including a designation of the time or place; (3) that the discovery may be had only by a method of discovery other than that selected by the party seeking discovery; (4) that certain matters not be inquired into, or that the scope of the disclosure or discovery be limited to certain matters; (5) that discovery be conducted with no one present except persons designated by the court; (6) that a deposition, after being sealed, be opened only by order of the court; (7) that a trade secret or other confidential research, development, or commercial information not be revealed or be revealed only in a designated way; and (8) that the parties simultaneously file specified documents or information enclosed in sealed envelopes to be opened as directed by the court. If the motion for a protective order is denied in whole or in part, the court may, on such terms and conditions as are just, order that any party or other person provide or permit discovery. The provisions of Rule 37 (a) (4) apply to the award of expenses incurred in relation to the motion."

[576] Zu *protective orders* als Mittel zur Sicherung der Vertraulichkeit der Mediation etwa *Green*, 2 Ohio St. J. on Disp. Resol. 1, 25 (1986); *Assey*, 9 Geo. J. Legal Ethics 991, 996 (1996).

[577] Dies ist allerdings lediglich dann zulässig, wenn zuvor ein Versuch unternommen wurde, den Konflikt über die *protective order* durch Verhandlung gütlich beizulegen.

Ist das Informationsverlangen zulässiger Gegenstand der *discovery*[578], ist nach FRCivP 26 (c) zu prüfen, ob der Antragsteller einen „guten Grund" dargelegt hat, der dafür spricht, den Umfang der *discovery* zu begrenzen.[579] Hierbei haben die Gerichte das Interesse der Mediationsparteien an Vertraulichkeit gegen „das öffentliche Interesse und die Pflicht der Gerichte, gerechte Entscheidungen zu treffen" abgewogen.[580] In *Bank of America Nat. Trust and Sav. Ass'n v. Hotel Rittenhouse Associates* führt das Gericht aus, dass das allgemeine Interesse an der Förderung außergerichtlicher Streitbeilegung das – durch *common law* anerkannte – öffentliche Interesse am Zugang zu Informationen nicht überwiegt.[581] Die Erfolgsaussichten eines Antrages auf Erlass einer *protective order* zum Schutz der Vertraulichkeit der Mediation sind folglich so gut wie nicht vorhersehbar, da sie von den Umständen des Einzelfalls abhängen.

4. Vertraulichkeitsvereinbarungen

In nahezu allen Mediationsverfahren schließen die Parteien untereinander und mit dem Mediator eine Vertraulichkeitsvereinbarung.[582] Typische US-amerikanische Vertraulichkeitsvereinbarungen enthalten Regelungen, wie die Folgende:

„*This entire process is a compromise negotiation. All offers, promises, conduct, and statements, whether oral or written, made in the course of the mediation by any of the Parties, their agents, employees, experts, and attorneys and by the administrator's employees, who are the Parties' joint agents and are Mediators for purposes of these compromise negotiations, are confidential. Such offers, promises, conduct, and statements*

---

[578] FRCivP 26 (b) erlaubt ein Auskunftsersuchen hinsichtlich aller Informationen, die entweder selbst als Beweis im *trial* zugelassen werden können oder die möglicherweise zu anderem verwertbarem Beweismaterial führen.
[579] Ein „guter Grund" hat nach richtiger Ansicht auch dann vorzuliegen, wenn die Parteien gemeinsam einen Antrag auf Erlass einer *protective order* stellen, da die Rechte dritter Parteien durch die *protective order* beeinträchtigt werden können. Siehe etwa *Safran v. United Steelworkers*, 132 F.R.D. 32 (W.D.Pa 1990).
[580] Siehe etwa *Nixon v. Warner Communications*, 435 U.S. 589, 602 (1978).
[581] 800 F.2d 339 (3rd Cir. 1986).
[582] Siehe etwa *Brown*, 1991 J. Disp. Resol. 307, 311 (1991). In gerichtlich organisierten Mediationsverfahren wird in der Regel auf den Abschluss einer Vertraulichkeitsvereinbarung verzichtet, da die *local court rules* insofern als ausreichend betrachtet werden. Vgl. *Deason*, 17 Ohio St. J. on Disp. Resol. 239, 302 f. (2002).

will not be disclosed to third parties. They are privileged and inadmissible for any purpose, including impeachment, under Rule 408 of the Federal Rules of Evidence and any applicable Federal or State statute, rule or common law provision. However, evidence that is otherwise admissible or discoverable shall not be rendered inadmissible or not discoverable as a result of its use in the mediation. [...] The Parties agree not to call the Mediator(s) or any administrator's employee as a witness or as an expert in any pending or subsequent litigation or arbitration, involving the parties and relating in any way to the dispute which is the subject of the mediation. The Parties and Mediator(s) agree that the Mediator(s) and any administrator's employee will be disqualified as a witness or as an expert in any pending or subsequent proceeding, involving the parties and relating in any way to the dispute which is the subject of the mediation. The parties agree to defend the Mediator(s) and any administrator's employee from any subpoenas from outside parties arising out of this Agreement or mediation."[583]

Drohen trotz einer entgegenstehenden Vereinbarung Informationen in einem laufenden Gerichtsverfahren offen gelegt zu werden, beispielsweise aufgrund eines Informationsverlangens während der *discovery*, hat das Gericht in Ermangelung anderer Mechanismen zum Schutz der Vertraulichkeit zu prüfen, ob die Vertraulichkeitsvereinbarung dem Informationsverlangen entgegensteht.[584]

Es liegt nahe, dass ein unbeteiligter Dritter in der Regel nicht durch eine Vertraulichkeitsvereinbarung der Mediationsparteien davon abgehalten werden kann, im Rahmen der *discovery* Mediationsinformationen von einer der Mediationsparteien herauszuverlangen. Gerade in diesen Fällen hat die Rechtsprechung die Vertraulichkeitsvereinbarung als absichtlichen Versuch bewertet, Be-

---

[583] Das Beispiel ist entnommen von *Golann*, Mediating Legal Disputes, S. 104.

[584] Die Vertraulichkeitsvereinbarung wird vom Gericht insbesondere dann geprüft, wenn eine Partei sich weigert, dem Informationsverlangen der anderen Partei im Rahmen der *discovery* nachzukommen. Falls eine Partei die Vertraulichkeit verletzt, indem sie Mediationsinformationen vorträgt, kommen nur Schadensersatzansprüche in Betracht. Vgl. *Bernard v. Galen Group, Inc.*, 901 F. Supp. 778 (S.D.N.Y. 1995) (Sanktionen gegen Rechtsanwalt verhängend, der die Vertraulichkeit der Mediation durch Mitteilung des Mediationsverlaufs an das Gericht verletzt hat); *Parazino v. Barnett Bank of South Florida*, 690 So.2d. 725 (Fla. Dist. Ct. App. 1997) (ebenso). Vgl. auch *Deason*, 17 Ohio St. J. on Disp. Resol. 239, 304 (2002).

weismaterial zu unterdrücken, und hat die Vereinbarung daher für unwirksam erklärt.[585] Diese Rechtsprechung beruht auf einer Abwägung der gegensätzlichen Interessen an Vertraulichkeit und Verwertung der Information.[586] Nur in Ausnahmefällen ist zu erwarten, dass in Fällen mit Beteiligung eines Dritten das Interesse an Vertraulichkeit für überwiegend gehalten wird.[587] Um die Chancen der Durchsetzbarkeit auch gegenüber Informationsverlangen Dritter zu erhöhen, können die Mediationsparteien zwar einvernehmlich den Erlass einer gerichtlichen *protective order* – wie oben in Ziffer 3. beschrieben – beantragen. Jedoch auch in diesem Fall wird ein anderes Gericht, das mit der Klage eines Dritten gegen eine der Mediationsparteien befasst ist, sich bei überwiegendem Interesse über die *protective order* hinwegsetzen.[588]

Im Verhältnis der Mediationsparteien sind die Gerichte eher geneigt, die Vertraulichkeit aufrecht zu halten. Sofern nach den allgemeinen Grundsätzen des Vertragsrechts eine wirksame vertragliche Bindung vorliegt, kann auch das in § 3 angeführte Interesse an der Vertraulichkeit der Mediation zugunsten der Vereinbarung ins Feld geführt werden.[589] In *Simrin v. Simrin* hat das Gericht das öffentliche Interesse an der Zugänglichkeit von Beweismaterial gegen die Interessen an der Vertraulichkeit und der Verbindlichkeit von Verträgen abgewogen.[590] Das Gericht kam zu der Schlussfolgerung, dass – unter Berücksichtigung des öffentlichen Interesses an einvernehmlicher Streitbeilegung betrachtet – ein Ver-

---

[585] *Grumman Aerospace Corp. v. Titanium Metals Corp. of America*, 91 F.R.D. 84, 87 (D.C.N.Y. 1981); *U.S. v. Davis*, 702 F.2d 418, 422 (2nd Cir. 1983).

[586] *Deason*, 17 Ohio St. J. on Disp. Resol. 239, 303 f. Vgl. *Rogers/McEwan*, Mediation, S. 9–49 f.

[587] *Deason*, 17 Ohio St. J. on Disp. Resol. 239, 303 f.

[588] *Deason*, 17 Ohio St. J. on Disp. Resol. 239, 303 f.; *Rogers/McEwan*, Mediation, S. 9–44.

[589] *Dorn v. Astra USA*, 975 F. Supp. 388, 392, 393 (D. Mass. 1997) (Das Gericht hat mit dem Hinweis auf das öffentliche Interesse an einvernehmlicher Konfliktbeilegung eine Vertraulichkeitsabrede aufrechterhalten.); *Simrin v. Simrin*, 233 Cal. App. 2d 90, 95 (1965) (Die Vertraulichkeitsvereinbarung der Parteien eines Scheidungsverfahrens ist für wirksam gehalten worden.); *Haghighi v. Russian-Am. Craod. Co.*, 945 F. Supp. 1233, 1235 n.2 (D. Minn. 1996) (Neben einer gesetzlichen Vorschrift hätte auch die Vertraulichkeitsvereinbarung den Mediator daran gehindert, als Zeuge auszusagen.), *rev'd on other grounds*, 173 F.3d 1086 (8th Circ. 1999).

[590] *Simrin*, 233 Cal. App. 2d 90, 95. Siehe auch *Note*, 98 Harv. L. Rev. 441, 451 (1984). Vgl. jedoch *Cronk v. N.Y.*, 100 Misc.2d 680, 684 ff. (N.Y. Ct. Cl. 1979) (urteilend, dass die Informationen selbst dann zugänglich blieben, wenn eine Vertraulichkeitsvereinbarung bestünde).

tragsbruch nicht geduldet werden kann.[591] Dementsprechend haben die Gerichte Vertraulichkeitsvereinbarungen sogar trotz entgegenstehender allgemeiner Interessen aufrechterhalten.[592] Abgesehen von *Simrin v. Simrin* betreffen diese Fälle jedoch nicht die Sicherung der Vertraulichkeit im Kontext eines anhängigen Prozesses. Im Rahmen von Gerichtsverfahren hat es die Rechtsprechung in Anbetracht des Rechts der Gerichte, sich „every man's evidence zu verschaffen", überwiegend abgelehnt, Vertraulichkeitsvereinbarungen durchzusetzen.[593]

Eine Vertraulichkeitsvereinbarung kann zwar die Wahrscheinlichkeit erhöhen, dass die Vertraulichkeit der Mediation nicht verletzt wird, führt aber auch nicht zu einer hinreichenden – *ex ante* bestimmbaren – Sicherheit für die Mediationsparteien.[594] Daher besteht weitgehend Einigkeit, dass ein gesetzliches *privilege* die einzige Möglichkeit ist, die berechtigten Erwartungen der Parteien bzgl. der Vertraulichkeit der Mediation zu erfüllen.[595]

---

[591] *Simrin*, 233 Cal. App. 2d 90, 95.

[592] *Pierce v. St. Vrain Valley Sch. Dist.*, 981 P.2d 600, 604 ff. (Colo. 1999) (Das Interesse an einem gesetzlich vorgeschriebenen öffentlichen Verwaltungsverfahren überwiegt das Vertraulichkeitsinteresse nicht.); *C.R. v. E.*, 573 So. 2d 1088 (Fla. Dist. Ct. App. 1991) (Die Vertraulichkeit der Mediation ist auch dann zu wahren, wenn eine entgegenstehende Pflicht zur Anzeige von Kindesmisshandlungen besteht.). Vgl. jedoch: *Mary R. v. B. & R. Corp.*, 196, Cal. Rptr. 871, 876 (Cal. Dist. Ct. App. 1983) (Eine Vertraulichkeitsvereinbarung ist unwirksam, sofern sie der Anzeige einer Straftat an die Behörden entgegensteht.).

[593] UMA, Prefatory Note 1., Abs. 4. Siehe *Cronk*, 100 Misc.2d 680, 686; *Covia Partnership v. River Parish Travel Center, Inc.*, 1991 WL 264549 (E.D.La. 1991) („Parties may not foreclose discovery by contracting privately for the confidentiality of documents."); *Trustees of Leake & Watts Orphan House in City of N. Y. v Hoyle*, 79 Misc. 301 (N.Y.Sup. 1913) (ebenso). Vgl. 8 *Wigmore* on Evidence § 2194b; *Kirtley*, 1995 J. Disp. Resol. 1, 11 (1995). Vgl. auch die allgemeinen Erwägungen bei *Grumman Aerospace*, 91 F.R.D. 84, 87; *U.S. v. Davis*, 702 F.2d 418, 422.

[594] UMA, Prefatory Note 1., Abs. 4 sowie § 9, Reporters' Notes a., S. 36; *Deason*, 17 Ohio St. J. on Disp. Resol. 239, 304.

[595] Dies wird insbesondere von der „National Conference of Commissioners on Uniform State Law" (NCCUSL) vertreten. UMA, Prefatory Note, Einleitung, Abs. 3. Die NCCUSL ist dafür zuständig, Modellgesetze, wie den UMA, zu erlassen, die dann in bundestaatliches Recht umgesetzt werden können. Näher dazu s. o. § 14 I. Vgl. auch *Gottwald*, in: Henssler/Koch, Mediation in der Anwaltspraxis, § 7 Rn. 74.

II. Sonderregelungen für *court-annexed* mediations

1. Überblick

Die US-amerikanischen Gerichte sind dazu ermächtigt, ihren Gerichtsbetrieb durch *local court rules* zu regeln. *Local court rules* enthalten typischerweise Regelungen über das Verfahren, Fristen und sonstige Einzelheiten des lokalen Gerichtsgebrauchs.[596] Viele einzelstaatliche Gerichte und die Bundesgerichte haben die Vertraulichkeit der *court-annexed mediations* durch *local court rules* geregelt.

Wie oben ausgeführt, haben die erstinstanzlichen Bundesgerichte („district courts") gemäß 28 U.S.C. § 652 (d) Bestimmungen zum Schutz der Vertraulichkeit der *court-annexed mediations* zu erlassen.[597] Da keine Vorgaben im Hinblick auf die Art und Weise der Vertraulichkeit bestehen, unterscheiden sich die *local court rules* erheblich.[598] Einige *district courts* haben Bestimmungen erlassen, die auf sämtliche vom Gericht angebotene ADR-Verfahren anwendbar sind,[599] während andere für jedes angebotene Verfahren einzelne Vertraulichkeitsbestimmungen erlassen haben[600]. Auch hinsichtlich des Schutzumfangs und bezüglich der eingesetzten rechtlichen Mittel zur Gewährleistung der Vertraulichkeit verfolgen die *district courts* unterschiedliche Ansätze.[601] Einige Bestimmungen führen lediglich aus, dass die während der Mediation stattfindende Kommunikation vertraulich ist, ohne die Einzelheiten zu regeln.[602] Andere Regelungen verweisen auf das Bundesrecht, insbesondere auf die *rules of eviden-*

---

[596] Siehe etwa 12 *Wright's* Federal Practice § 3152, S. 536.

[597] Siehe oben Ziffer II. 2. Siehe dazu auch *Litt*, 78 Tex. L. Rev. 1015, 1023 (2000).

[598] Siehe etwa *Litt*, 78 Tex. L. Rev. 1015, 1015 ff. (2000). Diese Regelungsvielfalt hat zu Kritik am Kongress geführt, der zufolge der Kongress es versäumt habe, die wichtige Frage des Vertraulichkeitsschutzes im „Alternative Dispute Resolution Act of 1998" ausdrücklich zu regeln.

[599] Siehe beispielsweise E.D. Mo. Order 98-504 R. 16-6.04: „A neutral may exclude all persons other than the parties and their counsel from ADR conferences. All written and oral communication made or disclosed to the neutral are confidential and may not be disclosed [...]. The neutral shall not testify regarding matters disclosed during ADR proceedings."

[600] Siehe beispielsweise M.D. Pa. L.R. 16.8.6 (c): „All proceedings at any mediation session authorized by this rule [...] shall not be used by any adverse party for any reason in the litigation at issue [...]" und M.D. Pa. L.R. 16.8.6 (f): „The mediator shall not be called as a witness at trial."

[601] Vgl. *Ehrhardt*, 60 La. L. R. 91, 95 ff. (1999).

[602] So etwa M.D. Ala. L.R. 16.2 (a): „The court stresses that mediation is completely voluntary and confidential. The court strictly enforces the confidentiality of mediation."

ce[603], oder bestimmen, dass aus ADR-Verfahren stammende Beweise in der Hauptverhandlung nicht verwertbar sind[604]. Wiederum andere Bestimmungen sehen ein *privilege* im Hinblick auf Mediationsinformationen vor.[605]

Auch die einzelstaatlichen Gerichte sind ermächtigt, *local court rules* zu erlassen. Die darin enthaltenen Bestimmungen sind ebenso vielfältig wie die der *district courts*. Während manche *local court rules* lediglich bestimmen, dass die *court-annexed medation programs* vertraulich sind und auf die anwendbaren gesetzliche Bestimmungen verweisen,[606] sehen andere *local court rules* einen umfassenden Vertraulichkeitsschutz vor, mit oder ohne ausdrücklicher Gewährung eines *privilege*[607].

2. Effektivität des Vertraulichkeitsschutzes

Teilweise ist die durch *local court rules* bestimmte Vertraulichkeit anerkannt worden.[608] Andere Teile der Rechtsprechung haben jedoch trotz vertraulich-

---

[603] So etwa N.D. Ala. Bankr. R. 9019-2 (IV) (B) (11): „[T]he entire mediation process is confidential. [...] The mediation process must be treated as a compromise negotiation for purposes of the Federal Rules of Evidence and State rules of evidence."

[604] Siehe etwa D. Ariz. L.R. 2.11 (i) (8): „[E]xcept as related to impeachment of a witness, no transcript of the [arbitration] proceedings shall be admissible in evidence at any subsequent trial de novo of the action."

[605] Siehe etwa S.D. Cal. Civ. L.R. 16.3 (h): „The [mandatory] settlement conference will be off the record, privileged and confidential, [...]."

[606] Siehe etwa Wash. Snohomish Sup. Cnty. Ct. R. 3.6B: „Alternative dispute resolution proceedings held pursuant to this rule shall be held in private and shall be confidential. Any person serving as a mediator shall sign a statement of familiarity with applicable statutory confidentiality provisions regarding dependency and termination matters and agreeing to be bound by such provisions."

[607] Siehe etwa Ill. Cir. Ct. Cook Cnty. R. 20.7 (f): „All oral or written communications in a mediation conference, other than settlement agreements, shall be exempt from discovery and shall be confidential and inadmissible as evidence in the underlying cause of action unless all parties agree otherwise. However, documents or other tangible evidence that is otherwise admissible shall not be rendered inadmissible by virtue of its use in the mediation conference. Evidence with respect to alleged settlement agreements shall be admissible in proceedings to enforce the settlement. Furthermore, evidence of specific offers shall be admissible in hearings to adjudicate attorney's liens. The mediator shall not be subject to subpoena in any civil proceeding relating to the mediation."

[608] Hinsichtlich bundesstaatlicher Gerichte siehe etwa *Wilmington Hospitality, L.L.C. v. New Castle County*, 2001 WL 291948, 5 (Del. Ch. 2001) (eine *local court rule* durchsetzend); *Vernon v. Acton*, 732 N.E.2d 805 (Ind. 2000) (die durch eine *local court rule* bestimmte Vertraulichkeit der Mediation aufrechterhaltend). Bezüglich bundesgerichtlicher Rechtsprechung siehe etwa *Davis v. Kansas City Fire & Marine Ins. Co.*, 195 F.R.D. 33 (N.D.Okla. 2000) (Anwalt für die Verletzung der Vertraulichkeit einer außergerichtlichen Einigungsverhand-

keitsschützender *local court rules* anders entschieden und den Zugang zu Mediationsinformationen gestattet.[609] Der durch *local court rules* gewährte Vertraulichkeitsschutz steht aus zwei Gründen auf einer unsicheren Grundlage:

a)   Bindung anderer Gerichte

Zunächst besteht das Problem, dass Gerichte lediglich dazu ermächtigt sind, ihren *eigenen* Gerichtsbetrieb durch *local court rules* zu regeln.[610] Es kann aber vorkommen, dass Informationen aus einer *court-annexed mediation* in einem vor einem anderen Gericht anhängigen Prozess relevant sind.[611] In diesem Fall ist das Gericht des anhängigen Prozesses nicht an die *local court rules* des anderen Gerichts gebunden.[612] In der Regel werden zwar *local court rules* eines anderen Gerichts anerkannt.[613] Zwingend ist dies allerdings nicht.[614] Selbst über eigene *local court rules* haben sich die Gerichte schon hinweggesetzt, falls die Umstände des Einzelfalls dies nach Ansicht des Gerichts erfordern.[615]

b)   Normenhierarchie

Eine in Anbetracht der vielfältigen Gesetzgebung zum Vertraulichkeitsschutz interessante und bisher von der Rechtsprechung nur am Rande berührte Frage ist zudem, wann eine vertraulichkeitsschützende *local court rule* im Widerspruch

---

lung bestrafend); *Willis v. McGraw*, 177 F.R.D. 632 (S.D.W.Va. 1998) (Antrag auf Vollstreckung einer erzielten Einigung aufgrund einer vertraulichkeitsschützenden *local court rule* zurückweisend).

[609] Siehe etwa *Allen v. Leal*, 27 F.Supp.2d 954 (die Vertraulichkeit der Mediation trotz *local court rule* aufhebend, um die Wirksamkeit einer in Mediationsverhandlungen erzielten Einigung festzustellen); *Datapoint Corp. v. Picturetel Corp.*, 1998 WL 25536 (N.D. Tex. 1998) (die Mediationsparteien zur Aussage über eine durch Mediation erzielte Einigung zwingend); *In re Grand Jury Proceedings*, 148 F.3d 487.

[610] Siehe etwa 28 U.S.C.A. § 2071 (West 1994 & Supp. 2001).

[611] Dies ist zum Beispiel der Fall, wenn die Wirksamkeit der in der Mediation erzielten Einigung später in einem Verfahren vor einem anderen Gericht angegriffen wird.

[612] Siehe etwa *Litt*, 78 Tex. L. Rev. 1015, 1031 (2000).

[613] Siehe etwa *Datapoint Corp.*, 1998 WL 25536 1 (Richter Fitzwater führt aus, dass er „normalerweise einem gleichrangigen Gericht bei dessen Entscheidungen betreffenden Fragen den Vorrang einräumen würde").

[614] Ebenda.

[615] Siehe etwa *Allen v. Leal*, 27 F.Supp.2d 945; *F.D.I.C. v. White*, 1999 WL 1201793 (N.D. Tex. 1999); *Frankel v. Allen Wood Steel Co.*, 31 F.R.D. 284, 287 (E.D. Pa 1962). Siehe dazu auch *Litt*, 78 Tex. L. Rev. 1015, 1029 f. (2000).

zu höherrangigem Recht steht und daher nicht durchgesetzt werden kann.[616] *Local court rules* der Bundesgerichte, die ein *privilege* begründen, stehen im Widerspruch zu FRE 501, der die Anerkennung neuer *privileges* grundsätzlich dem *common law* zuordnet.[617] Teilweise wird angezweifelt, dass der Kongress durch den „Alternative Dispute Resolution Act of 1998" den *district courts* die Gewalt verleihen wollte, sich über FRE 501 hinwegzusetzen.[618] Es ist daher zweifelhaft, ob die *district courts* in der Lage sind, die Vertraulichkeit durch eine Regelung zu schützen, die in ihrer Wirkung mit einem *privilege* vergleichbar ist. Aber auch im Übrigen bleibt unklar, ob durch *local court rules* Vertraulichkeitsschutz gewährt werden kann, der über den durch bestehende gesetzliche Regelungen gewährten Schutz hinausgeht.[619] Andererseits haben die *district courts* ihrer aus 28 U.S.C. § 652 (d) folgenden Verpflichtung zum Schutz der Vertraulichkeit der *court-annexed mediations* in der einen oder anderen Form nachzukommen.

§ 14 Der „Uniform Mediation Act" (UMA)

I. Entstehung

Die Aufgabe der „National Conference of Commissioners on Uniform State Law" (NCCUSL) ist es, zur Vereinheitlichung des bundesstaatlichen Rechts Modellgesetze zu entwerfen, die die Bundesstaaten jeweils in einzelstaatliche Gesetzgebung umsetzen können.[620] Im Jahr 2001 hat die NCCUSL den „Uniform Mediation Act" (UMA) verabschiedet, [621] der 2003 um eine Ziffer 11 ergänzt wurde, die die von der „United Nations Commission On International

---

[616] Unstreitig ist, dass *local court rules* sich im Rahmen der Verfassung und der Gesetze bewegen müssen. Dies geht zumeist schon aus den Ermächtigungsgrundlagen, wie etwa 28 U.S.C. 2071 (a) (West 1994 & Supp. 2001), hervor. Siehe dazu auch *Anchorage Associates v. Virgin Islands Bd. of Tax Review*, 922 F.2d 168 (3rd Cir. 1990); *Holloway v. Lockhart*, 813 F.2d 874 (8th Cir. 1987); *Gerritsen v. Escobar y Cordova*, 688 F.Supp. 556 (C.D.Cal. 1988); *American Brake Shoe & Foundry Co. v. Interborough Rapid Transit Co.*, 1 F.Supp. 820 (S.D.N.Y.1932).
[617] Siehe etwa *Rambo*, 75 Wash. L. Rev. 1037, 1102, Fn. 101 (2000); *Ehrhardt*, 60 La. L. R. 91, 101 (1999). Parallel dazu kann argumentiert werden, dass Regelungen, die die Zeugnisunfähigkeit des Mediators begründen, im Widerspruch zu FRE 601 stehen.
[618] *Olam v. Congress Mortgage C.*,. 68 F.Supp.2d 1113, 1123 (N.D. Cal. 1999).
[619] Insofern ist etwa an bestehende *evidentiary exclusions* (dazu unten 5.) zu denken. Siehe *Ehrhardt*, 60 La. L. R. 91, 101 (1999).
[620] Vgl. etwa *Brudney*, 13 Ohio St. J. on Disp. Res. 795, 798 (1998).
[621] Dazu *Hilber*, BB Beilage zu Heft 25/2003, 9 ff.

Trade Law" (UNCITRAL) verabschiedete Verfahrensordnung für anwendbar erklärt, soweit die Mediation internationale Konflikte mit Beteiligung von Kaufleuten („international commercial mediation") betrifft.[622]

Nach der Begründung des UMA ist dessen hauptsächliches Anliegen, die Vertraulichkeit der Mediation zu gewährleisten.[623] Der UMA soll die Mediationsparteien *ex ante* in die Lage versetzen, das Ausmaß des bestehenden Vertraulichkeitsschutzes zu bestimmen. Dies ist *de lege lata* aufgrund der Vielzahl unterschiedlicher gesetzlicher Bestimmungen der Bundesstaaten[624] und der Schwierigkeit, das im Einzelfall anwendbare Staatenrecht zu bestimmen,[625] nahezu unmöglich.[626]

Der UMA schließt sich der vorherrschenden Tendenz in der bundesstaatlichen Gesetzgebung an, indem er die Vertraulichkeit der Mediation durch ein *mediation privilege* umfassend schützt und sowohl den Mediator als auch die Parteien berechtigt, sich auf das *mediation privilege* zu berufen.[627] Dies entspricht auch der h. M. in der Literatur, die sich für einen umfassenden gesetzlichen Vertraulichkeitsschutz durch ein *mediation privilege* ausspricht.[628]

Wie viele Bundesstaaten den UMA in einzelstaatliches Recht umsetzen werden und in welchem Zeitraum dies geschieht, bleibt abzuwarten. Bisher ist der UMA in Illinois[629] und Nebraska[630] umgesetzt worden. In Indiana, Iowa, Massachus-

---

[622] Der UMA ist im Anhang abgedruckt. Er ist zudem abrufbar unter http://www.law.upenn.edu/bll/ulc/mediat/2003finaldraft.htm (Stand 03.04.2005). Der UMA ist mit einer einleitenden Prefatory Note und bzgl. der einzelnen Vorschriften mit Reporters' Notes (Comments) versehen. Siehe auch oben Fn. 10.
[623] UMA, Prefatory Note, Einleitung, 3. Abs.
[624] Die Verfasser des UMA sprechen von ungefähr 2500 unterschiedlichen Bestimmungen, die sich auf die Sicherung der Vertraulichkeit der Mediation auswirken. UMA, Prefatory Note 2.
[625] Vgl. etwa *Gullo*, 672 F.Supp. 99 und *Royal Caribbean Corp. v. Modesto*, 614 So.2d 517 (Fla. App. 1992) (beide Gerichte gehen von der Anwendbarkeit von vertraulichkeitsschützendem Staatenrecht in Verfahren vor einem Bundesgericht aus) mit *Sheldone v. Pennsylvania Turnpike Commission*, 104 F.Supp.2d 511 (W.D.Penn. 2000) und *Folb v. Motion Picture Indus. Pension & Health Plans*, 16 F.Supp.2d 1164, 1180 (C.D. Cal. 1998) (Beide Gerichte erkennen einen Vertraulichkeitsschutz durch bundesrechtliches *common law* an, nachdem die Anwendbarkeit des Staatenrechts verneint wurde.).
[626] UMA, Prefatory Note 2. Dazu auch *Hilber*, BB Beilage zu Heft 25/2003, 9, 12.
[627] UMA, Prefatory Note 3.
[628] UMA, Prefatory Note 3.
[629] 710 ILCS 35/1-99. Das Gesetz ist am 01.01.2004 in Kraft getreten. Es ist abrufbar unter http://www.ilga.gov/legislation/93/hb/09300hb2146.htm (Stand 03.04.2005).

sets, New Jersey, New York, Ohio und Vermont sowie im District of Columbia läuft gegenwärtig das Gesetzgebungsverfahren.[631]

II. Die Regelungen im Einzelnen

Gemäß § 4 (a) UMA sind alle vom Schutzbereich umfassten Mediationsinformationen durch ein *mediation privilege* geschützt, es sei denn, auf den Vertraulichkeitsschutz ist wirksam nach § 5 UMA verzichtet worden oder eine der in § 6 UMA genannten Ausnahmen liegt vor. Dieser Schutz gilt nach §§ 4 (a), 2 (7) UMA in allen richterlichen, schiedsrichterlichen oder anderen gerichtlichen Verfahren, einschließlich dazugehöriger Anhörungen und Verfahren sowie Anhörungen in Gesetzgebungsverfahren. Als *privilege* erlaubt es § 4 (b) UMA den Berechtigten, in Gerichtsverfahren Mediationsinformationen zu verschweigen und andere daran zu hindern, Mediationsinformationen preiszugeben.

1. Anwendungsbereich

Das im UMA vorgesehene *privilege* findet auf Mediationsverfahren Anwendung, ohne zwischen staatlichen und privaten Anbietern zu unterscheiden. § 2 (1) UMA definiert Mediation als „einen Prozess, in dem ein Mediator die Kommunikation und Verhandlung zwischen den Parteien fördert, um die Parteien dabei zu unterstützen, eine freiwillige Beilegung ihres Konfliktes zu erzielen".[632] Nach § 2 (3) UMA ist ein Mediator „eine Individualperson, die eine Mediation durchführt".

Um trotz der umfassenden Anwendbarkeit des *mediation privilege* und der Vielzahl formloser Arten der alternativen Konfliktbeilegung, die sich häufig nicht klar voneinander abgrenzen lassen, eine unangemessene Ausdehnung des Vertraulichkeitsschutzes zu verhindern, setzt § 3 (a) UMA voraus, dass die Mediation entweder (1) gesetzlich, gerichtlich oder durch Verwaltungsvorschrift angeordnet ist, (2) die Parteien und der Mediator festhalten, dass die Mediation vertraulich sein soll, oder (3) die Parteien eine Person als Mediator beauftragen, die

---

[630] LB 255. Das Gesetz ist am 01.01.2004 in Kraft getreten. Es ist abrufbar unter http://srvwww.unicam.state.ne.us/XCVIII/final/FINAL_LB255_1.pdf (Stand 03.04.2005).

[631] Der aktuelle Stand der jeweiligen Gesetzgebungsverfahren ist abrufbar über http://www.nccusl.org („Mediation Act") (Stand 03.04.2005).

[632] Die Verwendung des Begriffs „facilitate" soll dabei keine Begrenzung auf sog. *facilitative mediation* nach sich ziehen. § 2 UMA, Reporters' Notes 1.

sich öffentlich zur Erbringung von Mediationsdiensten zur Verfügung stellt.[633] Auf diese Weise wird verhindert, dass zum Beispiel ein „nachbarschaftlicher Streit über den Gartenzaun" Vertraulichkeitsschutz genießt.[634]

§ 3 UMA nimmt besondere Arten der Mediation von der Anwendbarkeit des *privilege* aus. Nach § 3 (b) (1) und (2) UMA ist die Anwendung des UMA auf arbeitsrechtliche Tarifstreitigkeiten ausgeschlossen. Dies ist darauf zurückzuführen, dass für diese Streitigkeiten traditionell eigenständige Konfliktbeilegungssysteme bestehen, die keiner Regelung durch den UMA bedürfen.[635] Gemäß § 3 (b) (4) UMA sind von Schulen betriebene, von Schülern bzw. Studenten durchgeführte Mediationssitzungen vom Vertraulichkeitsschutz ausgenommen, da die Eigenart dieser Art der Mediation die Aufsicht über die Mediation durch die Schule erfordert.[636] Schließlich besteht nach § 3 (b) (3) UMA kein Vertraulichkeitsschutz, wenn ein Richter in einem von ihm geleiteten Verfahren als Mediator auftritt.[637] In diesem Fall können die Parteien keine Vertraulichkeit erwarten, da im Fall des Scheiterns der Mediation der Mediator selbst als Richter über den Fall entscheidet.[638]

Sofern die Parteien sich im Vorhinein schriftlich einigen, dass die Mediation ganz oder teilweise nicht vertraulich sein soll, gilt der Vertraulichkeitsschutz nach § 3 (c) UMA nicht. Das Gleiche gilt, falls die Einigung in einem schriftlichen Verfahrensprotokoll festgehalten ist. Der Vertraulichkeitsschutz bleibt für sonstige Mediationsbeteiligte bestehen, die von dem Verzicht auf die Vertraulichkeit nicht in Kenntnis gesetzt wurden.

2. Geschützte Informationen

§ 2 (2) UMA definiert die geschützten Mediationsinformationen als „eine Aussage, egal ob mündlich oder aufgezeichnet, verbal oder nonverbal, die während einer Mediation oder zum Zweck der Erwägung, Durchführung, Beteili-

---

[633] § 3 UMA, Reporters' Notes 2.
[634] § 4 UMA, Reporters' Notes 1. Vgl. auch *Ruiz*, 15 Ohio St. J. on Disp. Resol. 852, 866 f. (2000).
[635] Siehe etwa § 4 UMA, Reporters' Notes 2.
[636] § 4 UMA, Reporters' Notes 3.
[637] Allgemein zu den mit solchen Mediationssitzungen zusammenhängenden Schwierigkeiten siehe *Alfini*, 6 Disp. Resol. Mag. 11 (Fall 1999); *Sander*, 6 Disp. Resol. Mag. 11 (Fall 1999).
[638] Siehe etwa § 4 UMA, Reporters' Notes 4.

gung an, Initiative zu, Fortsetzung oder des Wiederbeginns einer Mediation oder der Beauftragung eines Mediators getätigt wird, stattfindet". Von dieser Definition sind Informationen umfasst, die von den Parteien, dem Mediator und sonstigen Beteiligten während der Mediation offen gelegt werden, unabhängig davon, ob es sich um mündliche oder schriftliche Kommunikation handelt.[639] Vom Vertraulichkeitsschutz ausgenommen sind dagegen Informationen, die anders als durch eine willentliche Aussage der Mediationsparteien offenbart werden.[640]

Informationen, die auch aus anderen Quellen, d.h. ohne Verletzung der Vertraulichkeit der Mediation erlangt werden können, sind nicht durch den UMA geschützt, selbst wenn die Informationen auch in der Mediation kommuniziert wurden.[641] Dementsprechend bestimmt § 4 (c) UMA, dass Beweismittel oder Informationen, die in anderem Zusammenhang verwertbar oder Gegenstand der *discovery* sind, nicht deshalb unverwertbar oder von der *discovery* ausgenommen sind, weil sie während der Mediation offen gelegt wurden.

3. Berechtigte

Viele *mediation privileges* berechtigen lediglich die Mediationsparteien.[642] Da jedoch auch der Mediator ein berechtigtes Interesse an der Wahrung der Ver-

---

[639] Die Beantwortung der Frage, wann ein Mediationsverfahren endet, ist im UMA bewusst offen gelassen worden, da mit starren Fristenregeln negative Erfahrungen gemacht wurden. Vgl. § 2 UMA, Reporters' Notes 2 (Abs. 8). Siehe etwa Cal. Evid. Code § 1125 (West Supp. 2000): Erreichen die Parteien 10 Tage nach dem Beginn der Mediation keine Einigung, wird die Mediation automatisch als beendet angesehen. Damit ist die Antwort den Gerichten überlassen worden, die durch Berücksichtigung der Umstände des Einzelfalls angemessene Ergebnisse erzielen können. Siehe § 2 UMA, Reporters' Notes 2 (Abs. 8) unter Verweis auf *Bidwell v. Bidwell*, 173 Or. App. 288 (2001) (die sich auf die außergerichtliche Einigung beziehenden und nach der Anberaumung der Mediation verschickten Briefe zwischen Rechtsanwälten der Parteien als Mediationskommunikation bezeichnend).
[640] § 2 (2) UMA, Reporters' Notes 2.
[641] § 2 UMA, Reporters' Notes 2 (Abs. 5). Vgl. auch Ariz. Rev. Stat. Ann. § 12-2238 (C) (West 1994); Fla. Stat. Ann. § 44.102 (West Supp. 2001); Minn. Stat. Ann. § 595.02 (West 2000); Ohio Rev. Code Ann. § 2317.023 (West 1996); Wash. Rev. Code § 5.60.070 (West 1995); § 4 (c) UMA. Siehe auch § 5 UMA, Reporters' Note 6.
[642] So etwa Ark. Code Ann. § 11-2-204 (1996); Fla. Stat. Ann. §§ 44.102 (3) (West Supp. 2001); Fla. Stat. Ann. 61.183 (3) (West 1997); Kan. Stat. Ann. § 23-605 (1995); N.C. Gen. Stat. § 41A-7(d) (Bender 1999); S.D. Cod. Laws § § 19-13-32 (Michie Supp. 2000); Tex. Civ. Prac. & Rem. Code Ann. § 154.053 (c) (West 1997); Wash. Rev. Code Ann. § 5.60.070 (1) (a) (West 1995); Wyo. Stat. § 1-43-103 (b) (Lexis 1999). Siehe auch § 5 UMA, Reporters' Notes 4. a).

traulichkeit hat[643], bestimmt § 4 (b) (2) UMA, dass sich sowohl der Mediator als auch die Parteien auf das *mediation privilege* berufen können. Dies gilt nach § 4 (b) (3) UMA sogar für sonstige Mediationsbeteiligte. Allerdings sind nur die Parteien berechtigt, die Offenlegung von Mediationsinformationen zu unterbinden, während der Mediator und die sonstigen Mediationsbeteiligten nur befugt sind, andere davon abzuhalten, die von ihnen selbst mitgeteilten Informationen offen zu legen.

4. Verzicht und Ausschluss

Eine mit den Berechtigten zusammenhängende Frage ist, wie auf das *privilege* verzichtet werden kann.[644] § 5 (a) UMA bestimmt, dass ein Verzicht auf ein *mediation privilege* lediglich durch eine ausdrückliche Verzichtserklärung durch alle im Einzelfall Berechtigten möglich ist.[645] Um Streitigkeiten über das Vorliegen eines wirksamen Verzichts zu verhindern, hat dieser Verzicht schriftlich oder mündlich während eines anhängigen Gerichtsverfahrens zu erfolgen. Der UMA trifft insofern eine ausdrückliche Regelung, da die Rechtsprechung die Voraussetzungen eines wirksamen Verzichts unterschiedlich beurteilt hat.[646] Einige Gerichte haben einen Verzicht angenommen, weil der Berechtigte sich

---

[643] § 4 UMA, Reporters' Notes 4. a3). Zur Interessenlage oben § 3.

[644] Näher zu den Voraussetzungen des Verzichts auf ein *mediation privilege Rufenacht*, 2000 J. Disp. Resol. 113, 124 (2000); *Sherman*, 38 S. Tex. L. Rev. 541, 557 f. (1997).

[645] Diese Regelung weicht von der allgemein für *privileges* geltenden Regel ab, der zufolge jegliche Preisgabe von Informationen einen Verzicht darstellt. Siehe etwa *Harris v. New York*, 401 U.S. 222 (1971) (bezüglich verfassungsrechtlicher *privileges*); *McKinlay*, 648 So.2d 806, 810 (bezüglich eines *mediation privilege*).

[646] Siehe etwa *Sheldone v. Pennsylvania Turnpike Com'n*, 104 F.Supp.2d 511, 517 (W.D.Pa. 2000) (das Urteil des *magistrate judges* zurückweisend, nach dem die Beteiligung an einer Diskussion über die stattgefundene Mediation als Verzicht auf das *mediation privilege* verstanden werden kann); *Olam v. Congress Mortg. Co.*, 68 F.Supp.2d 1110, 1129-1131 (urteilend, dass der Verzicht der Parteien nicht ausreicht, den Mediator zur Aussage zu zwingen); *Snyder-Falkinham v. Stockburger*, 457 S.E.2d 36, 39 (Va. 1995) (Das Gericht betrachtet die Nichterhebung der Einwendung gegen die Verwendung von Informationen, die durch ein *privilege* geschützt sind, als Verzicht auf die Vertraulichkeitsrechte.); *McKinlay v. McKinlay*, 648 So.2d 806, 810 (Fla.App. 1995) (Behaupte eine Partei, dass während der Mediation „Zwang und Bedrohung" stattgefunden habe, stelle dies einen Verzicht auf den Vertraulichkeitsschutz dar.); *Randle v. Mid Gulf, Inc.*, 1996 WL 447954, S. 1 f. (Tex.App. 1996) (In Verfahren zur Durchsetzung einer Mediationseinigung ist Material zum Beweis von Unwirksamkeitsgründen trotz eines *mediation privilege* zuzulassen, da die Klageerhebung als Verzicht auf das *privilege* bewertet wird.).

nicht ausdrücklich auf das *privilege* berufen hatte.[647] Andere Gerichte verlangen eine bewusste Entscheidung der Berechtigten, die jedoch auch konkludent zum Ausdruck kommen kann.[648]

Da der Verzicht nicht konkludent erfolgen kann, bestimmt § 5 (b) UMA, dass sich eine Person, die Mediationsinformationen entgegen dem *mediation privilege* offen legt, nicht auf das *mediation privilege* berufen kann, sofern eine andere Partei sich auf Mediationsinformationen beziehen muss, um der Aussage entgegentreten zu können.

Schließlich kann eine Person sich nicht auf das *mediation privilege* berufen, sofern sie die Mediation vorsätzlich nutzt, um eine Straftat zu begehen oder eine Straftat zu verdecken, § 5 (c) UMA. In diesem Fall ist die Anwendung des *mediation privilege* gänzlich ausgeschlossen, auch bezüglich Mediationsinformationen, die mit der Straftat nicht zu tun haben.

5. Ausnahmen

Da § 4 UMA einen umfassenden Vertraulichkeitsschutz gewährt, bedarf es des in § 6 UMA enthaltenen Ausnahmekatalogs. Während § 6 (a) UMA unbedingte Ausnahmen bestimmt, setzen die Ausnahmen in § 6 (b) UMA voraus, dass ein Gericht in nicht-öffentlicher Sitzung feststellt, dass das Interesse an Beweismaterial das Vertraulichkeitsinteresse deutlich überwiegt.

Sofern die Voraussetzungen einer Ausnahme nach § 6 UMA vorliegen, dürfen nach § 6 (d) UMA nur insoweit Mediationsinformationen vorgetragen werden, als der Zweck der Ausnahme dies zulässt; für andere Zwecke dürfen diese Informationen nicht verwertet werden.

a)   Mediationsvergleich

Um die gerichtliche Durchsetzung von in der Mediation erzielten Einigungen zu ermöglichen, nimmt § 6 (a) (1) UMA schriftlich niedergelegte Einigungen vom Vertraulichkeitsschutz aus. Mündliche Einigungen bleiben dagegen vertraulich und sind damit im Streitfall nicht gerichtlich durchsetzbar. Wären auch mündli-

---

[647] So etwa *In re Roth*, 7 P.3d 241, 249 (S.Ct. Kan. 2000); ähnlich auch *Snyder-Falkinham*, 457 S.E.2d 36, 39.
[648] Siehe etwa *Folb*, 16 F.Supp.2d 1164; 1180.

che Abreden von der Vertraulichkeit ausgenommen, könnte durch die Behauptung, es bestehe eine mündliche Abrede, die Vertraulichkeit der Mediation in weiten Teilen unterlaufen werden, da nahezu sämtliche Mediationsinformationen zur Feststellung des etwaigen Inhalts einer Einigung relevant sein können.

Der Einwand, rechtlich ungebildete Mediationsparteien könnten von der Undurchsetzbarkeit mündlicher Abreden überrascht werden, verfängt nicht, da es Aufgabe des Mediators ist, auf das faktische Schriftformerfordernis hinzuweisen und eine durchsetzbare Einigung herbeizuführen.[649]

b)   Einwände gegen den Mediationsvergleich

Wenn Einwände gegen den Mediationsvergleich vorgetragen werden – zum Beispiel aufgrund einer arglistigen Täuschung –, stellt sich häufig auch die Frage nach der Wahrung der Fairness des Mediationsverfahrens.[650] Die Vertraulichkeit darf die Mediation nicht zu einer „black box" werden lassen, in der nicht überprüfbare Einigungen herbeigeführt werden. Andererseits können durch die Behauptung eines Einwandes – ähnlich wie bei einer mündlichen Einigung – weite Teile der Mediationsinformationen relevant sein. Wären diese Teile ohne weiteres von der Vertraulichkeit ausgenommen, könnte die Vertraulichkeit der Mediation einfach umgangen werden. Im Unterschied zum Problem der Beweisbarkeit der Einigung kann ein Einwand in der Regel nicht durch ein Schriftstück bewiesen werden.

Daher gilt der Vertraulichkeitsschutz nach § 6 (b) (2) UMA nur dann nicht, wenn ein Gericht in einer nicht-öffentlichen Sitzung feststellt, dass die Mediationsinformationen bzw. die entsprechenden Beweismittel nicht anderweitig erlangt werden können, das Interesse an der Nutzung des Beweismittels das Interesse an der Vertraulichkeit erheblich überwiegt und das Beweismittel erforderlich ist, um einen Einwand gegen eine in der Mediation getroffene Vereinbarung zu beweisen. Nach § 6 (c) UMA kann der Mediator allerdings nicht gezwungen werden, in den Fällen des § 6 (b) (2) UMA auszusagen.

---

[649] § 6 UMA, Reporters' Notes 2.
[650] Vgl. etwa *Randle vs. Mid Gulf, Inc.*, No. 14-95-01292, 1996 WL 447954 (Tex. App. 1996) (not officially published). Dort hat der Beklagte vorgetragen, er habe wegen akuter Herzprobleme das Mediationsverfahren abbrechen wollen, der Mediator habe ihn jedoch nicht entlassen.

c)   Gesetzliche Ausnahmen

§ 6 (a) (2) UMA stellt klar, dass der Vertraulichkeitsschutz hinter gesetzlichen Bestimmungen zurücktritt, die die Öffentlichkeit von Verhandlungen – etwa unter Beteiligung einer Verwaltungsbehörde – anordnen oder andere Einschränkungen der Vertraulichkeit vorsehen.[651] Ebenso besteht kein Vertraulichkeitsschutz, sofern Mediationsverfahren öffentlich durchgeführt werden.

d)   Drohungen

Droht eine Partei während der Mediation mit einer Körperverletzung oder der Begehung einer Straftat unter Anwendung von Gewalt („crime of violence"), ist diese Drohung nach § 6 (a) (3) UMA vom Vertraulichkeitsschutz ausgenommen. Dies ist darauf zurückzuführen, dass derartige Drohungen mit dem Sinn und Zweck des Vertraulichkeitsschutzes, der effektiven Durchführung der Mediation, nicht zu vereinbaren sind und das Interesse an der Verhinderung der angedrohten Straftat überwiegt.[652]

e)   Fehlverhalten des Mediators oder sonstiger Mediationsbeteiligten

§ 6 (a) (5) UMA nimmt Beweismittel über das Fehlverhalten des Mediators vom Vertraulichkeitsschutz aus. Davon umfasst sind Verstöße gegen die für den Mediator geltenden Verhaltensregeln oder sonstiges Verhalten des Mediators, das Schadensersatzansprüche auslösen kann. Diese Ausnahme ist erforderlich, um derartige Vorwürfe gerichtlich überprüfbar zu machen und um dem Mediator die Möglichkeit zu geben, sich dagegen zu verteidigen. Nur auf diese Weise kann gewährleistet werden, dass die Mediation fair und unter Beachtung der gesetzlichen und vertraglichen Bestimmungen durchgeführt wird. Die gerichtliche Überprüfbarkeit ist in Anbetracht der freien Zugänglichkeit zum Beruf des Mediators, der keine Lizenzierung oder Zulassung voraussetzt, erforderlich.

---

[651] Vgl. z. B. Federal Sunshine Act, 5 U.S.C. 552b (1995). In Wis. Stat § 19.81 (1) (Open Meetings Law) heißt es etwa: „In recognition of the fact that a representative government of the American type is dependent upon an informed electorate, it is declared to be the policy of this state that the public is entitled to the fullest and most complete information regarding the affairs of government as is compatible with the conduct of governmental business."
[652] § 6 UMA, Reporters' Notes 4.

Da auch das Fehlverhalten sonstiger Mediationsbeteiligter, etwa der Anwälte der Mediationsparteien, einer gerichtlichen Überprüfung unterworfen sein muss, besteht gemäß § 6 (a) (6) UMA auch eine Ausnahme für Beweismittel, das Fehlverhalten sonstiger Mediationsbeteiligter betrifft. Allerdings kann der Mediator gemäß § 6 (c) UMA nicht dazu gezwungen werden, dazu auszusagen. Insofern überwiegt das Interesse des Mediators, als neutral wahrgenommen zu werden.[653]

f)   In Strafverfahren benötigte Informationen

Nach § 6 (b) (1) UMA können Mediationsinformationen in einem Gerichtsverfahren über ein Verbrechen nach einer vom Gericht in nicht-öffentlicher Sitzung vorzunehmenden Abwägung zugelassen werden. § 6 (b) (1) UMA überlässt es den Bundesstaaten, diese Regelung auch anzuwenden, falls der Gegenstand eines Gerichtsverfahrens nur ein Vergehen ist. Obwohl der Vertraulichkeitsschutz hier notwendig wäre, um in einem Täter-Opfer-Ausgleich die Kommunikation zwischen den Beteiligten zu fördern, kann im Einzelfall das Strafverfolgungsinteresse des Staates überwiegen. Da insofern jedoch eine generalisierende Betrachtung aufgrund der Vielfalt der in Betracht kommenden Konstellationen ausscheidet, ist eine Abwägung durch das Gericht erforderlich.

g)   Informationen über Kindesmissbrauch

§ 6 (a) (7) UMA bestimmt, dass Mediationsinformationen über den Missbrauch, die Vernachlässigung, die Aussetzung oder Ausnutzung einer Person, insbesondere eines Kindes, in einem Verfahren verwertet werden können, an dem eine Behörde teilnimmt, die für den Schutz von Kindern oder Erwachsenen zuständig ist.[654] In anderen Verfahren, wie etwa einem Scheidungsverfahren, können derartige Informationen zwar eine Rolle spielen. Dennoch greift die Ausnahme nicht, da nur in den Fällen eine Ausnahme gerechtfertigt ist, in denen es unmittelbar um den Schutz der betroffenen Personen geht.

---

[653] § 6 UMA, Reporters' Notes 7.
[654] In den meisten Bundesstaaten nehmen derartige Behörden die Aufgabe wahr, Kinder und Jugendliche, aber auch Erwachsene vor Missbrauch zu schützen. Vgl. § 6 UMA, Reporters' Notes 8.

6. Beschränkung der Informationsweitergabe durch den Mediator

§ 7 (a) UMA verbietet es dem Mediator, Mediationsinformationen oder sonstige Erkenntnisse oder Einschätzungen an ein Gericht oder eine Behörde zu berichten, die eine Entscheidung in dem Fall, der Gegenstand der Mediation war, treffen kann. Während das nach § 4 UMA bestehende *mediation privilege* ein (verzichtbares) Recht darstellt, liegt hier ein Verbot vor. Bemerkenswert ist, dass dieses Verbot auch dann gilt, wenn die Parteien und der Mediator mit einer Weitergabe der Informationen einverstanden sind.

Ausnahmsweise ist der Mediator gemäß § 7 (b) (1) UMA berechtigt, einem Gericht (oder einer Behörde), das zuständig ist, eine Entscheidung in derselben Sache zu treffen, Bericht darüber zu erstatten, ob eine Mediation stattgefunden hat oder beendet ist, ob eine Einigung erzielt wurde und wer an der Mediation teilgenommen hat. Ferner gilt das Verbot nach § 7 (b) (2) UMA nicht, sofern eine Ausnahme nach § 6 UMA vorliegt. § 7 (b) (3) UMA stellt klar, dass der Mediator Mediationsinformationen über den Missbrauch, die Vernachlässigung, Aussetzung oder Ausbeutung einer Person an eine Behörde weitergeben darf, die zuständig für den Schutz der Person ist.[655]

7. Verschwiegenheitspflichten außerhalb des Zivilprozesses

§ 8 UMA stellt klar, dass der UMA nur die prozessuale Sicherung der Vertraulichkeit regelt. Verschwiegenheitspflichten außerhalb von förmlichen Verfahren sind durch Vertrag zu begründen. § 8 UMA lässt zwar Raum für gesetzliche Verschwiegenheitspflichten, da es nicht ausgeschlossen sei, dass ein Bundesstaat dies durch Gesetz regelt. Allerdings stellen gesetzliche Verschwiegenheitspflichten eine Ausnahme dar.[656] Das „Drafting Committee" ist davon ausgegangen, dass insofern eine Vereinheitlichung des Rechts nicht erforderlich ist und die Parteien die Entscheidung am besten selbst treffen, ob eine Verpflichtung zur Wahrung der Vertraulichkeit auch außerhalb gerichtlicher Verfahren bestehen soll.[657]

---

[655] Diese Weitergabe ist von § 7 (a) UMA ohnehin nicht umfasst, da diese Behörde keine Entscheidung in derselben Sache trifft. Vgl. § 7 UMA, Reporters' Notes 1.
[656] Vgl. § 8 UMA, Reporters' Notes 1.
[657] § 8 UMA, Reporters' Notes 1.

8. Weitere Bestimmungen

§ 9 (a) und (b) UMA verpflichtet den Mediator, vor Beginn der Mediation zu prüfen, ob seine Neutralität gefährdet sein könnte, und, sofern er von Tatsachen erfährt, die dies nahe legen, den Mediationsparteien diese unverzüglich mitzuteilen. Verletzt der Mediator eine dieser Pflichten, kann er sich nach § 9 (c) UMA nicht auf das *mediation privilege* berufen.

Nach § 9 (c) UMA hat der Mediator auf Nachfrage einer Partei seine Qualifikation als Mediator offen zu legen. Während § 9 (f) UMA klarstellt, dass der Mediator keiner bestimmten Qualifikation bedarf, lässt es § 9 (g) UMA den Bundesstaaten offen, die Neutralität des Mediators zwingend vorzuschreiben, es sei denn, die Parteien haben bewusst darauf verzichtet.

Die Ausgewogenheit der in der Mediation erzielten Ergebnisse hängt maßgeblich davon ab, dass die Parteien vollumfänglich über die rechtlichen Konsequenzen ihres Handelns informiert sind. Da vor diesem Hintergrund der Beteiligung von Rechtsanwälten besondere Bedeutung zukommt, bestimmt § 10 UMA, dass ein Verzicht auf anwaltliche Vertretung widerrufen werden kann.

2003 hat die NCCUSL § 11 UMA hinzugefügt, der bestimmt, dass auf die Mediation internationaler Konflikte unter Kaufleuten („international commercial mediation") die von der UNCITRAL verabschiedeten Verfahrensregeln mit der Maßgabe gelten, dass der durch den UMA gewährte Vertraulichkeitsschutz bestehen bleibt, soweit die Parteien nichts anderes vereinbaren.

III. Reaktionen auf den UMA

Der UMA ist von der NCCUSL in Zusammenarbeit mit der American Bar Association (ABA) entworfen worden. Damit wurde die ABA erstmalig an dem Entwurfsprozess eines Modellgesetzes formal beteiligt.[658] Der UMA wird ausdrücklich befürwortet von der „American Arbitration Association", dem „Judicial Arbitration and Mediation Service" und dem „CPR Institute for Dispute Resolution". Trotz dieser breiten Zustimmung und des sorgfältigen Entwurfspro-

---

[658] UMA, Prefatory Note 5, Abs 1. Vgl. auch *Gottwald*, in: Henssler/Koch, Mediation in der Anwaltspraxis, § 7 Rn. 69; *Hilber*, BB Beilage zu Heft 25/2003, 9.

zesses, bei dem Eingaben zahlreicher Institutionen berücksichtigt wurden[659], hat der UMA unterschiedliche Reaktionen hervorgerufen.[660]

Es ist z. B. eingewandt worden, der Vertraulichkeitsschutz des UMA ginge zu weit. So sei es in den Fällen des § 6 (b) UMA unangemessen, für eine Ausnahme von der Vertraulichkeit ein *erheblich* überwiegendes Interesse an Beweismaterial vorauszusetzen.[661] Auch die Definition der durch das *privilege* geschützten Informationen ginge zu weit, da sie es zuließe, dass auch Mitteilungen an Personen, die mit der Mediation nichts zu tun haben, wie z. B. Ehepartner, Vertraulichkeitsschutz genießen.[662] Andere wenden hingegen ein, dass der durch den UMA gewährte Schutz nicht weit genug ginge. Der UMA dürfe etwa die Vertraulichkeit nicht nur durch ein *privilege* in Gerichtsverfahren sichern, sondern müsse – wie in einigen Vorversionen des UMA auch geschehen[663] – den allgemeinen Grundsatz der Vertraulichkeit der Mediation statuieren.[664]

Tatsache ist, dass die NCCUSL genau diese – und viele weitere – Einwände im Entwurfsprozess sorgfältig abgewogen und sich für die gegenwärtige Fassung des UMA, die zwangsläufig eine Kompromisslösung darstellt, entschieden hat.[665] Vergegenwärtigt man sich die oben in § 12 II. skizzierte unübersehbare Vielfalt gesetzlicher Bestimmungen der Bundesstaaten zum Schutz der Vertraulichkeit der Mediation, in denen jeweils unterschiedliche Vorstellungen zum Ausdruck kommen, ist offensichtlich, dass diesen Vorstellungen nicht vollständig Rechnung getragen werden kann. Diese unzähligen gesetzlichen Regelungen der Bundesstaaten und die damit gemachten Erfahrungen haben der NCCUSL aber gerade eine Grundlage zum Entwurf eines Modellgesetzes bereitet, das die Problematik der Vertraulichkeit der Mediation einer angemessenen Lösung zuführt. Selbst wenn man bei den im Einzelnen gefundenen Regelungen des UMA nicht verweilen will, kann der UMA – weil er auf einer vertieften Erörterung

---

[659] UMA, Prefatory Note 5.
[660] Vgl. *Hilber*, BB Beilage zu Heft 25/2003, 9, 14 f.
[661] *Hughes*, 85 Marquette L. Rev. 9, 49 (2001).
[662] New York State Bar Association's Committee on Alternative Dispute Resolution, 2002 Report on the UMA, S. 22.
[663] § 9 UMA, Reporters' Notes c., S. 37 f.
[664] Beschluss der *Association for Conflict Resolution* vom 20.04.2002, Ziffer 1., abrufbar unter http://www.acrnet.org/uma/resolution.htm (Stand 03.04.2005).
[665] Vgl. UMA, Prefatory Note 3.; *Deason*, 85 Marquette L. Rev. 79, 104 f. (2001).

vielfältiger Aspekte der Problematik beruht – ideal als Ausgangspunkt einer inhaltlichen Diskussion dienen.

§ 15 Zusammenfassung

Die Auseinandersetzung mit der Vertraulichkeitsproblematik in Gesetzgebung, Rechtsprechung und Literatur reicht weit zurück. Trotzdem besteht weder eine eindeutige Gesetzeslage noch eine gefestigte Rechtsprechung. Die Kollision des Interesses an der Sicherung der Vertraulichkeit der Mediation mit dem tragenden Grundsatz des US-amerikanischen Prozessrechts, dem Recht der Gerichte, sich „every man's evidence" zu verschaffen, wird in unterschiedlicher Weise – sowohl was den rechtlichen Ansatz als auch das Ergebnis betrifft – aufgelöst.

In der aktuellen Gesetzgebung der Bundesstaaten zeichnet sich allerdings ab, dass das *mediation privilege* als das geeignetste Mittel zur Sicherung der Vertraulichkeit angesehen wird. Angesichts der erheblichen Unsicherheit bei der Bestimmung des anwendbaren Rechts und der uneinheitlichen Rechtsprechung besteht eine erhebliche Unsicherheit bei der Bestimmung des im Einzelfall bestehenden Vertraulichkeitsschutzes.

Um dieser unbefriedigenden Situation abzuhelfen, hat die NCCUSL den UMA verabschiedet. In den differenzierten Regelungen des UMA konkretisiert sich der US-amerikanische Erfahrungsvorsprung in Bezug auf die Mediation und insbesondere auf die Vertraulichkeitsproblematik. Als Ergebnis der jahrzehntelangen Auseinandersetzung mit der Vertraulichkeitsthematik in Literatur und Rechtsprechung sieht der UMA ein umfassendes Beweiserhebungsverbot vor, auf das die Parteien nur gemeinsam durch ausdrückliche Erklärung verzichten können. Soweit es um die Auskünfte durch den Mediator geht, hat dieser ebenfalls zuzustimmen. Von diesem grundsätzlichen Schutz darf nur im Rahmen der im UMA ausdrücklich geregelten Ausnahmen abgewichen werden. Ein Teil der Ausnahmen setzt eine richterliche Einzelfallabwägung in nicht-öffentlicher Sitzung voraus, während die anderen Ausnahmen ohne weiteres Anwendung finden.

6. Kapitel   SCHLUSSFOLGERUNGEN

In diesem Kapitel werden die Ergebnisse der Untersuchung zusammengefasst. Von diesen ausgehend wird – unter Berücksichtigung der US-amerikanischen Erfahrungen – erörtert, ob in Deutschland *de lege lata* eine angemessene Vertraulichkeit der Mediation gewährleistet ist.

§ 16 Verschwiegenheitspflichten

Die Vertraulichkeit ist gegenüber der Öffentlichkeit durch materiell-rechtliche Verschwiegenheitspflichten gesichert. Während die Parteien weder nach US-amerikanischem noch nach deutschem Recht einer gesetzlichen Verschwiegenheitspflicht unterliegen, bestehen im Hinblick auf die Verschwiegenheitspflicht des Mediators Unterschiede.

In den USA besteht keine durch Gesetz oder *common law* begründete Verschwiegenheitspflicht des Mediators, weil weder berufsrechtliche Verschwiegenheitspflichten auf die Tätigkeit des Mediators anwendbar sind noch die Vertraulichkeit der Mediation sonst gesetzlich oder durch die Rechtsprechung vorgesehen ist. Demgegenüber ist der als Mediator tätige Rechtsanwalt oder Notar durch deutsches Berufs- und Strafrecht zur Verschwiegenheit verpflichtet, soweit die Mediation bezweckt, die zwischen den Parteien bestehenden Rechte und Pflichten durch eine Einigung zu gestalten. In diesen Fällen erlaubt es das RBerG den Mitgliedern anderer Berufsgruppen, nur als Co-Mediatoren tätig zu werden, es sei denn, beide Mediationsparteien sind anwaltlich vertreten. Als (Co-) Mediator tätige Diplompsychologen, Sozialarbeiter, Sozialpädagogen und Mediatoren einer staatlich anerkannten Ehe- oder Familienberatungsstelle unterliegen einer gesetzlichen Verschwiegenheitspflicht. Wirtschaftsprüfer, vereidigte Buchprüfer und Steuerberater unterliegen einer solchen nur, sofern die Mediation mit ihrem berufsrechtlich bestimmten Tätigkeitsbereich in hinreichendem Zusammenhang steht. Diplompädagogen, Amtsträger und sonstige als Mediatoren tätige Personen unterliegen keiner gesetzlichen Verschwiegenheitspflicht.

Sowohl in den USA als auch in Deutschland ist es zur Sicherung der Vertraulichkeit der Mediation geboten, Vertraulichkeitsvereinbarungen abzuschließen, um eine Verschwiegenheitspflicht zu begründen, soweit keine gesetzliche Verschwiegenheitspflicht greift, und die Einzelheiten, insbesondere die Ausnahmen der Vertraulichkeit, zu regeln. Die Begründung und Konsequenzen vertraglicher Verschwiegenheitspflichten im Kontext der Mediation sind in beiden Rechtsordnungen den allgemein gültigen Regeln des Vertragsrechts unterworfen, sodass die Mediationsbeteiligten unter Wahrung der Grenzen der Privatautonomie materiell-rechtliche Verschwiegenheitspflichten aller Mediationsbeteiligten vertraglich begründen können.

Aufgrund der nach deutschem Recht bestehenden gesetzlichen Verschwiegenheitspflichten des Mediators und der Möglichkeit, alle Mediationsbeteiligten einer vertraglichen Verschwiegenheitspflicht zu unterwerfen, bietet das deutsche Recht ausreichende Schutzmechanismen zur Sicherung der Vertraulichkeit der Mediation gegenüber der Öffentlichkeit.

§ 17 Die Sicherung der Vertraulichkeit im Zivilprozess

I. Grundsätzliches

Die Vertraulichkeit der Mediation im Zivilprozess kann durch die „Verlängerung" materiell-rechtlicher Verschwiegenheitspflichten oder durch rein prozessuale Regelungen, die keinen materiell-rechtlichen Bezugspunkt haben, erfolgen. In den USA bestehen im Kontext der Mediation keine gesetzlichen Verschwiegenheitspflichten. Daher wird die Vertraulichkeit der Mediation im US-amerikanischen Zivilprozess durch gesonderte prozessuale Regelungen gesichert, die häufig speziell auf die Mediation zugeschnitten sind. Vertraulichkeitsvereinbarungen werden von der US-amerikanischen Rechtsprechung in der Regel nicht für tauglich erachtet, die zivilprozessuale Informationsbeschaffung einzuschränken.

Demgegenüber gilt in Deutschland der Grundsatz, dass gesetzliche Verschwiegenheitspflichten auch bei der zivilprozessualen Beweisaufnahme zu berücksichtigen sind. Speziell auf die Vertraulichkeit der Mediation bezogene gesetzliche Vorschriften existieren im deutschen Rechtskreis nicht. Anders als nach US-amerikanischem Recht können die Parteien nach deutschem Recht durch Vertraulichkeitsvereinbarungen die zivilprozessuale Informationsbeschaffung maßgeblich einschränken.

Allgemein ist festzustellen, dass in den USA eine nahezu unübersehbare Vielfalt gesetzlicher Bestimmungen die Vertraulichkeit der Mediation sichert, während

in Deutschland keine derartige Regelungsvielfalt besteht. Dies ist darauf zurückzuführen, dass in Deutschland allein der Bund die Gesetzgebungskompetenz in-
ne hat, die für die Sicherung der Vertraulichkeit der Mediation im Zivilprozess
erforderlich ist. Demgegenüber umfasst die von der US-amerikanischen Verfassung bestimmte grundsätzliche Gesetzgebungskompetenz der Bundesstaaten
auch das Recht, die Sicherung der Vertraulichkeit im einzelstaatlichen Zivilprozess zu regeln. Soweit Verfahren vor bundesstaatlichen Gerichten betroffen
sind, sind nach FRE 501 auch einzelstaatliche *privileges* maßgeblich.

II. Regelungsbedarf

Das deutsche Zivilprozessrecht erfordert es nicht, spezielle gesetzliche Vorschriften zur Sicherung der Vertraulichkeit der Mediation zu erlassen, da *de lege
lata* angemessene Möglichkeiten zur Sicherung der Vertraulichkeit der Mediation im Zivilprozess bestehen.

Nach richtiger Auffassung ist ein berufsunabhängiges Zeugnisverweigerungsrecht des Mediators anzuerkennen, da die Mediation der Verkehrsauffassung
nach ein vertrauliches Verfahren ist. Urkunden und Augenscheinsobjekte, die
Mediationsinformationen enthalten, sind auf Parteiantrag nur dann herauszugeben, wenn sie nicht nur für eigene Zwecke angefertigt wurden. Das Gericht kann
zwar die Vorlage von Urkunden und Augenscheinsobjekten von Amts wegen
anordnen, wird jedoch bei korrekter Ermessensausübung regelmäßig keine Vorlageanordnung treffen, soweit kein zivilrechtlicher Anspruch auf Vorlage einer
Urkunde besteht. Schließlich kann keine Partei zur Mitwirkung an der Parteivernehmung gezwungen werden.

Allerdings ist der durch die ZPO gewährte Schutz lückenhaft. Keine der Parteien
ist daran gehindert, Mediationsinformationen vorzutragen oder in ihrem Besitz
befindlichen Urkunden und Augenscheinsobjekte vorzulegen. Sagt der Mediator
trotz seines Zeugnisverweigerungsrechtes aus, ist seine Aussage verwertbar. Zudem kann die Weigerung einer Partei, an der Beweiserhebung mitzuwirken, vom
Gericht als Beweisvereitelung angesehen werden. Dies ist denkbar, falls eine
Partei sich weigert, den Mediator von seiner Verschwiegenheitspflicht zu entbinden, eine Urkunde oder ein Augenscheinsobjekt vorzulegen oder an der Parteivernehmung mitzuwirken.

Diese Schutzlücken können nach deutschem Recht mit einer Vertraulichkeitsvereinbarung geschlossen werden. Die parteilichen Rechte zur Beschaffung des
Streitstoffes, insbesondere die Befugnis, Tatsachen vorzutragen und Beweiser-
hebungen zu beantragen, können vertraglich begrenzt werden. Soweit die Parteien ihre zivilprozessualen Rechte durch Vertrag einschränken, ist auch das Gericht an die Vereinbarung gebunden. Das Recht des Gerichts, Beweis von Amts
wegen zu erheben, können die Parteien nicht ausschließen, aber doch einschränken, da das Gericht den Parteiwille, dem nach dem Verhandlungsgrundsatz
grundsätzlich entscheidende Bedeutung zukommt, bei der Ermessenausübung zu
berücksichtigen hat.

§ 18 Grenzen des Vertraulichkeitsschutzes

Die Grenzen der Vertraulichkeit ergeben sich aus der Definition der geschützten
Informationen (dazu unter I.), den Möglichkeiten, auf die Vertraulichkeit zu
verzichten (dazu unter II.), und den Ausnahmen des Vertraulichkeitsschutzes
(dazu unter III.).

I.   Geschützte Informationen

Nach deutschem Recht sind von der gesetzlichen Verschwiegenheitspflicht alle
Informationen erfasst, die dem Mediator in Ausübung seines Berufes von den
Mediationsparteien mitgeteilt wurden. Der Vertraulichkeitsschutz endet, wenn
Informationen dem Mediator nicht in seiner Eigenschaft als Mediator mitgeteilt
werden. Dies deckt sich mit der Regelung in § 2 (2) UMA, die den Vertraulichkeitsschutz auf Informationen erstreckt, die zum Zweck der Erwägung, Durchführung, Beteiligung an, Initiative zu, Fortsetzung oder des Wiederbeginns einer
Mediation oder der Beauftragung eines Mediators mitgeteilt werden. Die gesetzlichen Verschwiegenheitspflichten des Mediators nach deutschem Recht umfassen über den vom UMA gewährten Schutz hinaus auch Informationen, die dem
Mediator auf andere Weise als durch Mitteilung der Mediationsparteien bekannt
geworden sind. Dies ist auch sachgerecht, da nicht ausgeschlossen ist, dass der
Mediator auf andere Weise als durch eine Mitteilung einer Mediationspartei, z.
B. durch versehentlich herumliegende Dokumente oder durch Mitteilungen Dritter, Kenntnis von sensiblen Informationen erlangt.

Der Vertraulichkeitsschutz umfasst nicht Informationen, die einem Mediations-beteiligten aus anderer Quelle als der Mediation bekannt sind, auch wenn diese Informationen Eingang in die Mediation gefunden haben. Diese Informationen wurden dem Mediator nicht in Ausübung seines Berufes bzw. als Rechtsanwalt mitgeteilt, sondern ohne Zusammenhang mit seiner beruflichen Tätigkeit.

Soweit die Vertraulichkeit durch eine Vereinbarung gesichert ist, ergibt sich der Umfang der geschützten Informationen aus der Vereinbarung selbst. Bei Un-klarheiten ist im Wege der Auslegung nach §§ 133, 157 BGB der genaue Inhalt der Vereinbarung zu ermitteln. In der Regel wird der vereinbarte Vertraulich-keitsschutz jedoch mit der Reichweite der gesetzlichen Verschwiegenheits-pflicht vergleichbar sein. Diese zentrale Ausnahme führt dazu, dass die An-griffs- und Verteidigungsmöglichkeiten der Mediationsparteien durch die Medi-ation nicht beeinträchtigt werden. Die Parteien stehen trotz der Vertraulichkeit der Mediation nicht schlechter als vor der Mediation.

II. Verzicht

Die gesetzliche Verschwiegenheitspflicht des Mediators steht zur Disposition der Mediationsparteien. Wird der Mediator von seiner Verschwiegenheitspflicht durch beide Parteien entbunden, entfällt diese. Die Entbindung bedarf keiner Form und kann konkludent erfolgen. Weitere Verschwiegenheitspflichten der Mediationsparteien und sonstiger Mediationsbeteiligter werden regelmäßig durch Vertraulichkeitsvereinbarungen begründet, die auch bei der Bestimmung der Voraussetzungen eines Verzichts maßgeblich sind. Danach ist in der Regel das Einverständnis beider Mediationsparteien für einen Verzicht auf die Ver-traulichkeit erforderlich. Vor dem Zivilgericht können die Parteien es schlicht unterlassen, die Vertraulichkeitsvereinbarung vorzutragen. Sofern auch der Me-diator aus der Vereinbarung berechtigt wird, was aufgrund seines eigenen Inte-resses, nicht aussagen zu müssen, empfehlenswert ist, kann die Verletzung der Vertraulichkeit auch Schadensersatzansprüche des Mediators begründen. Dies gilt etwa dann, wenn eine Partei die Zeugenvernehmung des Mediators bean-tragt, die Vertraulichkeitsvereinbarung dem nicht entgegengehalten wird und der Mediator folglich trotz entgegenstehender Vereinbarung zur Aussage verpflich-tet ist.

Nach dem UMA setzt der Verzicht auf das *mediation privilege* stets voraus, dass die Mediationsparteien ausdrücklich schriftlich oder während der mündlichen Verhandlung den Verzicht erklären. Geht es um die Aussage des Mediators oder eines sonstigen Mediationsbeteiligten, ist zudem eine entsprechende Verzichtserklärung des Betroffenen erforderlich. Ein konkludenter Verzicht ist nicht möglich. Allerdings kann sich eine Partei nicht auf den Vertraulichkeitsschutz des UMA berufen, wenn sie selbst die Vertraulichkeit der Mediation verletzt. Eine derartige Regelung ist nach deutschem Recht nicht erforderlich, da ein konkludenter Verzicht auf die Vertraulichkeit zulässig ist.

III. Ausnahmen

Der nach deutschem Recht bestehende Vertraulichkeitsschutz in- und außerhalb gerichtlicher Verfahren bedarf vor dem Hintergrund der in § 4 aufgezeigten gegensätzlichen Interessen einiger Ausnahmen. Diese Ausnahmen können sich nach deutschem Recht insbesondere aus § 34 StGB ergeben, wenn ein überwiegendes Interesse an der Nutzung der geschützten Informationen besteht. Liegen die Voraussetzungen des § 34 StGB vor, ist die Verletzung der Verschwiegenheitspflicht gerechtfertigt, gleichgültig ob sie strafrechtlicher, berufsrechtlicher oder vertraglicher Natur ist, sowie ohne Rücksicht darauf, ob materiellrechtliche oder prozessuale Pflichten betroffen sind.

Die Grundsätze der Beweisvereitelung stellen zwar keine unmittelbare Ausnahme von der Vertraulichkeit dar. Allerdings können sie im Zivilprozess dazu führen, dass der Partei, die sich entgegen den Bemühungen der beweispflichtigen Partei weigert, an der Beweisaufnahme mitzuwirken, im Rahmen der Beweiswürdigung Nachteile entstehen und dadurch die nicht beweispflichtige Partei veranlassen, trotz der Vertraulichkeit der Mediation an der Beweisaufnahme mitzuwirken. Soweit allerdings eine Vertraulichkeitsvereinbarung der Beweisaufnahme entgegensteht, was in der Regel der Fall sein wird, kommt eine Beweisvereitelung nicht in Betracht.

Sowohl im Rahmen der Beweisvereitelung als auch der Rechtfertigung nach § 34 StGB sind die gegensätzlichen Interessen gegeneinander abzuwägen. Hier ist der Rechtsprechung ausreichender Spielraum gegeben, unter Berücksichtigung der Umstände des Einzelfalls zu entscheiden, ob ein überwiegendes Interesse an der Vertraulichkeit besteht. Eine Rechtfertigung der Verletzung der Vertraulichkeit der Mediation kommt insbesondere in Betracht zum Beweis von Einwänden gegen den Mediationsvergleich oder sonstigen während der Mediation begangenen rechtswidrigen Handlungen und zur Verhinderung von Schäden.

Demgegenüber regelt der UMA Ausnahmen vom Vertraulichkeitsschutz abschließend in § 6 und unterscheidet dabei zwischen Ausnahmen, die in jedem Fall greifen, und solchen, die eine Abwägung der gegensätzlichen Interessen durch das Gericht voraussetzen. Dabei fällt auf, dass der UMA keine Ausnahme vorsieht, welche die Informationspreisgabe zur Verhinderung zukünftiger Schäden erlaubt, wenn man von der Ausnahme bezüglich der Drohung mit einer Körperverletzung oder einer Straftat unter Gewaltanwendung absieht. Damit ist in diesen Fällen ausgeschlossen, dass die Vertraulichkeit verletzt wird, es sei denn, die Berechtigten verzichten auf den Vertraulichkeitsschutz. Diese starre Lösung hat den Vorteil, dass die Parteien den bestehenden Vertraulichkeitsschutz *ex ante* besser beurteilen können. Dieser Vorteil kann aber auch nach deutschem Recht erreicht werden, falls sich eine gefestigte Rechtsprechung bildet.

§ 19 Fazit

Das deutsche Recht enthält – anders als das US-amerikanische – keine explizit auf die Mediation bezogenen vertraulichkeitsschützenden Regelungen. Dennoch kann die Vertraulichkeit der Mediation nach deutschem Recht angemessen geschützt werden. Dazu ist allerdings erforderlich, dass die Mediationsparteien eine Vertraulichkeitsvereinbarung abschließen, die sowohl materiell-rechtliche als auch prozessuale Vertraulichkeitspflichten begründet. Da die Mediation in der Regel zum Ziel hat, den Streit der Parteien durch eine Einigung zu beenden, die die Rechte und Pflichten der Mediationsparteien neu gestaltet, ist die Beteiligung eines Rechtsanwaltes oder Notars an der Mediation sichergestellt. Damit hat zumindest ein Jurist, der sich der Vertraulichkeitsproblematik und der daraus folgenden Notwendigkeit einer Vertraulichkeitsvereinbarung bewusst ist, an der Mediation teilzunehmen. Vor diesem Hintergrund dürfte die Vertraulichkeit der Mediation auch aus der Sicht der Praxis in der Regel angemessen geschützt sein.

Die notwendigen Ausnahmen des Vertraulichkeitsschutzes ergeben sich neben vertraglichen Regelungen vornehmlich aus § 34 StGB. Da die Rechtsprechung sich noch nicht mit der Vertraulichkeit der Mediation auseinandergesetzt hat, bestehen insofern noch keine gefestigten Konturen. Da sich die Interessenabwägung im Rahmen von § 34 StGB an der bisherigen Rechtsprechung zur anwaltlichen, aber auch zur ärztlichen Verschwiegenheitspflicht anlehnen kann, ist die Vertraulichkeit der Mediation für die Parteien in ausreichendem Maß *ex ante* bestimmbar, sodass sie entsprechend ihrem Hauptzweck geeignet ist, eine offene Kommunikation zwischen den Mediationsparteien zu fördern.

Da also nach deutschem Recht kein gesetzgeberischer Handlungsbedarf besteht, verwundert es nicht, dass der Deutsche Anwaltsverein in seinen Normvorschlägen für die Mediation[666] in Bezug auf die Sicherung der Vertraulichkeit der Mediation gesetzliche Regelungen nicht für erforderlich gehalten hat.

---

[666] DAV-Forum Mediation, „Normen für Mediation", abrufbar unter http://mediation.anwalt-verein.de/infos/Normen.pdf (Stand 03.04.2005).

LITERATURVERZEICHNIS

Alfini, James J.; Risk of Coercion Too Great: Judges Should Not Mediate Cases Assigned to Them For Trial; 6 Disp. Resol. Mag. 11–14 (1999).

Assey, James M. Jr.; Mum's The Word On Mediation: Confidentiality And Snyder-Falkinham v. Stockburger; 9 Geo. J. Legal Ethics 991–1007 (1996).

Bamberger, Heinz Georg/Roth, Herbert (Hrsg.); Bürgerliches Gesetzbuch; Bd. 2 (§§ 611–1296); München 2003; zitiert als Bamberger/Roth-*Bearbeiter*, BGB, § Rn.

Baumbach, Adolf/Hopt, Klaus. J./ Merkt, Hanno; Handelsgesetzbuch; 31. Aufl., München 2003; zitiert als Baumbach/Hopt-*Bearbeiter*, HGB, § Rn.

Baumbach, Adolf/Lauterbach, Wolfgang/Albers, Jan/Hartmann, Peter; Zivilprozessordnung; 61. Aufl., München 2003; zitiert als Baumbach/Lauterbach-*Bearbeiter*, ZPO, § Rn.

Baumgärtel, Gottfried; Wesen und Begriff der Prozesshandlung einer Partei im Zivilprozess; Frankfurt/Main 1957; zitiert als *Baumgärtel*, Prozesshandlung, S.

Bernhardt, Wolfgang; Wahrheitspflicht und Geständnis im Zivilprozeß; JZ 1963, 245–247.

Bernhardt, Hanspeter/Winograd, Bianca; Die Zusammenarbeit von Rechtsanwälten und Psychologen; in: Haft, Fritjof/Schlieffen, Katharina Gräfin von (Hrsg.); Handbuch Mediation; München 2002; § 23; zitiert als *Bernhardt/Winograd*, in: Haft/Schlieffen, Handbuch Mediation, § 23 Rn.

Blumenwitz, Dieter; Einführung in das anglo-amerikanische Recht; 6. Aufl.; München 1998.

BRAK-Ausschuß „Mediation"; Schlussbericht; BRAK-Mitt. 1996, 186–188.

Breidenbach, Stephan; Mediation: Struktur, Chancen und Risiken von Vermittlung im Konflikt; Köln 1995; zitiert als *Breidenbach*, Mediation, S.

Brieske, Rembert; Haftungs- und Honorarfragen in der Mediation; in: Henssler, Martin/Koch, Ludwig (Hrsg.); Mediation in der Anwaltspraxis; 2. Aufl., Köln 2004; § 12; zitiert als *Brieske*, in: Henssler/Koch, Mediation, § 12 Rn.

Brown, Kent L.; Confidentiality in Mediation: Status and Implications; 1991 J. Disp. Resol. 307–334 (1991).

Brudney, James J.; Mediation and Some Lessons From the Uniform State Law Experience; 13 Ohio St. J. on Disp. Res. 795–829 (1998).

Cahn, Andreas; Prozessuale Dispositionsfreiheit und zwingendes materielles Recht; AcP 198, 35–71 (1998).

Chemnitz, Jürgen/Johnigk, Frank; Rechtsberatungsgesetz; 11. Aufl., Köln 2003; zitiert als *Chemnitz/Johnigk*, RBerG, Art. § Rn.

Conrad, Daniel R.; Confidentiality Protection in Mediation: Methods and Potential Problems in North Dakota; 74 N. D. L. Rev. 45–59 (1998).

Deason, Ellen E.; Enforcing Mediated Settlement Agreements: Contract Law Collides With Confidentiality; 35 U.C. Davis L. Rev. 33–1002 (2001).

dies.; The Quest for Uniformity in Mediation Confidentiality: Foolish Consistency or Crucial Predictability; 85 Marquette L. Rev. 79–111 (2001).

dies.; Predictable Mediation Confidentiality in the US Federal System, 17 Ohio St. J. on Disp. Resol. 239–319 (2002).

Dillenburg, Peter/Pauly, Holger; Zeugnisverweigerungsrecht für den Ehebruchszeugen; MDR 1995, 340–342.

Dreier, Horst (Hrsg.); Grundgesetz-Kommentar; 2. Aufl., Tübingen 2004; zitiert als Dreier-*Bearbeiter*, GG, Art. Rn.

Duve, Christian; Rechtsberatung durch Mediatoren im Spiegel der Rechtsprechung; BB 2001, 692–693.

ders.; Das Grünbuch über alternative Verfahren zur Streitbeilegung, BB Beilage zu Heft 25/2003, 6.

Ebenroth, Carsten Thomas/Boujong, Karlheinz/Joos, Detlev (Hrsg.); Handelsgesetzbuch, Bd. 1 (§§ 1–342a); München 2001; zitiert als Ebenroth/Boujong/Joost-*Bearbeiter*, HGB, § Rn.

Eckardt, Bernd/Dendorfer, Renate; Der Mediator zwischen Vertraulichkeit und Zeugnispflicht – Schutz durch Prozessvertrag; MDR 2001, 786–792.

Ehrhardt, Charles W.; Confidentiality, Privilege, and Rule 408: The Protection of Mediation Proceedings in Federal Court; 60 La. L. R. 91–125 (1999).

Eickmann, Karl Wilhelm; Beweisverträge im Zivilprozess; Bochum 1987; zitiert als *Eickmann*, Beweisverträge, S.

Eidenmüller, Horst; Vertrags- und Verfahrensrecht der Wirtschaftsmediation, Köln 2001; zitiert als *Eidenmüller*, Wirtschaftsmediation, S.

ders.; Verhandlungsmanagement durch Mediation, in: Henssler, Martin/Koch, Ludwig (Hrsg.); Mediation in der Anwaltspraxis, 2. Aufl., Köln 2004; § 6; zitiert als *Eidenmüller*, in: Henssler/Koch, Mediation, § 6 Rn.

ders.; Prozessrisikoanalyse, ZZP 113, 5–23 (2000).

Eisele, Jörg; Strafrecht und Strafprozess; in: Haft, Fritjof/Schlieffen, Katharina Gräfin von (Hrsg.); Handbuch Mediation; München 2002; § 30; zitiert als *Eisele*, in: Haft/Schlieffen, Handbuch Mediation, § 30 Rn.

Erman; Bürgerliches Gesetzbuch; Westermann, Harm Peter (Hrsg.); Bd. 1 (§§ 1 – 811); 11. Aufl., Köln 2004; zitiert als Erman-*Bearbeiter*, BGB, § Rn.

Erman; Bürgerliches Gesetzbuch; Westermann, Harm Peter (Hrsg.); Bd. 2 (§§ 812 – 2385); 11. Aufl., Köln 2004; zitiert als Erman-*Bearbeiter*, BGB, § Rn.

Ewig, Eugen; Mediation aus der Sicht der Anwaltschaft; BRAK-Mitt 1996, 147–149.

Federal Procedure; Lawyer's Edition; Vol. 12, 1998; zitiert als 12 Fed. Proc. L. Ed. §.

Felix, Dagmar; Einheit der Rechtsordnung - Zur verfassungsrechtlichen Relevanz einer juristischen Argumentationsfigur, Tübingen 2000; zitiert als *Felix*, Einheit der Rechtsordnung, S.

Feuerich, Wilhelm E./Weyland, Dag; Bundesrechtsanwaltsordnung; 6. Aufl., München 2003; zitiert als *Feuerich/Weyland*, BRAO/BORA, § Rn.

Fiala, Johannes/Walter, Axel von; Die Handakte des Steuerberaters, Wirtschaftsprüfers und Rechtsanwalts (Teil I); DStR 1998, 694–700.

dies.; Die Handakte des Steuerberaters, Wirtschaftsprüfers und Rechtsanwalts (Teil II); DStR 1998, 736–740.

Fietkau, Hans-Joachim; Psychologie der Mediation: Lernchancen, Gruppenprozesse und Überwindung von Denkblockaden in Umweltkonflikten; Berlin 2000; zitiert als *Fietkau*, Psychologie der Mediation, S.

Fisher, Roger/Ury, William/Patton, Bruce; Das Harvard-Konzept; 22. Aufl., Frankfurt/Main 2004.

Fiss, Owen; Against Settlement; 93 Yale L. J. 1073–1090 (1984).

Freedman, Laurence A./Prigoff, Michael L.; Confidentiality in Mediation: The Need for Protection; 2 Ohio St. J. on Disp. Resol. 37–45 (1986).

Gibson, Kevin; Confidentiality in Mediation: A Moral Reassessment; 1992 J. Disp. Resol. 25–66 (1992).

Gleiss, Alfred/Helm, Horst; Beratungsgeheimnis im Schiedsgerichtsverfahren; MDR 1969, 93–95.

Glossner, Ottoarndt/Bredow, Jens/Bühler, Michael; Das Schiedsgericht in der Praxis; 3. Aufl.; Heidelberg 1990; zitiert als *Glossner/Bredow/Bühler*, Das Schiedsgericht in der Praxis, Rn.

Golann, Dwight; Mediating Legal Disputes; Boston 1996.

Goldberg, Stephen B./Sander, Frank E. A./Rogers, Nancy H.; Dispute Resolution: Negotiation, Mediation and Other Processes; Gaithersburg New York 1999; zitiert als *Goldberg/Sander/Rogers*, Dispute Resolution, S.

Gottwald, Peter; Gutachten A für den 61. Deutschen Juristentag, Empfehlen sich im Interesse eines effektiven Rechtsschutzes Maßnahmen zur Vereinfachung, Vereinheitlichung und Beschränkung der Rechtsmittel und Rechtsbehelfe des Zivilverfahrens?; in: Ständige Deputation des Deutschen Juristentages (Hrsg.); Verhandlungen des einundsechzigsten Deutschen Juristentages; Bd. I (Gutachten), Teil A; München 1996; zitiert als *Gottwald*, Gutachten A für den 61. DJT (1996), S.

Gottwald, Walther; Mediation in den USA; in: Henssler, Martin/Koch, Ludwig (Hrsg.); Mediation in der Anwaltspraxis, 2. Aufl., Köln 2004; § 7; zitiert als *Gottwald*, in: Henssler/Koch, Mediation, § 7 Rn.

Green, Eric D.; A Heretical View on the Mediation Privilege; 2 Ohio St. J. on Disp. Resol 1–36 (1987).

Groth, Klaus-Martin/v. Bubnoff, Daniela; Gibt es „gerichtsfeste" Vertraulichkeit bei der Mediation?; NJW 2001, 338–342.

Grünbuch; Kommission der Europäischen Gemeinschaften (Hrsg.); Grünbuch über alternative Verfahren zur Streitbeilegung im Zivil- und Handelsrecht; Brüssel 2002; zitiert als Grünbuch, Ziffer Rn.

Grunsky, Wolfgang; Grundlagen des Verfahrensrechts: eine vergleichende Darstellung von ZPO, FGG, VWGO, FGO und SGG; 2. Aufl., Bielefeld 1974; zitiert als *Grunsky*, Grundlagen des Verfahrensrechts, S.

Günther, Klaus/Hilber, Marc; Mediation im Zivilrecht, insbesondere Wirtschaftsrecht; in: Henssler, Martin/Koch, Ludwig (Hrsg.); Mediation in der Anwaltspraxis; 2. Aufl., Köln 2004; § 15; zitiert als *Günther/Hilber*, in: Henssler/Koch, Mediation, § 15 Rn.

Hacke, Andreas; Der ADR-Vertrag; Heidelberg 2001; zitiert als *Hacke*, ADR-Vertrag, Ziffer (S.).

Haft, Fritjof; Verhandeln – Die Alternative zum Rechtsstreit; München 1992; zitiert als *Haft*, Verhandeln, S.

Hahn, Carl; Die gesammelten Materialien zu den Reichs-Justizgesetzen; Bd. II, Die gesammelten Materialien zur Civilprozessordnung, 1. und 2. Abteilung; Berlin 1891; zitiert als *Hahn*, Materialien, Bd./Abt., S.

Hartmann, Christoph; Sicherung der Vertraulichkeit; in: Haft, Fritjof/Schlieffen, Katharina Gräfin von (Hrsg.); Handbuch Mediation; München 2002; § 27; zitiert als *Hartmann*, in: Haft/Schlieffen, Handbuch Mediation, § 27 Rn.

Hartmann, Peter; Das neue Gesetz zur Förderung der außergerichtlichen Streitbeilegung; NJW 1999, 3745–3750.

Hartung, Wolfgang/Holl, Thomas (Hrsg.); Anwaltliche Berufsordnung; 2. Aufl.; München 2001; zitiert als Hartung/Holl-*Bearbeiter*, BORA, § Rn.

Haynes, John M./Bastine, Reiner/Link, Gabriele/Mecke, Axel; Scheidung ohne Verlierer: Familienmediation in der Praxis; München 2002; zitiert als *Haynes/Bastine/Link/Mecke*, Scheidung ohne Verlierer; S.

Heckel, Christian; Behördeninterne Geheimhaltung; NVwZ 1994, 224–229.

Hellwig, Hans-Jürgen; Schadensersatzpflichten aus prozessualem Verhalten; NJW 1968, 1072–1076.

ders.; Zur Systematik des zivilprozessualen Vertrages; Bonn 1968; zitiert als *Hellwig*, Systematik, S.

Henckel, Wolfram; Prozessrecht und materielles Recht; Göttingen 1970.

Henssler, Martin; Anwaltliches Berufsrecht und Mediation; in: Henssler, Martin/Koch, Ludwig (Hrsg.); Mediation in der Anwaltspraxis; 2. Aufl., Köln 2004; § 3; zitiert als *Henssler*, in: Henssler/Koch, Mediation, § 3 Rn.

ders.; Das anwaltliche Berufsgeheimnis; NJW 1994, 1817–1824.

ders.; Mediation und Rechtsberatung; NJW 2003, 241–249.

ders.; Notarielles Berufsrecht und Mediation, in: Henssler, Martin/Koch, Ludwig (Hrsg.); Mediation in der Anwaltspraxis; 2. Aufl., Köln 2004; § 4; zitiert als *Henssler*, in: Henssler/Koch, Mediation, § 4 Rn.

Henssler, Martin/Kilian, Matthias; Anwaltliches Berufsrecht und Mediation; FuR 2001, 104–109.

Henssler, Martin/Prütting, Hanns (Hrsg.); Bundesrechtsanwaltsordnung mit (u. a.) Berufsordnung und Rechtsberatungsgesetz; 2. Aufl., München 2004; zitiert als Henssler/Prütting-*Bearbeiter*, BRAO, § Rn. / BORA, § Rn. / RBerG, Art. § Rn.

Heß, Burkhard/Sharma, Daniel; Rechtsgrundlagen der Mediation; in: Haft, Fritjof/Schlieffen, Katharina Gräfin von (Hrsg.); Handbuch Mediation, München 2002; § 26; zitiert als *Heß/Sharma*, in: Haft/Schlieffen, Handbuch Mediation, § 26 Rn.

Hilber, Marc; Alternative Konfliktbeilegung: Early Neutral Evaluation und das selbständige Beweisverfahren gemäß §§ 485 ff. ZPO; BB Beilage 2 zu Heft 16/2001, 22–30.

ders., Der Uniform Mediation Act – Aktuelle Bestrebungen zur Vereinheitlichung des US-amerikanischen Mediationsrechts, BB Beilage zu Heft 25/2003, 9–16.

Hilber, Marc/Hartung, Jürgen, Auswirkungen des Sarbanes-Oxley Act auf deutsche WP-Gesellschaften: Konflikte mit der Verschwiegenheitspflicht der Wirtschaftsprüfer und dem Datenschutzrecht, BB 2003, 1054-1060.

Hughes, Scott H.; The Uniform Mediation Act: To the Spoiled Go the Privileges; 85 Marquette L. Rev. 9–77 (2001).

ders.; A Closer Look: The Case for a Mediation Privilege Still Has Not been Made; 5 Disp. Resol. Mag. 14–25 (1998).

Hutner, Armin; Die Mediationsvereinbarung - Regelungsgegenstände und vertragsrechtliche Qualifizierung; SchiedsVZ 2003, 226–232.

Kempf, Eberhard; Der Psychologe als Mediator; in: Haft, Fritjof/Schlieffen, Katharina Gräfin von (Hrsg.); Handbuch Mediation; München 2002; § 22; zitiert als *Kempf,* in: Haft/Schlieffen, Handbuch Mediation, § 22 Rn.

Kentra, Pamela A.; Hear No Evil, See No Evil, Speak No Evil: The Intolerable Conflict For Attorney-Mediators Between The Duty To Maintain Mediation Confidentiality And The Duty To Report Fellow Attorney Misconduct; 1997 Brigham Young University Law Review 715–757 (1997).

Kirtley, Alan; The Mediations Privilege's Transition From Theory To Implementation: Designing A Mediation Privilege Standard To Protect Mediation Participants, The Process And The Public Interest; 1995 J. Disp. Resol. 1–53 (1995).

Kissel, Otto Rudolf; Gerichtsverfassungsgesetz, 3. Aufl., München 2001; zitiert als *Kissel,* GVG, § Rn.

Knoll, James L.; Protecting Participants in the Mediation Process: The Role of Privilege and Immunity; 34 Tort & Insurance Law Journal 115–130 (1995).

Koch, Ludwig; Vertragsgestaltung in der Mediation; in: Henssler, Martin/Koch, Ludwig (Hrsg.); Mediation in der Anwaltspraxis; 2. Aufl., Köln 2004; § 11; zitiert als *Koch,* in: Henssler/Koch, Mediation, § 11 Rn.

ders.; Einführung; in: Henssler, Martin/Koch, Ludwig (Hrsg.); Mediation in der Anwaltspraxis; 2. Aufl., Köln 2004; § 1; zitiert als *Koch,* in: Henssler/Koch, Mediation, § 1 Rn.

Kohlhaas, Max; Zur Schweigepflicht der Psychologen; NJW 1969, 1566–1567.

Konrad, Sabine; Der Schutz der Vertrauenssphäre zwischen Rechtsanwalt und Mandant im Zivilprozess; NJW 2004, 710–713.

Kracht, Stefan; Rolle und Aufgabe des Mediators – Prinzipien der Mediation; in: Haft, Fritjof/Schlieffen, Katharina Gräfin von (Hrsg.); Handbuch Mediation, München 2002; § 15; zitiert als *Kracht,* in: Haft/Schlieffen, Handbuch Mediation, § 15 Rn.

Krohnke, Duane W.; Mediation's Cases Appearances are more frequent in 1998; 17 Alternatives to High Cost Litigation 1–7 (1998).

Kuester, Erin L.; Mediation Confidentiality: A Trail of Broken Promises; 16 Hamline J. of Law and Public Policy 573–596 (1995).

Lange, Klaus; Die Abgrenzung des öffentlich-rechtlichen Vertrages vom privatrechtlichen Vertrag; NVwZ 1983, 313–322.

Leibner, Wolfgang; Haftungsrechtliche Rahmenbedingungen für die Tätigkeit als Mediator; NJW 2002, 3521–3522.

Leipziger Kommentar, Strafgesetzbuch; Jescheck, Hans-Heinrich u. a. (Hrsg.); Bd. 5 (§§ 185 – 262); 10. Aufl., Berlin 1989; zitiert als LK-*Bearbeiter*, StGB; § Rn.

Lenckner, Theodor; Aussagepflicht, Schweigepflicht und Zeugnisverweigerungsrecht; NJW 1965, 321–327.

Litt, Gregory A.; No Confidence: The Problem of Confidentiality by Local Court Rule in the ADR Act of 1998; 78 Tex. L. Rev. 1015–1036 (2000).

Lovenheim, Peter/Guerin, Lisa; Mediate Don't Litigate – Strategies for Succesful Mediation; San Francisco 2004; zitiert als *Lovenheim/Guerin*, Mediate Don't Litigate, S.

Macturk, Christopher H.; Confidentiality in Mediation: The Best Protection Has Exceptions; 19 Am. J. Trial Advoc. 411–434 (1995).

Mähler, Hans-Georg/Mähler, Gisela; Missbrauch von in der Mediation erlangten Informationen, ZKM 2001, 4–10.

dies.; Ausbildung in der Familienmediation; in: Haft, Fritjof/Schlieffen, Katharina Gräfin von (Hrsg.); Handbuch Mediation; München 2002; § 58; zitiert als *Mähler/Mähler*, in: Haft/Schlieffen, Handbuch Mediation, § 58 Rn.

Mankowski, Peter; Zur Einstufung der Wirtschaftsmediation als genehmigungspflichtige Rechtsbesorgung; MDR 2001, 1198–1200

Marcard, Nikolaus von; Das Berufsrecht des Mediators; 1. Aufl.; Göttingen 2004; zitiert als *Marcard*, Berufsrecht, S.

Marksteiner, Peter; How Confidential Are Federal Sector Employment-Related Dispute Mediations?; 14 Ohio St. J. on Disp. Resol. 89–155 (1998).

Maunz, Theodor/Dürig, Günter u. a.; Grundgesetz; Loseblattsammlung, Stand 2/2003 (42. Ergänzungslieferung), München 2002; zitiert als *Maunz/Dürig*-Bearbeiter, GG, Art. Rn.

McCormick on Evidence; Strong, John W. u. a. (Hrsg.); Vol. 1; 5. Auflage, 1999; zitiert als 1 McCormick on Evidence §.

Mehta, Aseem; Resolving Environmental Disputes in the Hush-Hush World of Mediation: A guideline for confidentiality; 10 Geo. J. Legal Ethics 521–540 (1997).

Mnookin, Robert H./Kornhauser, Lewis; Bargaining in the Shadow of the Law, 88 Yale Law Journal 950–968 (1979).

Meyer, Dieter/Borgs-Maciejewski, Herman; Verwaltungsverfahrensgesetz; 2. Aufl., Frankfurt/Main 1982; zitiert als *Meyer/Borgs*, VwVfG, § Rn.

Münchener Kommentar zum Bürgerlichen Gesetzbuch; Rebmann, Kurt u. a. (Hrsg.); Bd. 1 Allgemeiner Teil (§§ 1–240, AGB-Gesetz); 4. Aufl.; München 2001; zitiert als Münchener Kommentar-*Bearbeiter*, BGB, § Rn.

Münchener Kommentar zum Bürgerlichen Gesetzbuch; Rebmann, Kurt u. a. (Hrsg.); Bd. 2a Schuldrecht Allgemeiner Teil (§§ 241–432); 4. Aufl.; München 2003; zitiert als Münchener Kommentar-*Bearbeiter*, BGB, § Rn.

Münchener Kommentar zum Bürgerlichen Gesetzbuch; Rebmann, Kurt u. a. (Hrsg.); Bd. 4 Schuldrecht Besonderer Teil II (§§ 607–704); 3. Aufl.; München 1997; zitiert als Münchener Kommentar-*Bearbeiter*, BGB, § Rn.

Münchener Kommentar zur Zivilprozessordnung; Lüke, Gerhard u. a. (Hrsg.); Bd. 1, §§ 1–354; 2. Aufl., München 2000; zitiert als Münchener Kommentar-*Bearbeiter*, ZPO, § Rn.

Münchener Kommentar zur Zivilprozessordnung; Lüke, Gerhard u. a. (Hrsg.); Bd. 2, §§ 355–802; 2. Aufl.; München 2000; zitiert als Münchener Kommentar-*Bearbeiter*, ZPO, § Rn.

Münchener Kommentar zur Zivilprozessordnung; Lüke, Gerhard u. a. (Hrsg.); Bd. 3, §§ 803–1066, EGZPO, GVG, EGGVG, IZPR; 2. Aufl.; München 2001; zitiert als Münchener Kommentar-*Bearbeiter*, GVG, § Rn.

Münchener Kommentar zur Zivilprozessordnung; Lüke, Gerhard u. a. (Hrsg.); Aktualisierungsbd. ZPO-Reform und weitere Reformgesetze; München 2002; zitiert als Münchener Kommentar-*Bearbeiter*, ZPO-Reform, § Rn.

Musielak, Hans-Joachim (Hrsg.); Kommentar zur Zivilprozessordnung; 4. Aufl.; München 2005; zitiert als Musielak-*Bearbeiter*, ZPO, § Rn.

Note; Developments in the Law - Privileged Communications; 98 Harv. L. Rev. 1450–1498 (1985).

Note; Protecting Confidentiality in Mediation, 98 Harv. L. Rev. 441–459 (1984).

Olzen, Dirk; Die Wahrheitspflicht der Parteien im Zivilprozeß; ZZP 98, 403–426 (1985).

Palandt, Bürgerliches Gesetzbuch; Bassenge, Peter u. a.; 64. Aufl.; München 2005; zitiert als Palandt-*Bearbeiter*, BGB, § Rn.

Peltzer, Oliver; Die Dissenting Opinion in der Schiedsgerichtsbarkeit; Frankfurt/Main u. a. 1999; zitiert als *Peltzer*, Dissenting Opinion, S.

Plapinger, Elizabeth/Stienstra, Donna; ADR and Settlement in the Federal District Courts; 1996; zitiert als *Plapinger/Stienstra*; ADR; S.

Pohlmann, Petra; Das Rechtsschutzbedürfnis bei der Durchsetzung wettbewerbsrechtlicher Unterlassungsansprüche; GRUR 1993, 361–371.

Prigoff, Michael; Toward Candor or Chaos: The Case of Confidentiality in Mediation; 12 Seton Hall Legis. J. 1–15 (1988).

Prütting, Hanns; Gegenwartsprobleme der Beweislast – Eine Untersuchung moderner Beweislasttheorien und ihrer Anwendung insbesondere im Arbeitsrecht; München 1983; zitiert als *Prütting*, Gegenwartsprobleme, S.

ders.; Haftung; in: Haft, Fritjof/Schlieffen, Katharina Gräfin von (Hrsg.); Handbuch Mediation; München 2002; § 31; zitiert als *Prütting*, in: Haft/Schlieffen, Handbuch Mediation, § 31 Rn.

ders.; Vertraulichkeit in der Schiedsgerichtsbarkeit und in der Mediation; in: Briner, Robert u. a. (Hrsg.); Law of International Business and Dispute Settlement in the 21st Century – liber amicorum Karl-Heinz Böckstiegel; 2001; S. 629–639; zitiert als *Prütting*, FS Böckstiegel, S.

ders.; Zu den Grenzen eines Ausschlusses der Klagbarkeit; ZZP 99, 93–98 (1986).

ders.; Zur Rechtsstellung des Schiedsrichters – dargestellt am richterlichen Beratungsgeheimnis; in: Gottwald, Peter/Prütting, Hanns (Hrsg.); Festschrift für Karl Heinz Schwab zum 70. Geburtstag; 1990; S. 409–419; zitiert als *Prütting*, FS Schwab, S.

Rambo, Lynne H.; Impeaching Lying Parties With Their Statement During Negotiation: Demysticizing The Public Policy Rationale Behind Evidence Rule 408 And The Mediation Privilege Statutes; 75 Wash. L. Rev. 1037–1102 (2000).

Rennen, Günther/Caliebe, Gabriele; Rechtsberatungsgesetz; 3. Aufl., München 2001; zitiert als *Rennen/Caliebe*, RBerG, Art. § Rn.

Risse, Jörg; Die Rolle des Rechts in der Wirtschaftsmediation, BB Beilage zu Heft 27/1999, 1–7.

ders.; Wirtschaftsmediation; NJW 2000, 1614–1620.

Rogers, Nancy H./McEwan, Craig A.; Mediation: Law, Policy and Practice; 2. Aufl., Deerfield 1994 (Aktualisierung 1998; Cole, Sarah R.); zitiert als *Rogers/McEwan*, Mediation, S.

Rosenberg, Leo/Schwab, Karl Heinz/Gottwald, Peter; Zivilprozessrecht; 16. Aufl.; München 2004; zitiert als Rosenberg/Schwab/Gottwald, ZPO, § S.

Rufenacht, Mindy D.; The Concern Over Confidentiality in Mediation – An in-depth Look at the Protection provided by the proposes Uniform Mediation Act; 2000 J. Disp. Resol. 113–134 (2000).

Ruiz, David A.; Asserting a Comprehensive Approach for Defining Mediation Communication; 15 Ohio St. J. on Disp. Resol. 851–882 (2000).

Salzwedel, Jürgen; Die Grenzen der Zulässigkeit des öffentlich-rechtlichen Vertrages; Berlin 1958; zitiert als *Salzwedel*, Öffentlich-Rechtlicher Vertrag, S.

Sander, Frank E. A.; A Friendly Amendment; 6 Disp. Resol. Mag. 11–24 (Fall 1999).

Schack, Haimo; Einführung in das US-amerikanische Zivilprozessrecht; 2. Aufl.; München 1995; zitiert als *Schack*, US-amerikanisches Zivilprozessrecht, S.

Schenkel, Harald; Keine berufsbezogene Schweigepflicht hauptamtlicher Bewährungshelfer nach § 203 I Nr. 5 StGB; NStZ 1995, 67–71.

Schiedermair, Gerhard; Vereinbarungen im Zivilprozess; Bonn 1935; zitiert als *Schiedermair*, Vereinbarungen, S.

Schlosser, Peter; Anwaltsrechtliches Verbot der Vertretung widerstreitender Interessen; NJW 2002, 1376–1381.

ders.; Das Recht der internationalen privaten Schiedsgerichtsbarkeit; 2. Aufl., Tübingen 1989; zitiert als *Schlosser*, Internationale private Schiedsgerichtsbarkeit I, Rn.

ders.; Die lange deutsche Reise in die prozessuale Moderne, JZ 1991, 599–608.

ders.; Einverständliches Parteihandeln im Zivilprozess; Tübingen 1968; zitiert als *Schlosser*, Einverständliches Parteihandeln, S.

Schmidt, Karsten; Gesellschaftsrecht; 4. Aufl., Köln 2002.

Schönke, Adolf/Schröder, Horst (Begr.); Strafgesetzbuch; 26. Aufl., München 2001; zitiert als Schönke/Schröder-*Bearbeiter*, StGB, § Rn.

Schütze, Rolf A.; Dissenting Opinions im Schiedsverfahren; in: Heldrich, Andreas u. a. (Hrsg.); Festschrift für Hideos Nakamura zum 70. Geburtstag am 2. März 1996; 1996; S. 525–537; zitiert als *Schütze*, FS Nakamura, S.

Schütze, Rolf A./Tschernigg, Dieter/Wais, Walter; Handbuch des Schiedsverfahrens; 2. Aufl.; Berlin, New York 1990; zitiert als *Schütze/Tschernigg/Wais*, Handbuch des Schiedsverfahrens, Rn.

Schwab, Karl-Heinz; Probleme der Prozesshandlungslehre, in: Prütting, Hanns (Hrsg.); Festschrift für Gottfried Baumgärtel zum 70. Geburtstag; Köln 1990; S. 503–513; zitiert als *Schwab*, FS Baumgärtel, S.

Sherman, Edward F.; Confidentiality in ADR Proceedings: Policy Issues Arising from the Texas Experience; 38 S. Tex. L. Rev. 541–573 (1997).

Soergel, Hs. Th. (Begr.); Bürgerliches Gesetzbuch mit Einführungsgesetz und Nebengesetzen; Wolf, Manfred (Red.); Bd. 2 (§§ 104–240); 13. Aufl., Stuttgart 1999; zitiert als Soergel-*Bearbeiter*, BGB, § Rn.

Stadler, Astrid; Außergerichtliche obligatorische Streitschlichtung – Chance oder Illusion?; NJW 1998, 2479–2487.

Staudinger, Julius von (Begr.); Kommentar zum Bürgerlichen Gesetzbuch mit Einführungsgesetz und Nebengesetzen; Bd. AGBG; Martinek, Michael (Red.); 13. Bearb., Berlin 1998; zitiert als Staudinger-*Bearbeiter*, § Rn.

ders.; Kommentar zum Bürgerlichen Gesetzbuch mit Einführungsgesetz und Nebengesetzen; Bd. §§ 652–704; Reuter, Dieter (Red.); 12. Aufl., Berlin 2002; zitiert als Staudinger-*Bearbeiter*, BGB, § Rn.

ders.; Kommentar zum Bürgerlichen Gesetzbuch mit Einführungsgesetz und Nebengesetzen; Bd. §§ 779–811; Horn, Norbert (Red.); Neubearbeitung 2002, Berlin 2002; zitiert als Staudinger-*Bearbeiter*, BGB, § Rn.

Stein, Friedrich/Jonas, Martin (Begr.); Zivilprozessordnung; Bd. 2 (§§ 91–252); 21. Aufl., Tübingen 1994; zitiert als Stein/Jonas-*Bearbeiter*, ZPO, § Rn.

dies.; Zivilprozessordnung; Bd. 3 (§§ 253–299a); 21. Aufl., Tübingen 1997; zitiert als Stein/Jonas-*Bearbeiter*, ZPO, § Rn.

dies.; Zivilprozessordnung; Bd. 4, Teilband 2 (§§ 348–510b); 21. Aufl., Tübingen 1999; zitiert als Stein/Jonas-*Bearbeiter*, ZPO, § Rn.

Stelkens, Paul/Bonk, Heinz Joachim/Sachs, Michael; Verwaltungsverfahrensgesetz; 6. Aufl., München 2001; zitiert als Stelkens/Bonk/Sachs-*Bearbeiter*, VwVfG, § Rn.

Stickelbrock, Barbara; Gütliche Streitbeilegung, JZ 2002, 633–643.

Strieder, Joachim; Rechtliche Behandlung und Einordnung des Schiedsrichtervertrags; 1984; zitiert als *Strieder*, Schiedsrichtervertrag, S.

Stubbe, Christian; Wirtschaftsmediation und Claim Management; BB 2001, 685–692.

Teubner, Ernst/Künzel, Thomas; Prozessverträge: Zulässigkeit, Abschluss und Wirkung; MDR 1988, 720–726.

Thomas, Heinz/Putzo, Hans; Zivilprozessordnung; 26. Aufl.; München 2004; zitiert als Thomas/Putzo-*Bearbeiter*, ZPO, § Rn.

Thompson, Peter N., Confidentiality, Competency and Confusion: The uncertain Promise of the Mediation Privilege in Minnesota, 18 Hamline J. of Public Law & Policy 329–375 (1997).

Tröndle, Herbert/Fischer, Thomas; Strafgesetzbuch und Nebengesetze; 51. Aufl.; München 2003; zitiert als *Tröndle/Fischer*, StGB, § Rn.

Uhlenbruck, Wilhelm; Gerichtliche Anordnung der Vorlage von Urkunden gegenüber dem Insolvenzverwalter; NZI 2002, 589–590.

Wagner, Gerhard, Alternative Streitbeilegung und Verjährung, NJW 2001, 182–188.

ders.; Prozessverträge; Tübingen 2000.

ders., Sicherung der Vertraulichkeit von Mediationsverfahren durch Vertrag, NJW 2001, 1398–1400.

Wagner, Klaus R.; Notariat und Mediation – institutioneller Rahmen; in: Haft, Fritjof/Schlieffen, Katharina Gräfin von (Hrsg.); Handbuch Mediation, München 2002; § 25; zitiert als *K. Wagner*, in: Haft/Schlieffen, Handbuch Mediation, § 25 Rn.

Walter, Gerhard; Dogmatik der unterschiedlichen Verfahren zur Streitbeilegung; ZZP 103, 141–170 (1990).

Walz, Robert; Die Vertragsmediation der Notare; in: Haft, Fritjof/Schlieffen, Katharina Gräfin von (Hrsg.); Handbuch Mediation, München 2002; § 24; zitiert als *Walz*, in: Haft/Schlieffen, Handbuch Mediation, § 24 Rn.

Weinstein, Jack B./Berger, Margaret A., in: Joseph McLaughlin (Hrsg.), Weinstein's Federal Evidence 2, 2. Aufl. 2001, zitiert als Vol. *Weinstein's* Evidence §.

Wessels, Johannes/Hettinger, Michael; Strafrecht Besonderer Teil / 1. Straftaten gegen Persönlichkeits- und Gemeinschaftswerte; 27. Aufl., Heidelberg 2003; zitiert als *Wessels/Hettinger*, Strafrecht BT1, § (Rn.).

Weyers, Hans Leo; Über Sinn und Grenzen der Verhandlungsmaxime im Zivilprozess; in: Dubischer, Roland u. a. (Hrsg.); Dogmatik und Methode – Josef Esser zum 65. Geburtstag; Kronberg 1975; S. 193–224; zitiert als *Weyers*, FS Esser, S.

Wieczorek, Bernhard (Begr.)*/Schütze, Rolf A.* (Hrsg.); Zivilprozessordnung und Nebengesetze, Bd. 5 (§§ 916–1048), 3. Aufl.; München 1995; zitiert als Wieczorek/Schütze-*Bearbeiter*, ZPO, § Rn.

Wigmore, John H., Evidence at Trials at Common Law, Vol. 8, § 2192, Neuauflage 1961, zitiert als 8 *Wigmore* on Evidence § 2192.

Wilke, Axel; Schlichten statt Prozessieren – Der Beitrag des Notars; MittBayNot 1998, 1–8.

Wolf, Manfred; Anm. zum Urteil des BGH v. 28.01.1987; JZ 1987, 727–728.

Wolf, Manfred/Horn, N./Lindacher, W.; Gesetz zur Regelung des Rechts der Allgemeinen Geschäftsbedingungen, Kommentar; 4. Aufl.; München 1999; zitiert als Wolf/Horn/Lindacher-*Bearbeiter*, AGBG, § Rn.

Wright, Charles Allen, u. a., Federal Practice and Procedure, 3. Aufl. 1998, Vol. 12, zitiert als 12 *Wright's* Federal Practice §, S.

Wirtschaftsprüfer-Handbuch 2000; Handbuch für Rechnungslegung, Prüfung und Beratung - Band I; Dr. Gerd Geib u. a. (Bearb.); 12. Aufl.; Düsseldorf 2000; zitiert als WP-Handbuch-*Bearbeiter*, Abschnitt Rn.

Zekoll, Joachim/Bolt, Jan; Die Pflicht zur Vorlage von Urkunden im Zivilprozess – Amerikanische Verhältnisse in Deutschland?; NJW 2002, 3129–3134.

Zöller, Richard (Hrsg.); Zivilprozessordnung; 25. Aufl., Köln 2005; zitiert als Zöller-*Bearbeiter*, ZPO, § Rn.

ANHANG: UNIFORM MEDIATION ACT

SECTION 1. TITLE. This [Act] may be cited as the Uniform Mediation Act.

SECTION 2. DEFINITIONS. In this [Act]:

(1) "Mediation" means a process in which a mediator facilitates communication and negotiation between parties to assist them in reaching a voluntary agreement regarding their dispute.

(2) "Mediation communication" means a statement, whether oral or in a record or verbal or nonverbal, that occurs during a mediation or is made for purposes of considering, conducting, participating in, initiating, continuing, or reconvening a mediation or retaining a mediator.

(3) "Mediator" means an individual who conducts a mediation.

(4) "Nonparty participant" means a person, other than a party or mediator, that participates in a mediation.

(5) "Mediation party" means a person that participates in a mediation and whose agreement is necessary to resolve the dispute.

(6) "Person" means an individual, corporation, business trust, estate, trust, partnership, limited liability company, association, joint venture, government; governmental subdivision, agency, or instrumentality; public corporation, or any other legal or commercial entity.

(7) "Proceeding" means:

(A) a judicial, administrative, arbitral, or other adjudicative process, including related pre-hearing and post-hearing motions, conferences, and discovery; or

(B) a legislative hearing or similar process.

(8) "Record" means information that is inscribed on a tangible medium or that is stored in an electronic or other medium and is retrievable in perceivable form.

(9) "Sign" means:

(A) to execute or adopt a tangible symbol with the present intent to authenticate a record; or

(B) to attach or logically associate an electronic symbol, sound, or process to or with a record with the present intent to authenticate a record.

SECTION 3. SCOPE.

(a) Except as otherwise provided in subsection (b) or (c), this [Act] applies to a mediation in which:

(1) the mediation parties are required to mediate by statute or court or administrative agency rule or referred to mediation by a court, administrative agency, or arbitrator;

(2) the mediation parties and the mediator agree to mediate in a record that demonstrates an expectation that mediation communications will be privileged against disclosure; or

(3) the mediation parties use as a mediator an individual who holds himself or herself out as a mediator or the mediation is provided by a person that holds itself out as providing mediation.

(b) The [Act] does not apply to a mediation:

(1) relating to the establishment, negotiation, administration, or termination of a collective bargaining relationship;

(2) relating to a dispute that is pending under or is part of the processes established by a collective bargaining agreement, except that the [Act] applies to a mediation arising out of a dispute that has been filed with an administrative agency or court;

(3) conducted by a judge who might make a ruling on the case; or

(4) conducted under the auspices of:

(A) a primary or secondary school if all the parties are students or

(B) a correctional institution for youths if all the parties are residents of that institution.

(c) If the parties agree in advance in a signed record, or a record of proceeding reflects agreement by the parties, that all or part of a mediation is not privileged, the privileges under Sections 4 through 6 do not apply to the mediation or part agreed upon. However, Sections 4 through 6 apply to a mediation communication made by a person that has not received actual notice of the agreement before the communication is made.

SECTION 4. PRIVILEGE AGAINST DISCLOSURE; ADMISSIBILITY; DISCOVERY.

(a) Except as otherwise provided in Section 6, a mediation communication is privileged as provided in subsection (b) and is not subject to discovery or admissible in evidence in a proceeding unless waived or precluded as provided by Section 5.

(b) In a proceeding, the following privileges apply:

(1) A mediation party may refuse to disclose, and may prevent any other person from disclosing, a mediation communication.

(2) A mediator may refuse to disclose a mediation communication, and may prevent any other person from disclosing a mediation communication of the mediator.

(3) A nonparty participant may refuse to disclose, and may prevent any other person from disclosing, a mediation communication of the nonparty participant.

(c) Evidence or information that is otherwise admissible or subject to discovery does not become inadmissible or protected from discovery solely by reason of its disclosure or use in a mediation.

SECTION 5. WAIVER AND PRECLUSION OF PRIVILEGE.

(a) A privilege under Section 4 may be waived in a record or orally during a proceeding if it is expressly waived by all parties to the mediation and:

(1) in the case of the privilege of a mediator, it is expressly waived by the mediator; and

(2) in the case of the privilege of a nonparty participant, it is expressly waived by the nonparty participant.

(b) A person that discloses or makes a representation about a mediation communication which prejudices another person in a proceeding is precluded from asserting a privilege under Section 4, but only to the extent necessary for the person prejudiced to respond to the representation or disclosure.

(c) A person that intentionally uses a mediation to plan, attempt to commit or commit a crime, or to conceal an ongoing crime or ongoing criminal activity is precluded from asserting a privilege under Section 4.

SECTION 6. EXCEPTIONS TO PRIVILEGE

(a) There is no privilege under Section 4 for a mediation communication that is:

(1) in an agreement evidenced by a record signed by all parties to the agreement;

(2) available to the public under [insert statutory reference to open records act] or made during a session of a mediation which is open, or is required by law to be open, to the public;

(3) a threat or statement of a plan to inflict bodily injury or commit a crime of violence;

(4) intentionally used to plan a crime, attempt to commit or commit a crime, or to conceal an ongoing crime or ongoing criminal activity;

(5) sought or offered to prove or disprove a claim or complaint of professional misconduct or malpractice filed against a mediator;

(6) except as otherwise provided in subsection (c), sought or offered to prove or disprove a claim or complaint of professional misconduct or malpractice filed against a mediation party, nonparty participant, or representative of a party based on conduct occurring during a mediation; or

(7) sought or offered to prove or disprove abuse, neglect, abandonment, or exploitation in a proceeding in which a child or adult protective services agency is a party, unless the

[Alternative A: [State to insert, for example, child or adult protection] case is referred by a court to mediation and a public agency participates.]

[Alternative B: public agency participates in the [State to insert, for example, child or adult protection] mediation].

(b) There is no privilege under Section 4 if a court, administrative agency, or arbitrator finds, after a hearing in camera, that the party seeking discovery or the proponent of the evidence has shown that the evidence is not otherwise available, that there is a need for the evidence that substantially outweighs the interest in protecting confidentiality, and that the mediation communication is sought or offered in:

(1) a court proceeding involving a felony [or misdemeanor]; or

(2) except as otherwise provided in subsection (c), a proceeding to prove a claim to rescind or reform or a defense to avoid liability on a contract arising out of the mediation.

(c) A mediator may not be compelled to provide evidence of a mediation communication referred to in subsection (a)(6) or (b)(2).

(d) If a mediation communication is not privileged under subsection (a) or (b), only the portion of the communication necessary for the application of the exception from nondisclosure may be admitted. Admission of evidence under subsection (a) or (b) does not render the evidence, or any other mediation communication, discoverable or admissible for any other purpose.

SECTION 7. PROHIBITED MEDIATOR REPORTS.

(a) Except as required in subsection (b), a mediator may not make a report, assessment, evaluation, recommendation, finding, or other communication regarding a mediation to a court, administrative agency, or other authority that may make a ruling on the dispute that is the subject of the mediation.

(b) A mediator may disclose:

(1) whether the mediation occurred or has terminated, whether a settlement was reached, and attendance;

(2) a mediation communication as permitted under Section 6; or

(3) a mediation communication evidencing abuse, neglect, abandonment, or exploitation of an individual to a public agency responsible for protecting individuals against such mistreatment.

(c) A communication made in violation of subsection (a) may not be considered by a court, administrative agency, or arbitrator.

SECTION 8. CONFIDENTIALITY Unless subject to the [insert statutory references to open meetings act and open records act], mediation communications are confidential to the extent agreed by the parties or provided by other law or rule of this State.

SECTION 9. MEDIATOR'S DISCLOSURE OF CONFLICTS OF INTEREST; BACKGROUND

(a) Before accepting a mediation, an individual who is requested to serve as a mediator shall:

(1) make an inquiry that is reasonable under the circumstances to determine whether there are any known facts that a reasonable individual would consider likely to affect the impartiality of the mediator, including a financial or personal interest in the outcome of the mediation and an existing or past relationship with a mediation party or foreseeable participant in the mediation; and

(2) disclose any such known fact to the mediation parties as soon as is practical before accepting a mediation.

(b) If a mediator learns any fact described in subsection (a)(1) after accepting a mediation, the mediator shall disclose it as soon as is practicable.

(c) At the request of a mediation party, an individual who is requested to serve as a mediator shall disclose the mediator's qualifications to mediate a dispute.

(d) A person that violates subsection [(a) or (b)][(a), (b), or (g)] is precluded by the violation from asserting a privilege under Section 4.

(e) Subsections (a), (b), [and] (c), [and] [(g)] do not apply to an individual acting as a judge.

(f) This [Act] does not require that a mediator have a special qualification by background or profession.

[(g) A mediator must be impartial, unless after disclosure of the facts required in subsections (a) and (b) to be disclosed, the parties agree otherwise.]

SECTION 10. PARTICIPATION IN MEDIATION An attorney or other individual designated by a party may accompany the party to and participate in a mediation. A waiver of participation given before the mediation may be rescinded.

SECTION 11. INTERNATIONAL COMMERCIAL MEDIATION.

(a) In this section, "Model Law" means the Model Law on International Commercial Conciliation adopted by the United Nations Commission on International Trade Law on 28 June 2002 and recommended by the United Nations General Assembly in a resolution (A/RES/57/18) dated 19 November 2002, and "international commercial mediation" means an international commercial conciliation as defined in Article 1 of the Model Law.

(b) Except as otherwise provided in subsections (c) and (d), if a mediation is an international commercial mediation, the mediation is governed by the Model Law.

(c) Unless the parties agree in accordance with Section 3(c) of this [Act] that all or part of an international commercial mediation is not privileged, Sections 4, 5, and 6 and any applicable definitions in Section 2 of this [Act] also apply to the mediation and nothing in Article 10 of the Model Law derogates from Sections 4, 5, and 6.

(d) If the parties to an international commercial mediation agree under Article 1, subsection (7), of the Model Law that the Model Law does not apply, this [Act] applies.

SECTION 12. RELATION TO ELECTRONIC SIGNATURES IN GLOBAL AND NATIONAL COMMERCE ACT This [Act] modifies, limits, or supersedes the federal Electronic Signatures in Global and National Commerce Act, 15 U.S.C. Section 7001 et seq., but this [Act] does not modify, limit, or supersede Section 101(c) of that Act or authorize electronic delivery of any of the notices described in Section 103(b) of that Act.

SECTION 13. UNIFORMITY OF APPLICATION AND CONSTRUCTION In applying and construing this [Act], consideration should be given to the need to promote uniformity of the law with respect to its subject matter among States that enact it.

SECTION 14. SEVERABILITY CLAUSE If any provision of this [Act] or its application to any person or circumstance is held invalid, the invalidity does not affect other provisions or applications of this [Act] which can be given effect without the invalid provision or application, and to this end the provisions of this [Act] are severable.

SECTION 15. EFFECTIVE DATE This [Act] takes effect ....

SECTION 16. REPEALS The following acts and parts of acts are hereby repealed:

(1)

(2)

(3)

Aus unserem Verlagsprogramm:

Henning Jeske
Das Vermittlungsverfahren nach § 52 a FGG und die Familienmediation
Wege zur Bewältigung von Umgangsstreitigkeiten
Hamburg 2005 / 314 Seiten / ISBN 3-8300-1920-3

Manon Janke
Der Täter-Opfer-Ausgleich im Strafverfahren
Zugleich ein Beitrag zu einer kritischen Strafverfahrensrechtstheorie
Hamburg 2005 / 336 Seiten / ISBN 3-8300-1667-0

Irène Kalanke
Schiedsgerichtsbarkeit und schiedsgerichtsähnliche Verfahren im Internet
Eine rechtsvergleichende Analyse der Online-Schiedspraxis weltweit
Hamburg 2004 / 442 Seiten / ISBN 3-8300-1581-X

Uta Plesker
Außergerichtliche Konfliktbewältigung durch Notare
Möglichkeiten und Perspektiven im Bereich des Zivilrechts
Hamburg 2004 / 284 Seiten / ISBN 3-8300-1536-4

Elke Müller
Gerechtigkeitskonflikte in der Mediation
Subjektive (Un-)Gerechtigkeit und divergierende Gerechtigkeitsvorstellungen am Beispiel von Trennung und Scheidung
Hamburg 2004 / 302 Seiten / ISBN 3-8300-1511-9

Antje Kanngießer
Mediation zur Konfliktlösung bei Planfeststellungsverfahren
Grenzen und Perspektiven
Hamburg 2004 / 336 Seiten / ISBN 3-8300-1218-7

Sascha Ferz (Hrsg.)
Rechtskultur - Streitkultur - Mediation
Die Reaktivierung von verlorener Selbstverantwortung und abgegebener Eigenkompetenz.
Symposion der Rechtswissenschaftlichen Fakultät der Karl-Franzens-Universität Graz und Joanneum Research vom 14. bis 16. Mai 2003
Hamburg 2003 / 134 Seiten / ISBN 3-8300-0907-0

VERLAG DR. KOVAČ
FACHVERLAG FÜR WISSENSCHAFTLICHE LITERATUR

Postfach 57 01 42 · 22770 Hamburg · www.verlagdrkovac.de · info@verlagdrkovac.de

Einfach
Wohlfahrtsmarken
helfen!